Yvonne Hendrich und Benjamin Meisnitzer (edd.)

Língua e identidade no mundo lusófono
Sprache und Identität in der lusophonen Welt

Yvonne Hendrich und Benjamin Meisnitzer (edd.)

LÍNGUA E IDENTIDADE NO MUNDO LUSÓFONO

Sprache und Identität in der lusophonen Welt

Bibliografische Information der Deutschen Nationalbibliothek

Die Deutsche Nationalbibliothek verzeichnet diese Publikation in der Deutschen Nationalbibliografie; detaillierte bibliografische Daten sind im Internet über http://dnb.d-nb.de abrufbar.

Bibliographic information published by the Deutsche Nationalbibliothek

Die Deutsche Nationalbibliothek lists this publication in the Deutsche Nationalbibliografie; detailed bibliographic data are available in the Internet at http://dnb.d-nb.de.

A presente publicação foi produzida com o apoio da Embaixada de Portugal em Berlim e do Instituto Camões. O seu conteúdo é da exclusiva responsabilidade dos autores e dos organizadores da coletânea, não podendo, de forma alguma, ser tomado como a expressão das posições da Embaixada de Portugal em Berlim e do Instituto Camões.

Diese Publikation wurde mit freundlicher Unterstützung der Portugiesischen Botschaft in Berlin und des Instituto Camões erstellt. Der Inhalt liegt in der alleinigen Verantwortung der Autoren und Autorinnen, Herausgeber und Herausgeberinnen des Bandes und sollte nicht als Ausdruck der Positionen oder Ansichten der Förderer verstanden werden.

ISBN-13: 978-3-8382-0978-4
© *ibidem*-Verlag, Stuttgart 2022
Alle Rechte vorbehalten

Das Werk einschließlich aller seiner Teile ist urheberrechtlich geschützt. Jede Verwertung außerhalb der engen Grenzen des Urheberrechtsgesetzes ist ohne Zustimmung des Verlages unzulässig und strafbar. Dies gilt insbesondere für Vervielfältigungen, Übersetzungen, Mikroverfilmungen und elektronische Speicherformen sowie die Einspeicherung und Verarbeitung in elektronischen Systemen.

All rights reserved. No part of this publication may be reproduced, stored in or introduced into a retrieval system, or transmitted, in any form, or by any means (electronical, mechanical, photocopying, recording or otherwise) without the prior written permission of the publisher. Any person who does any unauthorized act in relation to this publication may be liable to criminal prosecution and civil claims for damages.

Printed in the EU

Inhalt

Vorwort   9

Nota introdutória   17

Alexander Altevoigt
Ist eine portugiesische Kollektividentität möglich? *As Naus* von António Lobo Antunes und die Narrative Psychologie   25

Teresa Bagão
"Tornei-me este planeta por ofício": identidade e língua em abordagens dos *media* à nova emigração   37

Martin Becker
A tradição do pensamento linguístico universalista e a *Grammatica Philosophica da Lingua Portugueza* de João Soares Barbosa   57

Isabel Araújo Branco
Jorge Luis Borges por Lisboa e Nova Iorque ou a linguagem de Dinis Machado / Dennis McShade   75

Verena Dolle
Vom ‚amerikanischen' zum ‚europäischen Traum': Luiz Ruffatos Migrationsroman *Estive em Lisboa e lembrei de você* (2009)   83

Cláudia Fernandes
Portugueses no negativo: Antiportuguesismo   105

David Paul Gerards
O *infinitivo conxugado* galego: signo indexical e ato identitário   117

António Martins Gomes
A língua portuguesa: expressão de um projecto político e
religioso   139

Anja Hennemann
Japaner in Brasilien und Brasilianer in Japan und ihre
Identität(en) im Kontext von Arbeitsmigration: Chancen
und Herausforderungen für die romanistische Forschung   151

Fabienne Loureiro-Galmbacher
O papel das línguas na (re)construção identitária de
angolanos na diáspora   167

Benjamin Meisnitzer
Sprache und Identität: eine vergleichende Betrachtung des
angolanischen und des mosambikanischen Portugiesisch   183

Sílvia Melo-Pfeifer
"Qual é a minha e a tua língua?": do *code-switching* ao
translanguaging und zurück nas narrativas visuais de
crianças lusodescendentes na Alemanha   195

Telmo Móia
Algumas Reflexões sobre as Mudanças Introduzidas pelo
Acordo Ortográfico de 1990   209

Lukas Müller
Reflexivität im Spannungsfeld von Sprache und Identität:
Reflexivformen im europäischen und brasilianischen
Portugiesisch   227

Raquel Raggi
Em defesa da língua: Uma análise do discurso de resistência contra o Acordo Ortográfico em jornais portugueses e brasileiros ... 241

Carsten Sinner
Sprachliche Varietäten und normative Konflikte: *Exame Nacional do Ensino Médio* und *Gramáticas de Concurso* ... 253

Doris Wieser
José Craveirinha e "Poesia de Combate": A construção da moçambicanidade entre o passado e o futuro ... 269

Biografische Angaben / Notas biográficas ... 287

Vorwort

Sprache und Identität sind sowohl auf individueller als auch kollektiver Ebene untrennbar miteinander verbunden und beeinflussen sich gegenseitig. Identität ist als Konstrukt zu begreifen, das ähnlich wie Sprache einem ständigen Wandel unterworfen ist, verursacht durch soziale, kulturelle und politische Faktoren.

Die sich über die Kontinente Europa, Amerika, Afrika und Asien erstreckende portugiesischsprachige Welt mit über 250–260 Mio. Sprecher_innen erweist sich in dieser Hinsicht als besonders diversifiziert. Denn der lusophone Raum verfügt zwar mit der portugiesischen Sprache unbestreitbar über eine verbindende Klammer und weist gemeinsame historisch bedingte Zusammenhänge auf, ist jedoch gleichzeitig durch eine außerordentlich große kulturelle Vielfalt und sprachliche Variation charakterisiert. Um dieser enormen Diversität innerhalb der Lusophonie als politisches und soziokulturelles Konstrukt Rechnung zu tragen, schlägt der mosambikanische Schriftsteller Mia Couto daher vor, den Begriff im Plural (*lusofonias*) zu begreifen.

Die Veränderungen, die der lusophone Raum durch Migrationsbewegungen sowie politische Umbrüche in den letzten 50 Jahren erfahren hat – mit der Demokratisierung Portugals, der Dekolonisierung der heutigen portugiesischsprachigen Staaten Afrikas nach der Nelkenrevolution 1974 und dem wirtschaftlichen Aufstieg Brasiliens, den es im ersten Jahrzehnt des neuen Jahrtausends verzeichnete, momentan jedoch eine schwere politische Krise und tiefe Rezession durchlebt – haben spürbare Wirkungen auf sprachliche Entwicklungen und nationale Identitätsdiskurse im Sinne einer Nation als *„imagined community"* ausgeübt. Über Portugal, Brasilien und die portugiesischsprachigen Länder Afrikas hinaus hat Portugiesisch im Zuge der portugiesischen Migration im 20. Jahrhundert in mehreren Staaten Westeuropas (u.a. Frankreich, Luxemburg, Deutschland, Schweiz) und zudem in Nordamerika durch die dortigen Immigrantengruppen an Bedeutung gewonnen und im Kontext des Sprach- und Kulturkontaktes deutliche Spuren hinterlassen.

Angesichts dieser kulturellen und sprachlichen Vielfalt innerhalb der Lusophonie lässt sich nicht von *einer* portugiesischen Sprache sprechen, sondern es gilt, die einzelnen Varietäten, Dialekte und portugiesischbasierten Kreolsprachen mit ihren jeweiligen Besonderheiten zu betrachten.

Die Pluralität von Identitäten innerhalb des lusophonen Raums und die damit verbundene Problematik wird unter anderem deutlich, wenn man die Auswirkungen der Versuche betrachtet, von offizieller Seite eine Sprachregelung zu schaffen, die die portugiesischsprachigen Länder in Bezug auf eine gemeinsame Norm anzunähern versucht. Ein Beleg dafür ist die anhaltende, in der Literatur, den Medien und offiziellen Diskursen geführte Kontroverse um sprachpolitische Normierungstendenzen der 2009 in Kraft getretenen Rechtschreibreform (*Acordo Ortográfico*), die für die gesamte lusophone Welt normativ sein sollte.

Aus linguistischer Sicht erweisen sich nicht zuletzt angesichts des Portugiesischen mit plurizentrischer Sprachkultur solche Fragestellungen als zentral, inwieweit die Sprache und deren Verwendung zur „unidade" oder eher „diversidade" innerhalb des lusophonen Raums führt und inwieweit Phänomene wie Migration die Sprache bereits modifiziert haben und auch zukünftig modifizieren werden. Insbesondere im Hinblick auf Erfahrungen bei Bi- und Multilinguismus infolge von migratorisch bedingtem Sprachkontakt und die damit verknüpften Auswirkungen auf die Identität solcher Sprecher_innen können neue Ansätze für die Umsetzung in Forschung und Lehre diskutiert und gewonnen werden.

Im vorliegenden Band findet sich eine Auswahl der im Rahmen der international und interdisziplinär ausgerichteten Tagung „Língua e identidade no mundo lusófono – Sprache und Identität in der lusophonen Welt" gehaltenen Vorträge, die am 28. und 29. Mai 2015 an der Johannes Gutenberg-Universität (JGU) Mainz stattfand. Zum Gelingen der Tagung trugen neben internationalen Wissenschaftler_innen aus den Bereichen der portugiesischsprachigen Sprach-, Literatur- und Kulturwissenschaft auch mehrere Nachwuchswissenschaftler_innen aus Mainz bei, die ihre Forschungsergebnisse im Rahmen von BA- und Dissertationsprojekten vorstellten.

Im ersten Artikel stellt Alexander Altevoigt (Göttingen) die Frage nach einer portugiesischen Kollektividentität und untersucht am Beispiel des 1988 erschienenen Romans *As Naus*, in dem António Lobo Antunes rückgreifend anachronistisch und grotesk die portugiesische Kolonialvergangenheit komprimiert, die narrative Umsetzung in Hinblick auf eine mögliche alternative Sichtweise der vorherrschenden Version der portugiesischen Geschichte.

Teresa Bagão (Porto) befasst sich in ihrem Beitrag mit der medialen Identitätskonstruktion der Figur des portugiesischen Emigranten während der portugiesischen Emigrationswelle vor dem Hintergrund der Wirtschaftskrise zwischen 2010/11 und 2014/15. Das dabei untersuchte Korpus basiert auf zwischen Januar und Mai 2015 ausgestrahlten Radiosendungen der Reihe „*Portugueses no mundo*" (RDP / Antena 1) und einem thematischen Sonderheft der portugiesischen Zeitschrift „*Visão*" von 2013.

Martin Becker (Köln) widmet sich der Pionierrolle der *Grammatica Philosophica da Lingua Portugueza* (1822) von João Soares Barbosa, die einen Bruch mit den Werken der traditionellen portugiesischen Grammatikographie darstellt, und arbeitet in seinem Beitrag den Einfluss der syntaktischen Theorien der französischen Aufklärung auf das Werk heraus. Seine analytisch-erklärende Grammatik wurde anhand wissenschaftlicher Kriterien erstellt. Ganz im Sinne der Grammatiker der Aufklärung gelingt es Barbosa, anders als später den Generativisten in Chomskys Tradition, mit großer Präzision die Satzsemantik explizit zu beschreiben. Barbosas Grammatik stellt dank der Übernahme und Ausführung des grammatischen Gedankenguts der französischen Aufklärung eine erste Grammatik mit grundlegenden Konzepten der modernen Grammatikographie dar, wie Becker zeigt.

In ihrem Beitrag über den portugiesischen Autor Dinis Machado (Pseudonym Dennis McShade) und dessen Anlehnung an Jorge Luis Borges beschäftigt sich Isabel Araújo Branco (Lissabon) mit der Sprache sowie den regionalen und literarischen Charakteristika in Machados Werken. Begleitet wird dies von kritischer Reflexion und der Notwendigkeit, die portugiesische Identität ebenso wie die Pluralität künstlerischer Gestaltungsformen zu hinterfragen.

Verena Dolle (Gießen) zeigt am Beispiel von Luiz Ruffatos Roman *Estive em Lisboa e lembrei de você* von 2009, aktuell zweifellos einer der interessantesten brasilianischen Schriftsteller, auf, wie Sprache als ein Faktor herausgestellt wird, der über Zugang, Aufstieg und Erfolg in einem auf Assimilation beruhenden Modell entscheidet. Dabei geht es weniger um sprachliches Nicht-Verstehen als vielmehr um Hierarchisierung, Normierung und Abwertung des anderen von Seiten der portugiesischen Akteure in einem hegemonialen, neo-kolonialen Duktus. Die von Portugal in offiziellen Diskursen evozierte und kontrovers diskutierte *imagined community* einer einenden Lusophonie, propagiert als Verhältnis auf Augenhöhe aller Partner, wird im Roman unterlaufen und in Frage gestellt.

Cláudia Fernandes (Wien) hinterfragt in ihrem Beitrag die negative Verortung der (eigenen) Kultur. Unter der Prämisse, dass mit dem Präfix *anti-* grundsätzlich eine ablehnende Haltung gegenüber einer Person oder einer Sache assoziiert wird, setzt sie sich mit dem Begriff des *Antiportuguesismo* und seinen Manifestationen im Verlauf der portugiesischen Geschichte auseinander, anhand derer sich eine antiportugiesische Haltung nicht nur aus der externen Perspektive, sondern auch aus portugiesischer Sicht selbst, beobachten lässt.

David Paul Gerards (Leipzig) widmet sich in seinem Beitrag der Identitätsfrage in Galicien und zeigt anhand des *infinitivo conxugado* (IC) oder flektierten Infinitivs, wie stark die Verwendung dieser Form ideologisch geprägt ist und klar erkennen lässt, ob der Sprecher bzw. die Sprecherin *reintegracionista* oder *autonomista* ist. Während die *autonomistas* vertreten, dass das Galicische eine eigene Sprache ist – prominentester Vertreter dieser Position sind das *Instituto de Lingua Galega* und die *Real Academia Galega* – vertreten die *reintegracionistas* eine Inklusion des Galicischen in das portugiesische Diasystem. Je nach ideologischer Ausrichtung nimmt die Verwendung der Verbform signifikant zu. So ist die Häufigkeit der Verwendung des ICs bei den *reintegracionistas* deutlich höher als bei den *autonomistas* und als im europäischen Portugiesisch. Gerards zeigt dadurch, wie stark sprachliche Entscheidungen von Sprecherinnen und Sprechern unter Umständen von deren ideologisch-politischer Haltung geprägt sind und offenbart den engen Zusammenhang zwischen Sprache und Identität.

In seinem kulturwissenschaftlichen Beitrag betrachtet António Martins Gomes (Lissabon) die portugiesische Sprache als Ausdruck eines politisch-religiösen Projektes. Seine Ausführungen über die portugiesische Sprache betrachten die gesellschaftlichen und kulturellen Veränderungen über acht Jahrhunderte hinweg, die zur Dynamisierung, Verbreitung und Demokratisierung des Portugiesischen geführt haben, unter den vier monarchischen Dynastien wie auch in jüngerer Zeit in der Republik.

Anja Hennemann (Potsdam) zeigt in Hinblick auf den japanisch-brasilianischen Kontaktverlauf ausgewählte Forschungsdesiderata im Zusammenhang mit Identität. Bei dem Entstehen von spezifischen Dynamiken durch Sprachkontakt und Kulturtransfer kommt es für gewöhnlich zu kulturellen Brüchen und Konflikten. Als konkretes Beispiel sollen Japaner in Brasilien und Brasilianer in Japan und ihre Identität(en) im Kontext von Arbeitsmigration dienen, um aufzuzeigen, welche Herausforderungen und Chancen bei der system-, sozio- und migrationslinguistischen Analyse dieser Kontakte für die Romanistik bestehen.

Fabienne Loureiro-Galmbacher (Bonn) beleuchtet die Rolle, die die entsprechenden Sprachen bei der Identiäts-(Re-)konstruktion im Kontext der angolanischen Diaspora, insbesondere der angolanischen Gemeinschaft in Deutschland, spielen. Dies geschieht aus dem Blickwinkel der anthropologischen Linguistik, die Sprache und Sprechen als kulturkonstitutive Ressource und soziale Praxis – hier in Bezug auf die Konstruktion kollektiver Identitäten – verortet.

Der Afrolusitanistik widmet sich Benjamin Meisnitzer (Leipzig) mit einem Beitrag, der aus linguistischer Sicht die Frage nach Sprache und Identität aufgreift. Ausgangspunkt seiner Ausführungen ist die Tatsache, dass afrikanische Varietäten des Portugiesischen trotz sprachlicher Unterschiede gern zusammengefasst werden. Dieser Ansatz trägt der sprachlichen Komplexität und Diversität der lusophonen Varietäten und den unterschiedlichen historischen Rahmenbedingungen in den PALOP-Ländern jedoch möglicherweise nicht Rechnung. In dem Beitrag geht es um Unterschiede und Ähnlichkeiten zwischen dem angolanischen und dem mosambikanischen Portugiesisch, wodurch die Frage nach Einheit und Vielfalt innerhalb der lusophonen Welt ebenso wie die Frage nach der Beziehung zwischen Sprache und Identität beleuchtet wird.

Sílvia Melo-Pfeifer (Hamburg) analysiert in Bezug auf den Spracherwerb portugiesischstämmiger Kinder in Deutschland deren Umgang mit Mehrsprachigkeit und den ihnen zur Verfügung stehenden sprachlichen Instrumenten wie dem *codeswitching* und *translanguaging*. Das Korpus der Untersuchung umfasst über 900 Zeichnungen von Kindern im Alter zwischen 6 und 12 Jahren zur Frage, welche Sprachen sie kennen und verwenden, die im Rahmen des portugiesischen herkunftssprachlichen Unterrichts in verschiedenen Bundesländern im Schuljahr 2011/12 angefertigt wurden.

Telmo Móia (Lissabon) widmet sich in seinem Beitrag den Auswirkungen der portugiesischen Rechtschreibreform 1990, um zu zeigen, dass diese keinen Bruch innerhalb der orthographischen Entwicklung der Sprache darstellt, wie oft von Kritikern behauptet, sondern dass diese ganz im Einklang mit den Anpassungen und Reformierungen der Graphie seit 1911 ist, welche einem Bestreben nach Klarheit und Einfachheit Rechnung tragen. So sind die vorgenommenen Veränderungen im Rahmen der Rechtschreibreform in der internen Logik des Systems der portugiesischen Rechtschreibung begründet und es gibt keinerlei Anlass, Annäherungsbestrebungen zwischen den Rechtschreibungssystemen unterschiedlicher Varietäten des Portugiesischen zu evozieren, um die umgesetzten Maßnahmen zu erklären oder zu begründen, anders als die Behauptung vieler Kritiker, die in der Rechtschreibreform sowohl auf der Seite Brasiliens als auch Portugals eine ‚Aufgabe' der eigenen Varietät zugunsten der jeweils anderen Varietät sehen.

Lukas Müller (Köln) stellt in seinem Beitrag die Ergebnisse seiner Bachelorarbeit vor und zeigt, dass bei der Opposition zwischen *esquecer* und *esquecer-se* im europäischen Portugiesisch (EP) eine Nuancierungsmöglichkeit zwischen mehr oder weniger agentivischen Lesarten gegeben ist, die im brasilianischen Portugiesisch (BP) aus sprachökonomischen Gründen zugunsten einer geringeren syntaktischen Komplexität aufgegeben wird. Die Reduktion syntaktischer Komplexität wird von den Sprecherinnen und Sprechern auf pragmatischer Ebene kompensiert, sodass zwar sprachliche Variation erkennbar ist, die geringere morphosyntaktische Komplexität jedoch keineswegs das BP abwertet.

Vor dem Hintergrund der Einführung des *Acordo Ortográfico* im Jahre 2009 beschäftigt sich Raquel Raggi (Mainz) in einer korpusbasierten Diskursanalyse mit dem in den portugiesischen und brasilianischen Medien wahrnehmbaren Diskurs des Widerstands gegen den *Acordo Ortográfico*. Das Korpus stützt sich auf verschiedene portugiesische und brasilianische Zeitungen aus den Jahren 2008 und 2009. Ausgehend von der Hypothese, dass Metaphern nicht nur auf poetische und rhetorische Funktionen beschränkte sprachliche Mittel sind, sondern vielmehr auch als kognitive Mechanismen zur Strukturierung von Vorstellungen dienen, anhand derer wir die Welt begreifen, zeigt die Untersuchung auf, in welchem Maße kulturelle Elemente im Diskurs über den *Acordo Ortográfico* eine Rolle spielen.

Carsten Sinner (Leipzig) widmet sich in seinem Beitrag einem Problem, dass aus der Asymmetrie plurizentrischer Sprachen resultiert. So finden die autochthonen endogenen Entwicklungen des brasilianischen Portugiesisch (BP) und vor allem Sprachwandelphänomene der gesprochenen Sprache viel zu wenig Berücksichtigung und die „präskriptive Norm" steht im Konflikt zur sprachlichen Realität der Sprecherinnen und Sprecher. So werden die Phänomene der gesprochenen Sprache weder im *ENEM*, dem *Exame Nacional do Ensino Médio*, noch in den *Gramáticas para Concursos* berücksichtigt, was dazu führt, dass ein Sprachgebrauch abgeprüft wird, der nicht dem natürlichen Sprachgebrauch von brasilianischen L1-Sprecherinnen und Sprechern entspricht und der immer noch viel zu stark von einer exogenen europäischen Standardvarietät geprägt ist, zu der die Mehrheit der Brasilianerinnen und Brasilianer keinerlei Bezug hat.

In ihrem Beitrag über die Konstruktion einer mosambikanischen Identität setzt sich Doris Wieser (Coimbra) anhand von Gedichten José Craveirinhas einerseits und der sogenannten Kampflyrik (*poesia de combate*) andererseits mit der Frage auseinander, inwieweit diese ersten literarischen mosambikanischen Texte, die vor dem Hintergrund kolonialer Unrechtmäßigkeiten und der nationalen Bewusstseinswerdung entstanden, die Spannung zwischen Vergangenheit und Zukunft aushandeln. Dabei werden zunächst die divergierenden poetischen Herangehensweisen herausgearbeitet, bevor die Semantisierung der unterschiedlichen Historizitäten angesichts der Darstellungen nicht nur der ethnischen und kolonialen Vergangenheit, sondern auch der damit verknüpften Auswirkungen und Perspektiven auf Gegenwart und Zukunft beleuchtet wird.

Der Band nähert sich der schwierigen Frage, wie die Lusophonie bzw. die lusophone Welt zu verstehen ist, was sie vereint und was sie trennt auf unterschiedlichen Ebenen unter Berücksichtigung der Einsicht, dass Sprache und Identität Hand in Hand gehen. Der Fokus ist dabei einerseits auf den Dialog zwischen den lusophonen Kulturen und anderen Kulturräumen, aber eben und vor allem auch auf den Dialog zwischen den durchaus sehr unterschiedlichen portugiesischsprachigen Kulturräumen, die von unterschiedlichen Kultur- und Sprachkontakten geprägt sind, von einer stärkeren oder geringeren Bindung an Portugal in der Kolonialzeit, von unterschiedlichen Emanzipationsgraden in der postkolonialen Zeit, was sich auf Sprache, Kultur und Literatur der jeweiligen Räume ausgewirkt hat. Anders als in der hispanophonen Welt gibt es für die Lusophonie keine panlusitanistische Norm mit übernationalem Charakter oder ein *português neutro*; gleichzeitig darf man aber auch die große geografische Verteilung und Entfernung zwischen den lusophonen Ländern nicht vergessen. Die Autorinnen und Autoren beleuchten diese teils konfliktive Beziehung, die Frage nach der Konstruktion der eigenen Identität, aber auch die Frage nach der Einheit, die die Sprache den Ländern der Lusophonie verleiht. Einige Fragen können in den Beiträgen dieses Bandes beantwortet werden und viele Forschungsdesiderate für künftige Studien werden skizziert.

Unser ganz besonderer Dank gilt der Johannes Gutenberg-Universität Mainz, der Portugiesischen Botschaft in Berlin und dem Instituto Camões für die großzügige finanzielle Unterstützung, die nicht nur die Organisation und Durchführung der Tagung „Sprache und Identität in der lusophonen Welt", sondern auch die Publikation der vielfältigen und bereichernden Vorträge ermöglichte. Außerdem möchten wir uns bei Bénédict Wocker (Mainz) für die Unterstützung bei der Durchführung der Tagung und bei Linus Neitzel, Anke Steinberg und Noah Nugel (Leipzig) für die Unterstützung bei der Redaktion und Formatierung des vorliegenden Bandes bedanken.

Yvonne Hendrich (Mainz) und Benjamin Meisnitzer (Leipzig)

Nota introdutória

Sem dúvida, língua e identidade estão – tanto a nível individual como a nível coletivo – intrinsecamente ligados, influenciando-se reciprocamente. A identidade manifesta-se como construção que, tal como a língua, está sujeita a mudanças constantes, causadas por fatores sociais, culturais e políticas.

Deste modo, o mundo lusófono com aproximadamente 250–260 milhões de falantes que se estende por vários continentes mostra-se altamente heterogéneo e diversificado. Apesar da língua portuguesa como laço unificador e das condições do passado histórico em comum, o espaço lusófono é caracterizado por uma grande diversidade cultural e linguística, i.e., diversas variedades linguísticas, culturas, sociedades e identidades multifacetadas. Em prol desta enorme diversidade no âmbito da lusofonia como construção política e sociocultural, o autor moçambicano Mia Couto propõe entender o conceito no plural (*lusofonias*).

Nos últimos 50 anos, o espaço lusófono passou por um profundo processo de mudanças políticas, económicas e socioculturais que influenciaram (e continuam a influenciar) a evolução linguística e a construção discursiva das identidades coletivas portuguesa, brasileira e dos PALOP: a democratização de Portugal e a descolonização das então colónias africanas após o 25 de Abril e a emancipação do Brasil como potência económica global que viveu um crescimento económico na primeira década do novo milénio e que, atualmente, está a passar por uma grave situação de crise política e uma recessão profunda.

Perante esta diversidade cultural e linguística no espaço lusófono, não se pode falar de uma só língua ou pelo menos de um só padrão. O português é indubitavelmente uma língua pluricêntrica, sendo necessário estudar as diversas variedades, dialetos, falares e crioulos de base portuguesa com as suas características e particularidades. O mundo lusófono caracteriza-se pela pluralidade de identidades, mas isso também traz o problema da unidade na diversidade, como demonstra, nomeadamente, a tentativa de implementar através do Acordo Ortográfico, que entrou em vigor em 2009 e que visava criar uma ortografia unificada e uma norma prescritiva que fosse normativa para todo o espaço lusófono, controversamente debatida na literatura, na comunicação social e em discursos oficiais.

O bi- e multilinguismo como resultado de contacto linguístico no contexto migratório e as consequências para a identidade dos falantes deverão igualmente ser focalizados, podendo a troca de experiências e ideias ser proveitosa para futuras investigações, possivelmente em cooperação com outras universidades alemãs e portuguesas, e para aplicação das conclusões e resultados ao ensino do português como L2.

No presente volume congrega-se uma seleção de contributos realizados no âmbito do simpósio internacional e interdisciplinar "Língua e identidade no mundo lusófono – Sprache und Identität in der lusophonen Welt" que decorreu nos dias 28 e 29 de maio de 2015 na Universidade Johannes Gutenberg de Mogúncia, Alemanha, e que contou com cientistas internacionais dos domínios da Literatura, da Linguística e da Cultura Portuguesa, bem como com jovens e promissores estudiosos e investigadores do domínio dos Estudos Portugueses.

No primeiro artigo, Alexander Altevoigt (Göttingen) coloca a questão de uma suposta identidade coletiva portuguesa no romance *As Naus* de 1988 no qual António Lobo Antunes condensa, de forma anacronística e grotesca, o passado colonial português e debruça-se, neste contexto, sobre a narrativa apresentada em relação a uma possível perspetiva alternativa da versão predominante da história portuguesa.

Teresa Bagão (Porto), no seu breve estudo, pretende analisar, associado à figura do emigrante português referente à vaga migratória portuguesa em consequência da "crise" económica de 2010/11 a 2014/15, a presença de referências identitárias numa amostra de documentos recentes, selecionados da imprensa e da rádio. O *corpus* em foco é, precisamente, formado por um conjunto de programas radiofónicos do "Portugueses no mundo" (RDP / Antena 1), emitidos entre janeiro e maio de 2015, e um número especial da revista "Visão" de 2013.

Martin Becker (Colónia) centra-se no papel pioneiro da *Grammatica Philosophica da Lingua Portugueza* de João Soares Barbosa (1822), que por um lado representa uma rutura com as obras da gramaticografia tradicional portuguesa, analisando a influência das teorias sintáticas do Iluminismo francês sobre a obra. A sua gramática analítico-explicativa é baseada em critérios científicos. No espírito dos gramáticos do Iluminismo, Barbosa, ao contrário dos gerativistas posteriores na tradição chomskiana, consegue descrever explicitamente com surpreendente precisão a semântica oracional. A gramática de Barbosa, devido à sua adoção e ao aprofundamento do pensamento gramatical do Iluminismo francês, representa uma primeira gramática que antecipa conceitos fundamentais da gramaticografia moderna, como mostra Becker.

Isabel Araújo Branco (Lisboa) aborda, no seu trabalho, a linguagem em obras do autor português Dinis Machado (pseudónimo Dennis McShade) que dizia numa crónica publicada em 1986 que pretendia escrever como Jorge Luis Borges a linguagem e as suas marcas regionais e literárias, percorrendo um processo crítico sobre a necessidade de interrogar a identidade portuguesa, bem como a pluralidade de formas artísticas.

Verena Dolle (Gießen) destaca no romance *Estive em Lisboa e lembrei de você* (2009), de Luiz Ruffato, sem dúvida um dos mais interessantes escritores brasileiros da atualidade, o papel da língua como um fator decisivo para o acesso, para a ascensão e para o sucesso no seio de um modelo de migração baseado na assimilação. Não se trata assim tanto da incompreensão linguística, mas sim da hierarquização e da depreciação do outro por parte dos indivíduos portugueses num estilo hegemónico e neocolonial. Evocada nos discursos oficiais de Portugal e controversamente discutida, a suposta comunidade imaginada, associada a uma lusofonia unificadora, propagada como união entre iguais parceiros é permanentemente posta em causa no romance.

No seu artigo sobre "antiportuguesismo" Cláudia Fernandes (Viena) questiona a abordagem da cultura em negativo. No pressuposto de que o prefixo *anti-* expressa um comportamento de rejeição perante algo ou alguém, ela procura desconstruir o conceito em todas as vertentes possíveis e várias abordagens ao longo da história portuguesa, mostrando que tanto pode ser observado de uma forma expectável numa perspetiva externa, como pode ser igualmente abordado de um modo interno.

David Paul Gerards (Lípsia) dedica a sua contribuição a questões de identidade na Galiza e utiliza o *infinitivo conxugado* (IC) ou flexionado para mostrar quão fortemente o uso desta forma tem uma marca ideológica e indica claramente se o falante é reintegracionista ou autonimista. Enquanto os autonomistas argumentam que o galego é uma língua de direito próprio – os representantes mais proeminentes desta posição são o *Instituto de Lingua Galega* e a *Real Academia Galega* –

os reintegracionistas defendem a inclusão do galego no diassistema do português. Dependendo da orientação ideológica, a utilização do IC aumenta significativamente. A frequência de utilização da forma verbal é significativamente mais elevada entre os reintegracionistas do que entre os autonomistas e do que em português europeu. Gerards mostra assim quão fortemente as decisões linguísticas dos falantes podem ser influenciadas pela sua postura ideológico-política e demonstra a estreita ligação entre a língua e a identidade.

António Martins Gomes (Lisboa) aborda a língua portuguesa como expressão de um projeto político e religioso. As reflexões aqui expostas sobre a evolução da língua portuguesa procuram incidir sobre os desígnios políticos e religiosos que estiveram na base da sua dinamização, dilatação e democratização, em conformidade com as sucessivas transformações sociais e culturais ocorridas ao longo de oito séculos, tanto sob a égide das quatro dinastias monárquicas, como, mais recentemente, em regime republicano.

Anja Hennemann (Potsdam) mostra alguns desideratos de investigação relativos à identidade resultantes do contato nipo-brasileiro. A emergência de dinâmicas específicas através do contacto linguístico e da transferência cultural conduz normalmente a rupturas e conflitos culturais. Os japoneses no Brasil e os brasileiros no Japão e a(s) sua(s) identidade(s) no contexto da migração laboral servirão de exemplo concreto para mostrar que desafios e oportunidades existem para os estudos românticos na análise linguística sistémica, sociolinguística e na área da linguística migratória nestes contactos.

Fabienne Loureiro-Galmbacher (Bona) aborda o papel das línguas na (re)construção identitária de angolanos na diáspora, nomeadamente da comunidade angolana na Alemanha, pretendendo abrir uma pista posicionada dentro da Antropologia Linguística, o que nos parece importante para compreender as atitudes e ideologias linguísticas que estão relacionadas com a construção identitária de grupos.

Benjamin Meisnitzer (Lípsia) dedica-se aos estudos afro-lusitanísticos com uma contribuição que aborda a questão da língua e identidade do ponto de vista linguístico, tendo em conta que as variedades africanas de português são frequentemente subsumidas apesar de diferenças linguísticas, o que possivelmente não faz justiça à complexidade linguística e diversidade das variedades lusófonas e ignora as diferentes condições de enquadramento histórico nos PALOP. O artigo centra-se nas diferenças e semelhanças entre o Português Angolano (PA) e o Português Moçambicano (PM), lançando luz sobre a questão da unidade e diversidade no mundo lusófono, bem como sobre a questão da relação entre língua e identidade.

Sílvia Melo-Pfeifer (Hamburgo) analisa a gestão dos repertórios plurilingues, i.e., os recursos ao *code-switching* e ao *translanguaging*, tais como são representados por crianças lusodescendentes na Alemanha. O *corpus* do estudo baseia-se em mais de 900 narrativas visuais e desenhos de crianças dos 6 aos 12 anos, acerca das línguas que conhecem e usam, que foram desenvolvidos no âmbito de aulas de PLH em diferentes Estados Federados alemães, no ano letivo 2011 / 2012.

Telmo Móia (Lisboa) faz uma breve reflexão sobre as principais mudanças introduzidas pelo Acordo Ortográfico de 1990, procurando fundamentar a tese de que estas não constituem uma ruptura, antes estão em sintonia, com a tendência geral das mudanças gráficas após 1911, as quais constituem, na essência, um sacrifício da clareza em prol da simplicidade. A generalidade de tais mudanças pode justificar-se na lógica interna do sistema, sem invocar argumentos de aproximação linguística entre os diversos países lusófonos.

Na sua contribuição, Lukas Müller (Colónia) apresenta os resultados da sua tese de bacharelato e mostra que na oposição entre *esquecer* e *esquecer-se* em português europeu (PE), existe uma possibilidade de nuance entre leituras mais ou menos agentivas, que é abandonada em português brasileiro (PB) por razões de economia linguística a favor de uma menor complexidade sintática. A redução da complexidade sintática é compensada pelos falantes a nível pragmático, de modo que embora a variação linguística seja reconhecível, a menor complexidade morfossintática não desvaloriza de forma alguma o BP.

No contexto da implementação do Acordo Ortográfico em 2009, Raquel Raggi (Mogúncia) apresenta uma análise do discurso de resistência contra o Acordo Ortográfico, baseada num *corpus* de jornais portugueses e brasileiros publicados nos anos de 2008 e 2009. A partir da hipótese de metáforas não serem apenas expressões linguísticas restritas às funções poéticas ou retóricas, mas mecanismos cognitivos que estruturam os conceitos através dos quais percebemos o mundo, a pesquisa tem como objetivo contribuir para a compreensão dos elementos culturais envolvidos no discurso sobre o Acordo Ortográfico.

Na sua contribuição, Carsten Sinner (Lípsia) aborda um problema que resulta da assimetria das línguas pluricêntricas. Assim, os desenvolvimentos autóctones endógenos do português brasileiro (PB) e, acima de tudo, os fenómenos de mudança de língua da língua falada são muito pouco considerados e a "norma prescritiva" está em conflito com a realidade linguística dos falantes. Assim, os fenómenos da língua falada não são tidos em conta no *ENEM* – Exame Nacional do Ensino Médio –, nem nas *Gramáticas para Concursos*, o que tem impacto no insucesso académico e leva a que seja examinado um uso linguístico que não corresponde ao uso da língua natural dos falantes brasileiros L1 e que é ainda demasiado fortemente influenciado por uma variedade exógena da norma europeia, que para a maioria dos brasileiros não tem qualquer referência.

No seu ensaio sobre a construção de uma identidade moçambicana, Doris Wieser (Coimbra) questiona mediante os poemas de José Craveirinha, por um lado, e a chamada *poesia de combate*, por outro, em que medida os primeiros textos literários moçambicanos, que aparecem no contexto da denúncia de injustiças coloniais e do início da consciencialização nacionalista, negociam a tensão entre o passado e o futuro. A análise aborda as divergentes propostas poéticas e concentra-se, num segundo passo, na semantização das diferentes historicidades enfocando a representação não só do passado (étnico e colonial) e das suas repercussões no presente, mas também as visões do futuro.

O volume aborda a difícil questão de como compreender a lusofonia ou o mundo lusófono, o que o une e o que o divide em diferentes níveis, partindo da conceção de que a língua e a identidade andam sempre de mãos dadas. O foco está, por um lado, no diálogo entre as culturas lusófonas e outras áreas culturais, mas também e, sobretudo no diálogo entre as áreas culturalmente muito divergentes de língua oficial portuguesa, que se caracterizam por diferentes contactos culturais e linguísticos, por laços mais ou menos fortes com Portugal no período colonial, por diferentes graus de emancipação no período pós-colonial, que teve um impacto na língua, cultura e literatura das respetivas áreas. Ao contrário do mundo hispanófono, não existe uma norma pan-lusitana com carácter supranacional ou um *português neutro* no caso da lusofonia, mas ao mesmo tempo não podemos esquecer a grande distribuição geográfica e distância entre os países lusófonos. Os autores lançam luz sobre esta relação por vezes conflituosa, a questão da construção da própria identidade, mas também a questão da unidade que a língua dá aos países da lusofonia. Algumas perguntas encontram resposta nas contribuições deste volume e muitos desideratos para futuras investigações são delineados.

Gostaríamos de expressar a nossa enorme gratidão perante a Universidade Johannes Gutenberg de Mogúncia, a Embaixada de Portugal em Berlim e o Instituto Camões pelo generoso apoio financeiro concedido, que tornou possível não só a realização do simpósio "Língua e identidade no mundo lusófono", mas também a publicação das variadas e enriquecedoras comunicações apresentadas no evento. Por fim, gostaríamos ainda de agradecer a Bénédict Wocker (Mogúncia) pelo apoio na organização do congresso e a Linus Neitzel, Anke Steinberg e Noah Nugel (Lípsia) pelo imprescindível apoio na redação e formatação da presente obra.

Yvonne Hendrich (Mogúncia) e Benjamin Meisnitzer (Lípsia)

Ist eine portugiesische Kollektividentität möglich? *As Naus* von António Lobo Antunes und die Narrative Psychologie

Alexander Altevoigt (Göttingen)

1. Einleitung

Für den einflussreichen portugiesischen Literaturwissenschaftler und Essayisten Eduardo Lourenço ist der Schriftsteller António Lobo Antunes, neben Saramago, einer der Protagonisten, wenn es darum geht Portugal nach 1974 literarisch und kulturell neu zu denken. Insbesondere die Erschütterung der portugiesischen Nationalidentität im Zuge der Nelkenrevolution spielt für das Werk der beiden Schriftsteller eine entscheidende Rolle. Lourenço konstatiert, stellvertretend für das portugiesische Kollektiv: „[...] nós estávamos perdidos no tempo sem saber exactamente quem éramos e, talvez mesmo, quem tínhamos sido" (Lourenço 2004, 349). Diese geistige *tabula rasa* machte also dasjenige notwendig, dem sich Lobo Antunes und Saramago dann auch gewidmet haben: das Zeichnen einer neuen ‚Landkarte' des portugiesischen Nationalbewusstseins (vgl. ebd.).

Im vorliegenden Artikel soll der 1988 erschienene Roman *As Naus* von António Lobo Antunes daraufhin untersucht werden, mit welcher Wirkung er auf narrative Art und Weise die vielschichten Fragen nach einer portugiesischen Kollektividentität versteht und beantwortet. Findet eine bloße Dekonstruktion einer bis dato vorherrschenden Version der portugiesischen Geschichte statt? Oder bietet der Roman auch alternative Sichtweisen an?

Warum interessieren uns diese Fragen im Kontext von „Sprache und Identität"? Zugegeben, mit dem Überführen des Begriffs ‚Sprache' über den des ‚Sprechens' hin zum ‚Erzählen' entfernen wir uns vielleicht etwas vom linguistischen Gehalt, den der Kontext zu suggerieren scheint. Jedoch ist dieser Schritt notwendig, um die Wirkungsmacht des (fiktionalisierenden) Verbalisierens von Kollektivgeschichte(n) verstehen zu können. Denn zunächst einmal ist Sprache das menschliche Werkzeug, das Erlebnisse in eine „kommunizierbare Form" (Nünning 2013, 148) gießt und „damit die Grundlage dafür schaff[t], dass wir uns an sie erinnern können" (ebd.). Außerdem ermögliche

> [d]as Erzählen [...] dem Menschen die Stiftung und Erhaltung sozialer Gemeinschaften sowie die Ausdifferenzierung der Identität von Individuen und Kollektiven (so zum Beispiel mit Hilfe von [...] mythischen, genealogischen und nationalen Geschichten) (Scheffel 2005, 2 sq.).

Michael Scheffel zeigt hier bereits auf, dass das Erzählen eine starke individual- und sozialpsychologische Komponente besitzt. Daher wollen wir hier auch versuchen, uns mithilfe eines Konzepts aus der Psychologie und Psychotherapie den an den Roman gestellten Fragen anzunähern. Die sogenannte ‚Narrative Psychologie' macht die Schnittstelle zwischen Geistes- und Kognitionswissenschaft fruchtbar für das Nachvollziehen von Erlebnissen einer ‚Patientin' oder eines ‚Patienten'.

2. Narrative Psychologie

Vorab ist anzumerken, dass sich die Narrative Psychologie zunächst einmal individualpsychologisch ausrichtet und es dabei um eine hermeneutische Annäherung an die Erlebnisse *einer* Patientin oder *eines* Patienten geht. Warum jedoch das Heranziehen dieses Konzepts bei der näheren Bestimmung einer Kollektividentität sinnvoll ist, erläutert u.a. Vera Nünning: Da die Art und Weise des Erzählens sowie die Vorstellung davon, was im Leben erzählens- und erstrebenswert ist, stark vom eigenen soziokulturellen Kontext abhängt, bildet „die Konstruktion von Lebensgeschichten immer ein soziales Unterfangen" (Nünning 2013, 146). Insbesondere unser Analyseobjekt, der Roman *As Naus* nimmt, meines Erachtens, eine besondere Stellung in diesem Zusammenhang ein. Er ist eine (physisch) geschlossene Geschichte, geformt aus den Erlebnissen verschiedener Individuen und Teil der Lebensgeschichte des gesamten portugiesischen Kollektivs.

Konkret geht es bei der Narrativen Psychologie darum, erzählerisch Ereignisse der eigenen Vergangenheit zu durchlaufen, zusammenzusetzen und zu deuten. Dieser Prozess läuft auf die Konstruktion einer Identität hinaus: Sie ist als Ergebnis der in Erinnerung gerufenen Lebenserlebnisse eines Individuums, des Werts, den es ihnen zuschreibt, und eines Erkenntnisgewinns daraus, der wiederum die

Basis für einen Zukunftsentwurf ist (vgl. Nünning 2013, 148). Ein Begriff, der in diesem Zusammenhang immer wieder auftaucht, ist der einer logischen, stimmigen oder auch kohärenten *story*[1]: eine Verknüpfung des Vergangenen, Gegenwärtigen und Zukünftigen. Diese Logik der *story* ist zunächst einmal für deren Erzähler von Bedeutung (vgl. Nünning 2013, 148). Dennoch müssen wir auch nach den verschiedenen Ebenen fragen, auf denen eine *story* der Zuhörerin oder dem Leser logisch erscheinen kann: Ist eine zeitliche Kohärenz gegeben? Gibt es nachvollziehbare kausale Verknüpfungen zwischen den Erlebnissen? Sowie: Bewegen sich die Teile der *story* in einem gemeinsamen inhaltlichen Rahmen (vgl. Nünning 2013, 158 sq.)?

Zudem gibt es mehrere charakteristische Merkmale, die bei der narrativen Konstruktion von Identität eine bedeutende Rolle spielen: Die Erzählinstanz hat die klar aktive Rolle, denn sie wählt selbst aus, welche Erlebnisse sie schildert und analysiert (vgl. Schultz 2008, 5). Damit eng verknüpft ist die potentielle oder sogar kaum vermeidbare Vermischung von Fakten und Wünschen, Ängsten und Hoffnungen. Dieses Merkmal wiederum beeinflusst das Umfeld der erzählenden Person: Akzeptieren die Außenstehenden die *story* als kohärent? Welche Reaktionen folgen und welchen Einfluss nehmen diese auf die weitere Identitätskonstruktion des Erzählers oder der Erzählerin (vgl. Nünning 2013, 147)?

3. Narrative Identität in *As Naus*

Als Leser und Leserinnen begegnen wir im Roman einer großen Anzahl von Figuren, von denen sehr viele historisch belegte und bedeutsame Persönlichkeiten der portugiesischen Kolonialgeschichte sind, wie zum Beispiel Vasco da Gama und Pedro Álvares Cabral. Es tauchen aber auch Stellvertreter einer eher anonymen Masse auf; so beispielsweise ein Ehepaar aus Guinea oder eine Prostituierte aus Luanda. Der Handlungsort ist vorrangig Lissabon, in der archaisierenden

---

1 Paul Ricœur (2005, 209 sq.), der mit zu den (Vor-)Denkern der narrationspsychologischen Richtung innerhalb der Psychologie gilt (vgl. Schultz 2008, 1) unterstreicht den Zusammenhang des *story*-Begriffes mit dem sprachlichen Aspekt: Denn der narrative Diskurs, die „geeignete linguistische Vermittlung" (Ricœur 2005, 210), die der *story* innewohnt, ist essenziell für das Verbalisieren des Gefühls, das wir tendenziell und reduzierend zur Identität erklären.

Form *Lixboa*. Stellenweise und besonders in Rückblicken werden auch Ereignisse aus anderen Städten wie Luanda (*Loanda*) geschildert. Inhaltlich rekonstruiert der Roman die Zeit nach der Nelkenrevolution und Unabhängigkeit der portugiesischen Überseegebiete, während derer unzählige Portugiesinnen und Portugiesen oder deren Nachfahren unter dem schnell lexikalisierten Begriff der *retornados* nach Portugal (zurück)kamen. Die Figuren erleben „não a identificação com um ligar a que julgavam pertencer, mas antes a sensação de estranhamento, de não pertencer, de não lugar" (Martins 2004, 115). Graça Abreu beschreibt die Mission der in Lissabon einlaufenden Figuren als „[s]obreviver numa cidade que os não quer de volta" (Abreu 2008: 153). Im Rahmen dieses Handlungsgerüsts treffen wir als Leser und Leserinnen auf die verschiedensten und groteskesten Lebenswege; so zum Beispiel auf den Jesuitenmissionar Francisco Xavier, der sein Geld als raffgieriger Pensionsbetreiber und Zuhälter verdient.

Trotz der Verschiedenheit und Anzahl der Figuren sind ihre Erlebnisse alle Teile einer großen *story*, einer übergeordneten Identität, des portugiesischen Kollektivs. Deshalb sind die Prinzipien der narrativen Psychologie, auch wenn sie individualpsychologisch ausgelegt sind, ein nützliches Instrument beim Erforschen des Kollektivs. Nicht umsonst verwendet man sowohl für Einzelpersonen als auch für soziale Gruppen den Begriff der Identität. Es lässt sich bekanntlich trefflich darüber streiten, ob die Identität eines Wesens, einer Entität überhaupt greifbar ist. Die Soziologen Bernhard Giesen und Robert Seyfert stellen fest, dass diese Zweifel in Bezug auf kollektive Identitäten noch größer sind, denn

> [w]ir sind unfähig, eine erschöpfende Beschreibung unserer eigenen Identität als Person oder etwa unserer Identität als Nation, Familie oder ethnischer Gruppe zu geben. [...] Insofern gehen wir davon aus, dass kollektive Identität eine unaufhebbar uneindeutige und vage Angelegenheit ist (Giesen & Seyfert 2013, 39).

Doch gerade diese Eigenschaft macht es außerordentlich spannend, Fälle, in denen „kollektive Identität repräsentiert, imaginiert und erzählt" (Giesen & Seyfert 2013, 39) wird, näher zu betrachten.

Literarische Formen der Konstruktion von Identitäten sind insofern besonders interessant, als – der narrativen Psychologie nach – der performative Akt des Erzählens ein unentbehrlicher Bestandteil von ihr ist. Ohne das Erzählen ist die Vollendung einer stimmigen *story* undenkbar. Dass wir bei fiktionalen Texten

Gefahr laufen, auf fantastische Elemente zu treffen, darf uns in diesem Kontext jedoch nicht beunruhigen. Denn erstens gibt es auch in individuellen Lebensgeschichten der ‚echten Welt' hinzugedichtete Aspekte. Zweitens sind Fiktionen schließlich auch Produkte eines real existierenden sozialen und kulturellen Einflusses, der identitätsprägend wirkt. Welche Rolle der Schriftstellerin oder dem Schriftsteller in diesem Zusammenhang zukommt, erklärt António Lobo Antunes – zumindest für seinen eigenen Fall. Denn als in seinem *Terceiro Livro de Crónicas* die Frage danach aufkommt, was er mit seinen Romanen aussagen wolle, antwortet er wie folgt: „Isso terão de perguntá-lo a quem mo ditou. O meu trabalho consiste apenas em conseguir ouvir" (Lobo Antunes 2006, 73). Er ist als Autor also lediglich der Schreiber desjenigen, der ihm die Zeilen diktiert – das Sprachrohr des Kollektivs sozusagen.

In Rückbesinnung auf die Bedeutung der Kohärenz bei der Erzählung von Lebensgeschichten werden wir bei der Suche nach lückenloser Stimmigkeit in *As Naus* enttäuscht. Im Gegenteil, auf mehreren Ebenen sind inkohärente Strukturen vorhanden, die allerdings wiederum zueinander passen. Oder literaturwissenschaftlich gesprochen: *Discours* und *histoire* harmonieren trotz allem miteinander. Beispielsweise wechseln sich verschiedene Erzählinstanzen und Diegesen und auch die direkte und indirekte Rede innerhalb kürzester Passagen ab. Der Abschnitt, in dem Pedro Álvares Cabral in Lissabon am Flughafen ankommt und sich zwecks Unterkunftszuweisung registrieren lassen muss, dient als gutes Beispiel:

> [...] uma secretária a que se sentava, em um escabelo, um escrivão da puridade que lhe perguntou o nome (Pedro Álvares quê?), o conferiu numa lista dactilografada [...] e inquiriu de repente Tendes família em Portugal?, e eu disse Senhor não, muito depressa, sem pensar (*As Naus* (AN), 14).

Die Figur des Pedro Álvares Cabral taucht erst in der dritten Person („lhe") auf und kurz danach als Ich-Erzähler („eu disse"). Mit diesen unterschiedlichen Erzählern geht der Wechsel von der Heterodiegese zur Homo- bzw. Autodiegese einher: Derselbe Moment wird von außen betrachtet geschildert, aber eben auch von der die Situation erlebenden Figur selbst (vgl. Tavares 2009, 4). Die minimal durch Majuskeln markierte direkte Rede wird direkt in den Fließtext eingeschoben und bewirkt damit ein unmittelbares Ein- und wieder Austreten der Figuren in die Rede des Erzählers (vgl. Gasparini 2012, 7). Dieser ständige Wechsel der

Perspektivierung, Fokussierung und Rede lässt sich als ein Spiel von *ida* und *volta* verstehen: Figuren und Erzählinstanzen, die teilweise übereinstimmen, sind ständig in Bewegung, sie kommen und gehen samt ihrer Stimmen und Gedanken (vgl. Gasparini 2012, 6; Bernardes 2008, 15). Dieses ständige Kommen und Gehen von Bewusstseinseinschüben in die Handlung zeugt auch von einer Figuren- und Stimmenpolyphonie im Sinne Bachtins, die typisch für Lobo Antunes ist[2]. Diese Technik schwächt die Rolle einer starken und zentralen Erzählinstanz, der auch meistens die Deutungshoheit des Geschehens eingeräumt wird. Der Spielball wird also hin- und hergeworfen; ein scheinbar heterodiegetischer Erzähler ist zwar vorhanden, doch Figuren dürfen dessen Rolle einnehmen und Ideen einstreuen, ihre Existenz beweisen, ihre Stimmen stärken. Die Figuren erleben so eine Subjektwerdung und erheben sich selbst zu Diskursträgerinnen (vgl. Holm 2003, 99; 105). Sie stehen damit symptomatisch für eine ideologische Verschiebung von einem zentralistisch ausgerichteten *império* hin zu einem System, das auch die Peripherie berücksichtigt (vgl. Martins 2004, 117).

Neben der gerade besprochenen Inkohärenz der Erzählstruktur weist der Text eine permanente Vermengung von Fakten und Erfundenem auf, die sich gleichzeitig mit einer omnipräsenten Anachronie paart. Als Vasco da Gama einem Mann namens Luís („homem de nome Luís"), den wir als den Autoren des portugiesischen Nationalepos lesen dürfen (vgl. Ferreira 2012, 4), alte Fotos zeigt, kommentiert er:

> Esta tirou-me o meu irmão Paulo quando descobri o caminho marítimo para a Índia, Agora, que engraçado, repare, estou com os colegas da secção de rótulos da fábrica de cerveja (AN, 22).

Mit der Erwähnung des historisch belegten Bruders Paulo als Fotograf der tatsächlichen sogenannten Entdeckung des Seewegs nach Indien durch Vasco da Gama wird das 15. Jahrhundert in die Gegenwart geholt. Das zweite Foto, das den Seefahrer als Arbeiter in einer Bierflaschenfabrik zeigt, lässt Vasco da Gama sogar als ein gleiches Mitglied des Kollektivs erscheinen. Diese Passage kann als

---

2   An dieser Stelle sei auf seinen Roman „*O meu nome é legião*" (2007) verwiesen, in dem die Polyphonie bereits so weit fortgeschritten ist, dass die einzelnen Erzähler am eigenen Erzählstil erkennbar sind und somit der Roman eine extreme soziale Diversität widerspiegelt. Nur auf diese Weise wird der (Perspektiv-) Wechsel markiert.

Relativierung der singulären Bedeutsamkeit bestimmter historischer Persönlichkeiten und Ereignisse gedeutet werden. Indem zwei so unterschiedliche Tätigkeiten ein und derselben Figur zugeordnet werden, werden sie auf eine Stufe gestellt und als gleichsam erzählenswert verstanden. Sie erfüllen bei der Konstruktion einer *story* dieselbe Funktion und sind damit in gleichem Maße identitätsstiftend. Vor allem ist es aber die Kombination aus der Vasco da Gama personell zugeschriebenen Errungenschaft und seiner Freude daran, sich selbst zusammen mit den Kollegen auf dem Foto zu sehen – er, der große Seefahrer erinnert sich gerne an Mitglieder des Durchschnitts und hebt so ihren Wert an und relativiert seinen eigenen.

An den beiden zitierten Beispielen zeigt sich auch das enge Geflecht von verschiedenen Zeitebenen. Wenn Pedro Álvares Cabral bei seiner Ankunft in Lissabon selbstverständlich mit dem fast verschwundenen Pronomen „vós" angesprochen wird, so hat dies einen archaisierenden Effekt. Besonders markant ist allerdings das Verhältnis von Vergangenem, Gegenwärtigem und Zukünftigem, das sich in der Erzählerfigur Luís widerspiegelt. Er trägt zunächst seinen toten Vater in einem Sarg umher. Als er von Beamten der PIDE inspiziert wird und diese von der stinkenden und fauligen Last angewidert sind, bittet Luís die Polizisten, den Sarg wieder zu verschließen und ihn nicht zu konfiszieren, denn „é que não há nada para me sentar no cais enquanto o barco não chega" (AN, 27). Der tote Vater ist eine schon übelriechende und besonders unhandliche Last, die es allerdings wert ist, solange herumgetragen zu werden, bis sich Luís einen ehrenhaften Abschied leisten kann. Während er auf das Schiff wartet, das ihn in die Zukunft fährt, dient das schwere Gewicht der Erinnerung als Sitzgelegenheit und damit als psychologische Stütze (vgl. Pollack 2003).

Wie oben angemerkt, hängt eine stimmige *story* auch von der Akzeptanz Außenstehender ab. Um zu verstehen, wie andere Individuen und Gruppen auf die durch Narration konstruierte Identität reagieren, ob sie mit ihr einverstanden sind oder sie lieber neu aushandeln möchten, würden sich im vorliegenden Fall der Blick in Rezensionen und die Analyse von weiteren diskursiven Handlungen lohnen. Bei *As Naus* kann und sollte man jedoch zwischen Diskursen innerhalb des dargestellten Kollektivs Portugal[3] und tatsächlich externen Akteuren[4] unterscheiden. Zudem ist die Betrachtung von Diskursen aus übergeordneten oder Zwischenräumen, wie beispielsweise Brasilien oder Angola als heute unabhängige Staaten, aber früher von Portugal beherrschte Länder, oder Organisationen der Lusophonie[5] aufschlussreich. Beispiele für die Perspektive Außenstehender finden sich sogar in der Erzählung selbst: Die revolutionären Kräfte wettern über den

> [...] colonialismo que até o Papa condenou no discurso de encerramento do Sétimo Congresso dos Esperantistas Cristãos com as palavras consternadas da nossa preocupação apostólica (AN, 43 sq.).

Das Zitieren der päpstlichen Position in der Kolonialismusfrage hat eine spezifische Wirkung bei der Auseinandersetzung mit der eigenen kollektiven Identität. Obwohl die neuen politischen Kräfte bekanntlich keine treuen Anhänger der katholischen Kirche waren, kam ihnen die Meinung des Papstes entgegen, denn auf diese Weise ließ sich das faschistische Regime durch eine dem katholischen Volk nahe Stimme delegitimieren. Der Roman zeichnet an dieser Stelle also ein Ringen der Autoritäten nach: Die neue noch im Entstehen befindliche möchte von einer der Politik übergeordneten profitieren, um die alte, unerwünschte vollständig zu entmachten – auch oder vor allem in den Köpfen des Kollektivs.

---

3 Beispielhafte Ausschnitte aus Rezensionen u.ä. finden sich im Internet unter http://www.citi.pt/cultura/literatura/romance/lobo_antunes (Centro de Investigação para Tecnologias Interactivas – FCSH da Universidade Nova de Lisboa, Zugriff: 26.01.2016).

4 Bei der Auszeichnung zum *Chevalier des Arts et Lettres* durch das französische Kulturministerium im Jahre 2000 zählt Ministerin Catherine Trautmann *As Naus* zu den „romans aux titres mystérieux [...] qui [...] composent une vaste fresque sociale, dessinent et explorent une comédie humaine." (abrufbar unter http://www.culture.gouv.fr/culture/ actualites/communiq/decoportugal.htm, Zugriff: 26.01.2016).

5 In der Begründung der Jury bei der Vergabe des *Prémio Camões* im Jahre 2007 an António Lobo Antunes heißt es: „O júri deliberou outorgar o Prémio Camões 2007 ao escritor António Lobo Antunes, pela mestria em lidar com a língua portuguesa, aliada à mestria em descortinar os recessos mais inconfessáveis do ser humano, transformando-o num exemplo de autor lúcido e crítico da atualidade literária" (Mitteilung des portugiesischen Kulturministeriums am 5.11.2014 auf Nachfrage des Verfassers).

4. Ein demokratischer Roman?

Im Großteil der Sekundärliteratur wird nach einer passenden Bezeichnung für die verschiedenen Lesarten des Romans gesucht. Handelt es sich um eine völlige Entmystifizierung, Dekonstruktion und Neubewertung der portugiesischen Geschichte und Identität? Der Roman rechnet scheinbar mit den kulturell bedeutsamen identitätsstiftenden Bausteinen Portugals ab: Helmut Siepmann spricht vom Tod des Mythos (vgl. Siepmann 1997, 54; 2003), Henry Thorau von einem „Geschichtspessimismus", der eine Utopie zerstöre (vgl. Thorau 1997, 531), und Debbie Mello Noble von einer Entmystifizierung (vgl. Noble 2012, 1). Der Schluss des Romans legt diese Deutung nahe: Die ‚Helden' der Kolonialgeschichte stehen am Strandabschnitt des Sanatoriums, in dem sie ihren Lebensabend verbringen, und schauen aufs Meer. Sie warten auf das Erscheinen des „rei a cavalo" (AN, 190), doch als sich der Nebel lichtet, sehen sie nichts als „o oceano vazio até à linha do horizonte […] e os mestres de pesca […] que olhavam sem entender o nosso bando de gaivotas em roupão" (AN, 190). Anstelle des Erlösers Sebastião erscheinen nur gewöhnliche Fischer, die den Anblick des greisen Camões mit seinen Leidensgenossen mehr als befremdlich finden. Ähnlich wie auch schon bei Vasco da Gama und seinen Fabrikkollegen wird hier das gewöhnliche Mitglied des Kollektivs mit den vermeintlichen Schlüsselfiguren der portugiesischen Identität gleichgesetzt – oder ersetzt sie sogar.

Ziehen wir eine abgeschwächte Betrachtungsweise heran, lässt sich allerdings sagen, dass der Text vielmehr eine kritische Relektüre oder Überarbeitung der portugiesischen Geschichtsschreibung ist. Die zum Zeitpunkt der Romanveröffentlichung jüngsten Entwicklungen – die Kolonialkriege, die Nelkenrevolution, die Unabhängigkeit der PALOP und nicht zuletzt der 1986 erfolgte EU-Beitritt Portugals – haben eine Aktualisierung der portugiesischen *story* erzwungen.

Wie bei einem Individuum, das zumeist ein Leben mit wechselnden Bedingungen und Kontexten führt, haben wir angenommen, die erzählte portugiesische Identität ließe sich anhand des Textes rekonstruieren. Auf der Suche nach einer stimmigen *story* sind wir auf zahlreiche Inkohärenzen im Ort-, Zeit- und Perspektivenverhältnis gestoßen, die auf das Fehlen einer funktionierenden Identität hindeuten könnten. Damit hat sich das Instrument der narrativen Psychologie als nützlich erwiesen, Mechanismen in der durch Erzählung erfolgenden Auseinandersetzung mit der eigenen Identität aufzudecken und zu erklären. Da Inkohärenzen aber nicht mit gescheiterten Identitäten gleichgesetzt werden dürfen (vgl. Nünning 2013, 159 sq.), bleibt es, wie oben angedeutet, diskussionswürdig, ob der Text eine bis zu den Kolonialkriegen durch Monarchie und Diktatur propagierte Kollektividentität lediglich vollständig demontiert. In ihr waren in der Tat alle notwendigen Aspekte vereint: Eine als Fundament dienende heroische Vergangenheit, eine ständige Gegenwart als Imperium sowie eine Zukunftsvision, die aber auch, in der Form des Sebastianismus, von Beginn an zum Scheitern verurteilt gewesen war.

Bei dieser Sicht auf die Dinge bleibt die Frage, warum der Roman keine adäquate alternative oder neue Kollektividentität anbietet. Es ist vielmehr so, dass der Text ein geistiges Produkt des politischen und gesellschaftlichen Umbruchs in Portugal ist, einer pluralistisch-demokratischen Wende gewissermaßen. Er repräsentiert in einer pluralistischen bzw. – literaturwissenschaftlich ausgedrückt – polyphonen Erzählweise eine demokratische Kollektividentität. Es handelt sich um ein Konglomerat aus Individualgeschichten, die in autoritären Systemen, die die Deutungshoheit über eine ganze kollektive Identität beansprucht haben, keinen Platz hatten. Der Roman kritisiert damit die bis dato überpräsente Eindimensionalität[6] der Narration einer Identität, die „tinha sido discursivamete ficcionada durante a época [...] do salazarismo" (Lourenço 2004, 351). Die Auflösung der Erzählerhierarchie und der Figurenhierarchie samt ihrer historischen Repräsentanten ist ein Anzeichen des neuen demokratischen Geistes und gleichermaßen ein Beitrag zur Festigung der Demokratie (vgl. Ribeiro 2011, 296). Im Text ist es ein Leutnant der Revolutionskräfte, der den „Estado democrático, nascido, com a ajuda da parteira mão castrense, do ventre putrefacto do totalitarismo fascista" (AN, 50) anpreist und die Demokratie nahezu militärisch anordnet. Ein Widerspruch?

---

6 Bestes Beispiel ist vielleicht das *Padrão dos Descobrimentos* in Lissabon, das auf engstem Raum alle Identifikationsfiguren der großen portugiesischen *story* vereint. Errichtet unter Salazar, zeugt es von einem monologistischen Verständnis der portugiesischen Geschichte und Kultur.

Bibliografie

ABREU, Graça. 2008. „Naus (As)", in: Seixo, Maria Alzira et al. edd. *Dicionário da obra de António Lobo Antunes. Vol. 1.* Lissabon: Imprensa Nacional-Casa da Moeda, 151–157.

BERNARDES, Joana Duarte. 2008. „História e Memória na ficção post-modernista portuguesa: *Os Cus de Judas* e *As Naus*, de António Lobo Antunes", in *Labirintos.* Revista Electrônica do Núcleo de Estudos Portugueses 4, o.S. Verfügbar auf: http://www.uefs.br/nep/labirintos/edicoes/02_2008/02_2008.htm, Zugriff: 26.05.2015.

GASPARINI, Nathália. 2012. „Dando forma ao caos: projeto estético e projeto ideológica na estrutura narrativa de As Naus, de Lobo Antunes", in: *Nau literária* 8 / 2, 1–8.

GIESEN, Bernhard & Seyfert, Robert. 2013. „Kollektive Identität", in: *APuZ. Aus Politik und Zeitgeschichte* 13–14, 39–43.

HOLM, Helge Vidar. 2003. „Le concept de polyphonie chez Bakhtin", in: *Polyphonie – linguistique et littéraire* 7, 95–110.

LOBO ANTUNES, António. ⁶2006. *As Naus.* Lissabon: Dom Quixote.

LOBO ANTUNES, António. 2006. *Terceiro Livro de Crónicas.* Lissabon: Dom Quixote.

LOURENÇO, Eduardo. 2004. „Divagação em torno de Lobo Antunes", in: Cabral, Eunice et al. edd. *A escrita e o mundo em António Lobo Antunes. Actas do Colóquio Internacional António Lobo Antunes da Universidade de Évora.* Lissabon: Dom Quixote, 347–355.

MARTINS, Adriana de Paula. 2004. „Notas sobre a configuração do 'outro' em As Naus de António Lobo Antunes", in: Cabral, Eunice et al. edd. *A escrita e o mundo em António Lobo Antunes. Actas do Colóquio Internacional António Lobo Antunes da Universidade de Évora.* Lissabon: Dom Quixote, 113–121.

NOBLE, Debbie Mello. 2012. „Desconstrução e despertencimento em As Naus, de António Lobo Antunes", in: *Nau literária* 8 / 2, 1–10.

NÜNNING, Vera. 2013. „Erzählen und Identität: Die Bedeutung des Erzählens im Schnittfeld zwischen kulturwissenschaftlicher Narratologie und Psychologie", in: Strohmaier, Alexandra. ed. *Kultur – Wissen – Narration: Perspektiven transdisziplinärer Erzählforschung für die Kulturwissenschaften.* Bielefeld: Transcript, 145–169.

POLLACK, Ilse. 2000. „Vom Ende des imperialen Mythos", in: Antunes, António Lobo. *Die Rückkehr der Karavellen.* München: Luchterhand (aus dem Portugiesischen von M. Meyer-Minnemann), 4–21.

RICŒUR, Paul. 2005. „Narrative Identität", in: Ders. *Vom Text zur Person. Hermeneutische Aufsätze (1970–1999).* Hrsg. von P. Welsen, Hamburg: Meiner, 209–225.

SCHULTZ, Christian. 2008. „'… der Rest ist Geschichte'. Zur Einführung in die Narrative Psychologie", verfügbar auf http://spsh.de/aktuelle_dateien/texte.html, Zugriff: 29.01.2016.

SIEPMANN, Helmut. 1997. „Das Selbstverständnis der Portugiesen in ihrer Literatur", in: Thorau, Henry. ed. *Portugiesische Literatur.* Frankfurt a. M.: Suhrkamp, 37–57.

SIEPMANN, Helmut. 2003. *Kleine Geschichte der portugiesischen Literatur.* München: Beck.

TAVARES, Enéias Farias. 2009. „O desencanto histórico e religioso no romance As naus, de Antonio [sic!] Lobo Antunes", in: *Nau literária* 5 / 2, 1–11.

THORAU, Henry. 1997. „‚Die Toten wecken und das Zerschlagene zusammenfügen'. Die Romane des António Lobo Antunes", in: ders. ed. *Portugiesische Literatur*. Frankfurt a. M.: Suhrkamp, 521–540.

"Tornei-me este planeta por ofício": identidade e língua em abordagens dos *media* à nova emigração

Teresa Bagão (Porto)

1. Nótula sobre questões recentes ...

> "Ó vida de mil faces transbordantes"
> Sophia de Mello Breyner

A questão da identidade nacional prende-se, num primeiro olhar, com aquilo que nos torna únicos ou diferentes, colocando-se com mais premência face à presença do Outro com quem convivemos em diversas situações e de distintas formas. Uma delas é a que leva os portugueses a residir em países nos quatro cantos do mundo. Tendo como base o paradigma da sociedade livre e democrática, tornado realidade com a Revolução do 25 de Abril de 1974 e consolidado, podemos dizê-lo, com a adesão à CEE em janeiro de 1986, a presença desses 'outros' (com quem não convivemos livremente durante os 60 anos de forçado afastamento) tornar-se-ia uma constante para os portugueses. A abertura de fronteiras físicas, intelectuais e culturais libertou-nos não só dos estreitos horizontes impostos pelo Estado Novo, mas também dos muitos momentos da nossa História durante os quais, em lapsos temporais mais ou menos prolongados, as autoridades conseguiram manter os portugueses longe de 'perversas' ideias estrangeiras.

Vivemos há 41 anos em liberdade, em liberdade nos vemos, nos revemos, nos pensamos e nos questionamos. Queria, aqui, fixar-me nesse olhar identitário que dedicamos a nós mesmos, no contexto muito preciso da nova emigração. E questiono se, porventura, a forma identitária que nos manteve unidos (como comunidade que reconhece raízes comuns), durante décadas, continua ainda a fazer eco nos testemunhos de portugueses recém-emigrados[7] e que elementos identitários são preferentemente veiculados.

---

7   Levanto uma questão que poderia ser objeto de análise futura. Pensando nos muitos jovens que, mais recentemente, estão a rumar a outros países para iniciar – ou continuar

João Medina (2004, 27) recorda que

[a] Identidade Nacional, *sub specie temporis*, é este animatógrafo, esta imagem proteiforme e instável que se plasma nesta sucessão de atitudes, comportamentos, fotogramas sociais e individuais que são mutáveis, que se alteram com a passagem das eras [...].

Anoto algumas ideias-chave de três autores sobre o tema da identidade portuguesa: José Mattoso, João Medina e José Manuel Sobral. Podemos dar especial atenção à afirmação do historiador José Mattoso, sobre a questão da identidade portuguesa, quando considera que "a identidade da língua é a única com expressão propriamente nacional" (Mattoso 1998, 72), referindo-se ao território. Também Medina constata que, desde o século XIX, "o património nacional mínimo" é constituído pelo território e por uma língua unificante (Medina 2004, 35). Uma terceira referência parece relevante para o cenário que se pretende traçar: de entre os 55 elementos culturais (alguns com caráter identitário), Luís Sá Cunha institui a figura do emigrante (Cunha 1990)[8]. Portugal "conhece-se e reconhece-se como nação de emigrantes, o que tem reflexos intensos no imaginário coletivo, na mitologia reinante (e os mitos, mesmo parecendo inexplicáveis, explicam-nos), mas também em representações e práticas sociais concretas" (Peixoto 2014, 99).

Associado à figura do emigrante, o conceito do "Portugal diaspórico" de João Medina enquadra o âmbito deste breve estudo, com o qual se pretende analisar a presença de referências identitárias numa amostra de documentos recentes, selecionados da imprensa e da rádio.

Foi quando tudo parece ter recomeçado, nesse ano de 2008 ... Embora a situação de emigração seja constante na vivência familiar e profissional de milhões de portugueses que, desde o século das Descobertas, começaram a sair de Portugal continental para se estabelecerem em outras partes do mundo, por vontade própria ou por necessidade, é certo que o tema passou a integrar a ordem do dia a partir de 2010, sensivelmente.

– a sua vida profissional ou pessoal / afetiva, transportarão eles consigo os mesmos elementos identitários das décadas de 60 ou de 70? O que terá mudado durante os anos de integração europeia?

8   Este 'edifício identitário' é unicamente devedor da perceção e das opções do seu autor, tal como afirma na introdução do volume citado.

Responsáveis políticos, comentadores e investigadores não deixaram de constatar e de glosar os números e os motivos da emigração, agora apelidada de 'jovem'. Nos meios de comunicação social, revistas têm dedicado ao tema números especiais ou reportagens alargadas, estações de televisão passam igualmente reportagens, colunistas e especialistas abordam a questão em jornais nacionais. Até mesmo uma entidade bancária não deixou de direcionar, recentemente, campanhas publicitárias aos emigrantes – agora sempre associados à imagem do jovem adulto de perfil urbano, em rede – e faz eco do discurso político-partidário cuja tónica agora é no 'regresso'.[9]

Data de 18 de dezembro de 2011 uma intervenção do Primeiro-Ministro que causou impacto não só nos *media*, mas sobretudo em milhares de professores desempregados. De acordo com Passos Coelho, as possibilidades que a língua portuguesa oferece aos profissionais que pretendiam integrar o setor da educação estariam em alguns PALOP, visto que em Portugal estes profissionais não são precisos e não terão oportunidade de trabalhar aí como docentes no futuro próximo.[10] Talvez a expectativa fosse mais elevada junto de recém-licenciados (e recém-mestres) nesta e nas mais diversas áreas, por acreditarem que o diploma e a formação especializada garantissem emprego. Sobretudo, com uma remuneração que permitisse autonomia e um nível de vida sustentável, compatível com

---

9   Aprovado em Conselho de Ministros de 12 de março de 2015, o Plano Estratégico para as Migrações 2020, com o intuito de estimular o regresso de emigrantes a Portugal, integra o VEM, programa para a Valorização do Empreendedorismo Emigrante, quando efetivado em território português. A imprensa não deixou de o mencionar nem de o comentar. A título exemplificativo, remeto para o depoimento da jovem Carina Ferreira (no "Público"): "Não faz sentido querer apenas convencer os portugueses a voltarem com um pequeno fundo, isso não chega, não é apelativo. Ainda para mais num país onde a economia não está a crescer. Porque é que eu hei-de querer ser empreendedora num país que ainda está de joelhos?"
    Note-se que, desde 2010, a Fundação Calouste Gulbenkian promove um concurso de valorização e incentivo ao empreendedorismo dos emigrantes portugueses, o "FAZ – Ideias de Origem Portuguesa", que pretende incentivar a "importação" de ideias e soluções portuguesas dos emigrantes portugueses e luso-descendentes residentes no estrangeiro."

10 "Portugal é um dos países da Europa com menores níveis de escolarização da população, segundo o Relatório do Desenvolvimento Humano de 2011, publicado no mês passado pelo Programa das Nações Unidas para o Desenvolvimento (PNUD)." (*Público*, 18 / 12 / 2011).

o contexto de progresso europeu. Melhor dizendo, no contexto de uma Europa progressista, capaz de nivelar todos no mais avançado bem-estar e sucesso social. João Teixeira Lopes esclarece esta circunstância, referindo-se à "'ressaca' como efeito específico de um país que sofreu transformações bruscas e em que o sistema de expectativas esbarra no sistema de oportunidades, bloqueando a mobilidade social e o otimismo" (Lopes 2014, 101).

Não esquecemos, obviamente, que saem do país milhares de portugueses há muitos anos, tal como comprovam os dados estatísticos.[11] Porém, é a mais recente partida de jovens que começou a obter mais atenção nos meios de comunicação social.

Os diálogos sobre a emigração – mais ou menos jovem, mais ou menos qualificada – não mais deixaram de se ouvir, passando a marcar jornais e revistas de maior circulação, bem como reportagens ou noticiários televisivos[12].

Em termos de impacto do tema da emigração jovem em criações artísticas, não deixam de ser curiosos três registos particulares, dois musicais e um cénico. Em primeiro lugar, pela sua feição burlesca, a música-resposta "(Não) quero sair" do ator e comediante Rui Unas parodia intervenções do Primeiro-Ministro sobre a crise e sobre o desemprego jovem, recriadas numa espécie de 'relação amorosa' que chega ao fim com a separação – neste caso, a separação entre o governante e os jovens que têm de emigrar, pelo que a imagem final é a chegada do ator, a pé, ao aeroporto de Lisboa. Sair é a única solução para (sobre)viver. Num outro registo musical, o cantor portuense Pedro Abrunhosa aborda o tema na música "Para os braços da minha mãe", apresentando a saída não só numa perspetiva marcada por um sentimentalismo lamecha, mas também com laivos de etnocentrismo, na medida em que os destinos europeus da emigração (França, Alemanha e Holanda)

---

11 Os números estão disponíveis no Observatório da Emigração Portuguesa (criado em 2008) e na PORDATA – Base de Dados Portugal Contemporâneo, organizada e desenvolvida pela Fundação Francisco Manuel dos Santos (criada em 2009). O volume *Emigração Portuguesa. Relatório Estatístico 2014*, do OEP, está disponível em pdf.

12 Os documentos jornalísticos relativos a estes meios de comunicação social estão disponíveis nos respetivos sítios, o que permite aceder aos conteúdos com facilidade. Jornalistas e investigadores mostram também, claramente, que a crise não tem sido o único fator a desencadear as saídas, sobretudo dos jovens licenciados, como se pode ler, por exemplo, em Bruno Faria Lopes, "Dois mitos sobre a emigração portuguesa" (*Expresso*, 02 / 02 / 2012).

são exibidos como espaços marcados pela degradação afetiva e emocional, pelo desconforto, solidão e abandono, pela escuridão, enfim, locais onde o amor e o bem-estar não são possíveis para um idealizado jovem português, que apenas existe pela e consoladoramente nos "braços da [sua] mãe". Na letra da música, a noite e o frio são metáforas da negatividade daqueles países europeus, também patente na prostituição como única vivência em Amsterdão. Esta é uma visão de uma emigração que compele à desgraça, ao fracasso e à frustração.

O terceiro registo que gostaria de mencionar é a peça de teatro "O meu país é o que o mar não quer" (título retirado da poesia de Ruy Belo), cuja estreia em Portugal data de outubro de 2014, e que tem estado a percorrer as salas do país. A ideia original e o guião são de Ricardo Correia, que define com coerência e originalidade um texto dramático a partir de testemunhos de jovens emigrantes em Inglaterra. O autor-encenador cruza, em palco, num ambiente de proximidade com o espectador, os breves momentos de 12 quadros-histórias de vida.[13] Segundo Ricardo Correia, a intenção "deste espetáculo é que seja modular e incorpore ao longo da temporada mais testemunhos", pretendendo assim "lançar um debate alargado sobre a emigração portuguesa qualificada nas últimas décadas e refletir sobre a importância da memória, da identidade e da arte como espaço de resistência."

---

13 Os seus objetivos estão bem definidos e a peça integra esta temática recente: "Acontece muito que os programas que existem é quase tudo a dourar a emigração (...), corre tudo bem e é só portugueses de sucesso espalhados pelo mundo ... Cá em Portugal, para mim, eram números e estatísticas e lá passaram a ser pessoas reais, com histórias de vida (...). Foi um bocado para colmatar essa falha e também um esquecimento nosso destas pessoas que estão a sair do país e de que rapidamente a gente se esquece." (vídeo publicado pela ESEC-TV / RTP2)

2. Reflexos da identidade na nova vaga de emigração portuguesa: estudo de dois casos dos *media*

> "e não havia aliás outro sentido
> senão o de caminhar por caminhar"
> Manuel Alegre

A ausência de perspetivas de emprego jovem (e menos jovem) é anterior à crise da dívida soberana que Portugal começou a enfrentar em 2011, e ao pedido de resgate, tendo-se agravado nos anos subsequentes. O jornalista Henrique Monteiro recorda que, já em 2005, Elsa Costa e Silva constatava, em entrevista ao Observatório da Emigração, que "um quinto dos portugueses com o ensino superior não trabalha em Portugal". E continua: "Sinceramente, salvo uns especialistas não via ninguém especialmente preocupado com isso, nem a considerar que Portugal fosse um país falhado por ter tantos emigrantes qualificados."[14] Não obstante, se tivermos como referência os últimos 8 anos, os números da emigração como fuga à crise (pela falta de emprego e pela impossibilidade de trabalhar na área ou em áreas afins da formação académica ou profissional, obtendo uma remuneração condigna) correspondem a um fenómeno que cada vez mais despertou a atenção. Disso nos dá conta João Peixoto, coordenador-investigador do projeto "REMIGR – Regresso ao futuro: a nova emigração e a relação com a sociedade portuguesa", ainda em curso.[15]

---

14   Henrique Monteiro, "A emigração é mesmo uma desgraça?" (*Expresso*, 30 / 12 / 2013)
15   "Os poucos estudos disponíveis sobre a emigração portuguesa nas últimas décadas provam que os fluxos nunca desapareceram, mesmo nos momentos de expansão económica e optimismo colectivo que marcaram as últimas décadas do século XX e a entrada no século XXI. (...) Apesar do desequilíbrio da produção académica, que não tem correspondência com a realidade, é hoje generalizadamente aceite que o acentuar das dificuldades económicas de Portugal, sobretudo a partir de 2008, revelou um movimento de saída pujante." Os investigadores do REMIGR pretendem, assim, "compreender a dimensão e características dos novos movimentos de emigração portuguesa, tendo sobretudo em conta as relações que os novos emigrantes mantêm com o país de origem. (...) No plano teórico, a principal questão de investigação é conhecer as relações que os novos emigrantes estabelecem com Portugal. Esta questão é particularmente relevante face às novas características dos fluxos e ao novo contexto envolvente."

Atualmente continua a emigrar um grande contingente de portugueses com baixas qualificações, mas há muitos com qualificações elevadas, de acordo com o quadro europeu do ensino superior, e que procuram continuar a investir na sua formação académica, além de, profissionalmente, quererem desenvolver uma atividade profissional concordante com a sua qualificação.[16]

Se, nas palavras de Lídia Jorge, "a diáspora portuguesa (...) se caracterizou pela invulgar capacidade de enraizamento dos seus intérpretes nos locais de destino mais adversos" (2009, 25), disso continuam a dar um substancial exemplo – ontem como hoje – os testemunhos que conhecemos a partir de programas radiofónicos e televisivos, bem como de alguns números ou reportagens especiais de publicações periódicas. Uma pesquisa por assunto nos sítios eletrónicos de jornais como o "Público", "Expresso", "Diário de Notícias", "i", ou nos canais portugueses RTP, SIC e TVI, permite aceder a um elevado número de informações sobre este tema da emigração, muito mais recorrente a partir de 2008. Neste contexto, será pertinente mencionar o estudo de Susana Amaral e Ana Paula Marques, da Universidade do Minho, "Emigração portuguesa de profissionais altamente qualificados: uma proposta de leitura a partir do discurso jornalístico e das perspetivas de atores envolvidos", que envolve periódicos portugueses. Afirmam as autoras que a primeira notícia encontrada na imprensa nacional que aborda a questão da emigração portuguesa de profissionais altamente qualificados data de 28 de outubro de 2005 e intitula-se "20% dos licenciados fogem de Portugal", sendo a última do início de 2013, num total de 250 títulos compulsados.[17]

---

16   É incontornável não constatar a significativa diferença entre os contextos que envolvem uma parte substancial dos jovens que começaram a emigrar nestes últimos cinco anos e a emigração portuguesa do século passado, na vigência do Estado Novo. Essa vaga de emigração das décadas de 60 e 70 incluía indivíduos pouco qualificados, utilizados como mão-de-obra executante, que só falavam português, em situação legal irregular, cuja integração era mais difícil pelo desconhecimento dos locais para onde iam, na Alemanha e na França, sobretudo. E é um facto que, mesmo antes de ingressarem na vida ativa, contam-se milhares de estudantes portugueses, com ou sem experiência de Erasmus, que compreendem que, após as suas graduações, têm o mundo inteiro à sua disposição, mais ainda por dominarem um ou mais idiomas estrangeiros.

17   Destaco igualmente a pertinência do artigo de Silva e Santos (2014), "Discursos sobre emigração em tempos de crise: uma abordagem comparativa".

O *corpus* em foco neste breve trabalho é, precisamente, formado por um conjunto de programas radiofónicos do "Portugueses no mundo" (RDP / Antena 1), emitidos entre janeiro e maio de 2015, e um número especial da revista *Visão* de 2013, cuja análise mais detalhada proponho, "Portugueses à conquista do mundo".

Tendo em conta que "o sentimento de portugalidade é também alimentado pelos contactos mantidos com o país de origem através de um conjunto de práticas transnacionais" (Godinho 2014, 49), entre as quais se incluem programas de rádio e de televisão, procurarei efetuar uma leitura dos textos orais e escritos selecionados de modo a compreender a produtividade de isotopias positivas e / ou negativas na perceção da identidade portuguesa, em contexto de emigração.

2.1 Portugueses nos quatro cantos do mundo

Pela sua longevidade e capacidade de mobilizar os ouvintes de rádio, penso que é digno de destacar um programa da RDP Antena 1, intitulado "Portugueses no mundo", definido como "Uma conversa com portugueses espalhados pelos 4 cantos do mundo". O programa ocupa alguns minutos da edição da manhã (07h26), de segunda a sexta-feira. As conversas são conduzidas pela jornalista Alexandra Madeira. Foi, precisamente, através da sua resposta pronta às questões que lhe enviei que pude reunir as informações que aqui apresento, com o objetivo de contextualizar o programa.

A ideia original partiu da jornalista Eduarda Maio, em 2008, e, inicialmente, a participação de dois minutos, em direto, de um português a viver no estrangeiro rematava o serviço noticioso das 10 horas. Face a alguns problemas e limitações advindos de uma emissão em direto, que se pretendia de alcance global, os responsáveis alteraram o formato, passando a ser "gravado previamente e com emissão fora dos noticiários. Assim a conversa ganhou tempo. Hoje, na rádio Antena 1, por volta das 7h15 tem cerca de 6 minutos e às 9h45 um pouco mais curta (por volta dos 5 minutos)".

A perspetiva inicial focava a importância que merecia o "olhar de um português que está fora", assumindo um papel de repórter a partir do local em que vive. Para Alexandra Madeira, atualmente, a sua "perspetiva é a de ir ao encontro de alguém que nos pode contar uma estória de vida". A situação dos portugueses que participam no programa é variadíssima, pelo que não se procura um perfil específico de emigrante: "pode estar emigrado há pouco ou muito tempo, pode já ter nascido fora de Portugal, pode estar a estudar ou em missão humanitária. Qualquer pessoa, do especialista em nanotecnologia ao pescador que por meses está em campanha no mar, é passível de ser Português no Mundo". Portanto, a única condição é que "seja português e que mostre vontade de falar da sua experiência aos ouvintes de rádio".

Neste programa, cuja base é uma conversa informal com portugueses fora do país, com lugar cativo nas emissões da RDP há mais de sete anos, o suporte exclusivo de comunicação é a língua portuguesa, elemento de identidade que parece resistir à distância imposta pelo espaço e pelo tempo de alguns participantes, em relação a Portugal. Independentemente da história de vida de cada um, independentemente dos anos de vida noutro país, do tempo de imersão no contexto da língua segunda, é em português que se sustenta o vínculo indelével a Portugal. Aliás, Alexandra Madeira confirma que a "questão da língua portuguesa surge muitas vezes em conversa, tal como a língua do país onde está. Aqui, pela dificuldade ou não de aprender uma nova língua e pelos constrangimentos que não saber a língua do país onde está possa causar".

A análise aqui apresentada corresponde a um *corpus* formado pelos programas diários dos meses de janeiro a maio de 2015, num total de 105 programas. Procurei identificar alguns temas diretamente relacionados com marcas da identidade portuguesa, com base nos autores enunciados na introdução.

A língua portuguesa é o referente identitário mais comummente mencionado e surge em distintas situações: como língua do quotidiano, como língua base em emissões de rádio e em jornais das comunidades portuguesas, mas também como língua associada à escola ou mesmo à poesia. Por conseguinte, é através do idioma que a identidade dos entrevistados se firma, por vezes de forma consciente e desejada, como enunciam os excertos selecionados: "continuei a falar português em casa, apesar de já estar no Canadá há quase quarenta anos" (Carlos Teixeira), "as outras duas [filhas] também falam perfeitamente português porque em casa sempre se falou português, foi a primeira língua que elas aprenderam; depois foram para a escola portuguesa, (...) dão o exemplo para que se aprenda português na comunidade" (Norberto Aguiar), "em 2012 juntámo-nos e formámos a Lusofonia" (Hugo de Castro-Syrstad), "criei as "Lusofonias – Oficinas de Português" com aulas de português desde 1.º ciclo até secundário [português europeu e do Brasil] (Célia Igreja).

Mas outros elementos que conformam a identidade surgem no decurso das conversas, merecendo destaque, em segundo lugar, a gastronomia. Nesta conformação identitária, incluem-se restaurantes portugueses, de que alguns entrevistados são proprietários. Distinguem o bacalhau, o pastel de nata e o vinho. Em terceiro lugar, encontramos as referências à praia / mar e ao sol. Outras marcas de identidade, mas em menor número, enunciam o sentimento de saudade (direcionada para pais e / ou amigos) e, por último, a bandeira. (figura 1)

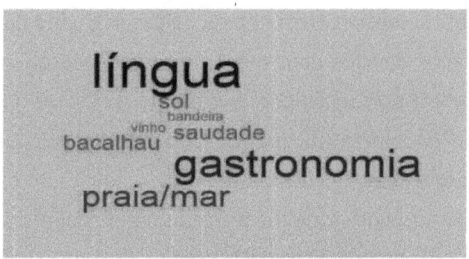

Figura 1 – Referentes identitários
(Antena 1 – Portugueses no mundo)

Portanto, independentemente da idade, do país de acolhimento e do tempo de permanência no estrangeiro, os elementos identitários que integram os discursos analisados vão ao encontro de um elenco próximo daquele que enunciou Luís Sá Cunha, nos seus 55 quadros, e João Medina, tal como vimos no início.

Cerca de 15% das pessoas que apresentaram o seu testemunho, neste conjunto de emissões do programa, menciona a crise e os problemas daí advindos, o que parece denunciar uma vincada expressão atual de identidade no negativo. E, para expressar os valores negativos implícitos, é utilizada uma grande variedade lexical (nomes: "crise", "desemprego", "desgosto", "desempregado", "falta de perspetivas", "poucas" / "falta de oportunidades", "instabilidade", "precariedade"; verbos: "perdi", "fechou"; e adjetivos: "precário", "pesado", "deprimidas"). Seria, igualmente, interessante abordar um *corpus* abrangente de testemunhos a partir dessa perspetiva, incluindo aí a expressão da vontade de não regresso, no sentido de tecer conclusões acerca de possíveis mudanças em termos de identidade.

2.2 Um exclusivo em revista

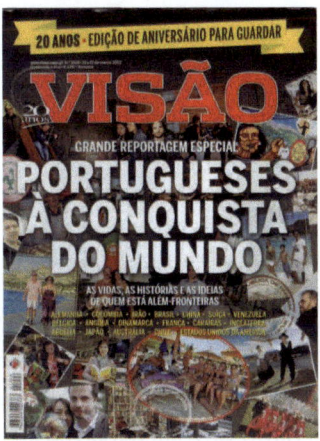

Figura 2 – Capa da revista *Visão*
(n.º 1046 – 21 a 27 de março de 2013)

Em 2013, a revista "Visão" publicou um número especial para colecionar, subordinado ao tema da emigração, com o título de capa "Portugueses à conquista do mundo" e o antetítulo "Grande reportagem especial" (figura 2). O dossiê ocupa 100 páginas com 38 textos de diferentes tipologias (artigos, entrevistas, textos de opinião, fotorreportagem, diário, …) e ainda dados estatísticos apresentados em forma de gráficos, distribuídos por diferentes secções.

O primeiro título repete o título da capa da edição, sendo uma referência explícita ao período áureo da História de Portugal dos Descobrimentos (a Expansão Ultramarina), na expressão "à conquista do mundo", a qual de imediato insufla no leitor minimamente conhecedor da nossa História brios patrióticos, sentimentos de positividade e de sucesso a associar à recente 'nova vaga' de emigração de portugueses. Embora com menor expressão, os jornalistas também não esquecem, nestas páginas, a dose de sacrifício e de esforço, de trabalho árduo associada a qualquer 'conquista'. Contudo, semanticamente, prevalece a visão eufórica desse sentido primeiro de 'singraram', através da isotopia da Viagem (figura 3), visão essa que, de facto, vai marcar o discurso.

Figura 3 – Isotopia da Viagem

Os portugueses estarão, assim, a obter um lugar próprio, que passa a pertencer-lhes, fora no território nacional. Se mais dúvidas houvesse em relação ao tempo efetivo desta "conquista", não se trata de qualquer pretérito. Pelo contrário, longe dos acordes musicais do festivaleiro "já fui um conquistador" (cujo refrão reitera exaustivamente esse pretérito), este é um retrato do nosso tempo, do presente, das conquistas em terras além-fronteiras, bastando, para tal concluir, uma leitura dos títulos, que apenas destacam formas verbais no presente do indicativo e no infinitivo[18].

Retomemos, então, esses mesmos títulos. A sua leitura mais atenta vem confirmar o contexto de sucesso fora do território português, sobretudo ao nível da seleção de nomes, do adjetivo "novo" e de outras expressões de conotação positiva (figura 4), que remetem para o êxito e para a positividade. Curiosamente negando a heroicidade da epopeia dos Descobrimentos, contradizendo essa condição de nos assumirmos como conquistadores, apenas um jornalista anula o otimismo do título da capa, ao afirmar "Não, a emigração não é uma epopeia que dê mundos ao mundo. É, antes, uma necessidade. É empreender sem arvorar o empreendedorismo em doutrina. É trabalho duro." (p. 112).

---

18   As formas verbais a que me refiro – as únicas selecionadas para figurar nos títulos dos artigos – são "há", "contam", "vencer", "Tenho", "mostra", "temos de saber", "vivo", "têm", "ouvir", "estar" e "permite-me".

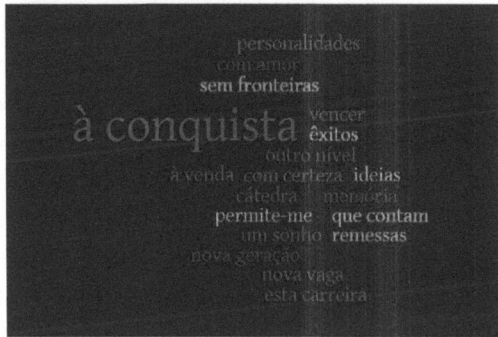

Figura 4 – Emigração como êxito (títulos)

Ainda nos títulos, os nomes "Portugal" / "portugueses" são mencionados 9 vezes, uma das quais em francês, "*Portugais*". A nacionalidade é, ainda, convocada pelas expressões "meu país", "tuga", "nacionais", "Moscatel", e pelos nomes próprios Barroso e Jorge Sampaio, as únicas personalidades a figurar nos títulos. Contudo, de acordo com o tema em foco, as menções ao estrangeiro acabam por duplicar as anteriores, e aqui acrescenta-se mesmo um título em castelhano (*"Chávez vive, el tuga sigue"*) e um em alemão (*"Ich will Arbeit"*).

As histórias de emigração não contam só com casos bem-sucedidos, muito embora o campo lexical de conotação negativa seja particularmente diminuto nos títulos (o adjetivo "desesperados" e o nome "crise", mesmo esta sujeita a "12 ideias" para a "vencer"), alargando-se o seu âmbito apenas no artigo "Desesperados" e na opinião pontual de alguns dos emigrantes contactados.

Repare-se que, se considerarmos a perspetiva da emigração mais recente, deparamo-nos apenas com os adjetivos "nova" (duas vezes) e "jovem". Porém, a leitura mais atenta destes trabalhos jornalísticos permite concluir que, de facto, se tenciona evidenciar as pessoas e os casos de emigração recente, que perfaz um total de 17. Sete artigos mencionam casos com ambos os momentos recente e mais passado de permanência no estrangeiro; apenas um se concentra em portugueses que emigraram há mais de 25 anos. Os restantes quatro não dão informações sobre este aspeto.

A leitura das peças jornalísticas orientou-se pela deteção de elementos e de símbolos identitários portugueses, de acordo com a lição dos autores referidos na introdução. Por conseguinte, focou-se a atenção não só no texto (incluindo, aqui, as legendas), mas também nas imagens, ou seja, no texto icónico. Comecemos, então, pelas fotografias e ilustrações. A capa apresenta uma montagem a partir de algumas das imagens que ilustram os diversos artigos, aqui pontuada por carimbos típicos dos passaportes na passagem da fronteira, com o pormenor das datas muito recentes. No interior, o elemento identitário mais persistente é a bandeira portuguesa (12, em diversos formatos) e o Galo de Barcelos (6); menos vezes, veem-se motivos da gastronomia portuguesa e bebidas de produção nacional, bem como paisagens que atualizam o apreço nacional pela praia e pelo mar (figura 5).

Figura 5 – Elementos identitários (imagens)

Ao longo do texto, o "país emigrado" mantém a ligação a diversos elementos identitários, dos quais sobressaem a língua portuguesa e a gastronomia. Nesta categoria, incluíram-se expressões como "boa comida", "farinheira", "bacalhau à minhota", "comida", "coelho com batatas cozidas", "cozinha portuguesa", "comida e bebida" e "sardinha assada", uma ocorrência de cada, mas registou-se individualmente o "pastel de nata", que surge mencionado três vezes. No vocabulário indicado, inclui-se um elemento identitário relacionado com a História de Portugal, marcada nos dias de feriado nacional: as datas comemorativas 25 de Abril de 1974 e o 5 de Outubro são mencionadas, respetivamente, duas e uma vez. Porém, é a língua que surge como vínculo identitário português mais recorrente (11 vezes, contando ainda com uma referência concreta a sotaque e duas à literatura). Seguem-se a gastronomia, a bandeira e o sentimento "saudade" (figura 6).

Figura 6 – Elementos identitários (textos)

Outras representações da identidade portuguesa são enunciadas de modo peculiar pelos portugueses contactados e pelos próprios jornalistas. O autor da "Carta para um jovem emigrante" anota como traço o facto de os portugueses não abdicarem da sua identidade: "persistirá em ti o vírus da portuguesice – irá contigo para todo o lado, assegurando a solidez da tua identidade, lembrando-te que Portugal é muito mais do que os homens que o destroem" (p. 70).

O campo lexical que remete para a crise nacional inclui vocabulário de distintas classes de palavras. O nome "crise" é mencionado sete vezes, "sair" surge em três formas, para além de "fora", "fugir", "deixaram", "refugiados" e "debandada". Detetamos o conceito de aniquilamento nos verbos "empurrar-nos", "explodiu", "liquidando-o", e no pronome "nada".

3. Algumas conclusões

> "Gostaria de ouvir as horas do relógio da matriz
> mas isso era o passado e podia ser duro
> edificar sobre ele o portugal futuro"
>
> Ruy Belo

A partir da análise desta breve amostra, fica patente que a fatia mais significativa dos casos de emigração se situa numa faixa etária entendida como mais jovem, com toda a escolaridade obrigatória e superior praticamente concluída em Portugal. Em alguns casos, a experiência de emigração iniciou-se com a frequência de cursos no estrangeiro. Assim, podemos afirmar que se integram na designada emigração jovem qualificada[19]. Porém, este é um quadro que tem vindo a ser questionado pela investigação. João Peixoto recorda a dificuldade atinente aos números e à definição de uma amostra:

> Precisamente porque são estatística e oficialmente invisíveis, sem registo pelos aparelhos estatísticos nacionais (movimentam-se no espaço Schengen, que pretende abolir os registos e as restrições à mobilidade), sem rasto nas autoridades francesas e portuguesas, que raramente contactam. E ainda porque o retrato mediático tende a ser redutor e quase só baseado em experiências subjetivas (que, não devendo ser ignoradas, podem ser matizadas por padrões e regularidades) (Peixoto 2014, 98).

De acordo com a amostra selecionada do portugueses no Mundo, os dados apresentados foram recolhidos a partir de testemunhos espontâneos. Na *Visão*, a orientação dependeu do plano de cobertura e de abordagem dos editores ou dos testemunhos na 1.ª pessoa recolhidos. Na rádio, os informantes estão dependentes da orientação da jornalista e da especificidade da situação de cada pessoa. Observando as referências identitárias recolhidas, eis, de facto, a língua como elemento que vinca de um modo mais abrangente e firme a identidade portuguesa, confirmando a afirmação de um português, num dos textos da "Visão", que "o importante é manter ligados à nossa língua os portugueses que chegaram nos últimos cinco anos e estão ainda a chegar" (p. 148).

---

19 "De alguma forma, é a própria crença no capital humano e no motor de ascensão social que supostamente a escolaridade superior garantiria (e que, em boa medida, justifica e legitima o esforço dos pais na sua formação)" (Peixoto 2014, 105).

A leitura dos diversos textos orais e escritos que formam o *corpus* facilmente permite concluir que, na perceção da identidade portuguesa, em contexto de emigração, prevalecem isotopias positivas. Contudo, e tendo em conta as questões inicialmente levantadas, os marcos geodésicos que confinam uma identidade portuguesa permanecem os mesmos, nos documentos dos *media* selecionados.

Retomando as reflexões dos investigadores mencionados na introdução, do elenco de formas identitárias proposto por Cunha (1990), estão presentes dez. Da lista de Medina (2004), reiteram-se algumas das suas "Imagens de marca identitárias portuguesas": "oficiais", isto é, a bandeira nacional, "as do foro gastronómico, da comida aos vinhos", bem como as culturais na referência ao Saudosismo. Se bem que na perspetiva do historiador João Medina o galo de Barcelos seja um "falso emblema nacional" (Medina 2004, 97), o facto é que se trata de um elemento simbólico de Portugal largamente firmado entre emigrantes (e não só), de que dá conta a edição da *Visão*, ao nível da seleção de imagens[20].

O breve estudo ora apresentado deve ser lido como meramente exploratório, mas capaz de enunciar pistas para outras abordagens, sobretudo com um *corpus* mais alargado dos programas radiofónicos (por exemplo, comparando emissões anteriores a 2011 com as de 2014–2015). Creio que é um programa que, por si só, justificaria e desafia para um circunstanciado estudo individualizado, com distintas linhas de leitura.

Se bem que compreendamos que "cada cidadão é um ser complexo e nele se fundem vários sentidos de pertença" (Jorge 2009, 19), também é verdade que há uma memória comum, que se enuncia nos testemunhos de vida patentes nos documentos analisados, que é a base da identidade destas pessoas enquanto portugueses longe do Portugal que os viu nascer ou onde nasceram os seus pais. E é com essa identidade que conseguimos falar de nós e da nossa condição de emigrantes, apropriando-se os mais jovens desta realidade com uma perceção muito nítida e avisada.

---

20 Note-se, curiosamente, a total ausência de imagens com o Zé Povinho, esse "estereótipo nacional e autocaricatura do português", a quem João Medina dedica um capítulo (Medina 2004, 206–214). Será um símbolo identitário apenas produtivo em território nacional, a cuja imagem popular e caricatural os emigrantes não associam o seu país, o seu *ethos*?

Bibliografia

CUNHA, Luís Sá.1990. *55 Quadros para conhecer Portugal e o seu povo*. Coleção Opúsculos. n.º 2, 2.ª edição. Macau: Instituto Cultural de Macau.

JORGE, Lídia. 2009. *Contrato sentimental*. Coleção Portugal Futuro – n.º 2. Lisboa: Sextante Editora.

LOPES, João Teixeira. 2014. *Geração Europa? Um estudo sobre a jovem emigração qualificada para França*. Lisboa: Dois Mundos.

MATEUS, Augusto (coord.). 2013. *25 anos de Portugal europeu: A economia, a sociedade e os fundos estruturais*. Lisboa: Fundação Francisco Manuel dos Santos e Sociedade de Consultores Augusto Mateus & Associados (AM&A).

MATTOSO, José. 1998. *A identidade nacional*. Coleção Cadernos Democráticos. Lisboa: Gradiva e Fundação Mário Soares.

MEDINA, João. 2004. *Portuguesismo(s). (Acerca da identidade nacional)*. Lisboa: Centro de História da Universidade de Lisboa.

MÓNICA, Maria Filomena. 2008. *Nós, os portugueses*. Coleção Biblioteca Primeiras Pessoas. Famalicão: Edições Quasi.

SOBRAL, José Manuel. 2014. *Portugal, portugueses: uma identidade nacional*. Lisboa: Fundação Francisco Manuel dos Santos.

Visão. 20 anos. n.º 1046 – 21 a 27 de março de 2013.

Webgrafia

"Portugueses no mundo" – RDP, Antena 1
http://www.rtp.pt/play/p51portugueses-no-mundo

AMANTE, Maria de Fátima (coord.). 2011. *Identidade nacional. Entre o discurso e a prática*. Porto: CEPESE / Fronteira do Caos.
http://www.cepesepublicacoes.pt/portal/pt/obras/identidade-nacional-entre-o-discurso-e-a-pratica

AMARAL, Susana & MARQUES, Ana Paula (s / d). "Emigração portuguesa de profissionais altamente qualificados: uma proposta de leitura a partir do discurso jornalístico e das perspetivas de atores envolvidos". Universidade do Minho,
http://www.fes-web.org/uploads/files/modules/congress/11/papers/2211.pdf

PEREIRA, Maria da Conceição Meireles (dir.). 2014. *População e Sociedade. A nova vaga da emigração portuguesa*. n.º 22. Porto: CEPESE – Centro de Estudos da População, Economia e Sociedade / Edições Afrontamento.
http://www.cepesepublicacoes.pt/portal/pt/obras/populacao-e-sociedade-n-o-22

PIRES, Rui Pena, PEREIRA, Cláudia, AZEVEDO, Joana & RIBEIRO, Ana Cristina (2014). *Emigração Portuguesa. Relatório Estatístico 2014*. Lisboa, Observatório da Emigração e Rede Migra, Instituto Universitário de Lisboa (ISCTE-IUL), CIES-IUL, e DGACCP.
http://www.observatorioemigracao.secomunidades.pt/np4/?newsId=3924&fileName=OEm_EmigracaoPortuguesa2014_RelatorioEst.pdf

SILVA, Marta & SANTOS, Yvette. 2014. "Discursos sobre emigração em tempos de crise: uma abordagem comparativa". in Pereira, Maria da Conceição Meireles (dir.) (2014). *População e Sociedade. A nova vaga da emigração portuguesa*. n.º 22. Porto: CEPESE / Edições Afrontamento. 73–95.
http://www.cepesepublicacoes.pt/portal/pt/obras/populacao-e-sociedade-n-o-22

Outras fontes online
TVI
Repórter TVI – Geração Adiada
https://www.youtube.com/watch?v=iIcePD93p48, consultado em: 04.06.2012

Jornal *Correio da Manhã*
"Entrevista ao Jornal Correio da Manhã de Pedro Passos Coelho"
https://www.youtube.com/watch?v=Jke5bzj7CDk, consultado em: 18.12.2011

Jornal *Expresso*
Bruno Faria Lopes, "Dois mitos sobre a emigração portuguesa", *Expresso*
http://expresso.sapo.pt/dois-mitos-sobre-a-emigracao-portuguesa=f702556#ixzz3WGrEV9o4, consultado em: 02.02.2012
Henrique Monteiro, "A emigração é mesmo uma desgraça?", *Expresso*
http://expresso.sapo.pt/a-emigracao-e-mesmo-uma-desgraca=f848169#ixzz3WGeUgRPO, consultado em: 30.12.2013

Jornal *Público*
"Se voltar para Portugal, vou entrar em recessão – e agora estou em crescimento", *Público*,
http://p3.publico.pt/node/16508, consultado em: 22.04.2015
Pedro Góis, "O equívoco do vai e do vem", *Público*
http://www.publico.pt/portugal/noticia/o-equivoco-do-vai-e-do-vem-1689649~, consultado em: 20.03.2015
Sara Moreira, "Emigração jovem: dados oficiais não contam tudo", *Público*
http://www.publico.pt/sociedade/noticia/emigracao-jovem-dados-oficiais-nao-contam-tudo-1677235?page, consultado em: 24.11.2014
"Passos Coelho sugere a emigração a professores desempregados", *Público*
http://www.publico.pt/politica/noticia/passos-coelho-sugere-aos-professores-desempregados-que-emigrem-1525528, consultado em: 18.12.2011

Observatório da Emigração
"A emigração evoluiu em modalidades distintas, mas no decurso da nossa história fomos tendo sempre saídas" – entrevista a Jorge Arroteia – http://www.observatorioemigracao.secomunidades.pt/np4/2659.html, consultado em: 11.10.2011
"Há mais do que uma 'portugalidade'" – Entrevista a Irène dos Santos – 08/08/2014
http://www.observatorioemigracao.secomunidades.pt/np4/3901.html, consultado em: 08.08.2014

Pordata
http://www.pordata.pt/Pesquisa/emigra%C3%A7%C3%A3o, consultado em 08.08.2014

REMIGR – Regresso ao futuro: a nova emigração e a relação com a sociedade portuguesa
http://www.observatorioemigracao.secomunidades.pt/np4/?newsId=3531&fileName=projecto_Emigracao_sintese.pdf, consultado em 08.08.2014
http://jpeixoto2.wix.com/remigr#!conferncias/c1cz4, consultado em 24.11.2014

O meu país é o que o mar não quer
https://www.youtube.com/watch?v=jftShRlTXLI, consultado em 24.11.2014
http://nacasadaesquina.blogspot.pt/2014/10/o-meu-pais-e-o-que-o-mar-nao-quer.html, consultado em 08.08.2014

A tradição do pensamento linguístico universalista e a *Grammatica Philosophica da Lingua Portugueza* de João Soares Barbosa

Martin Becker (Colónia)

1. Introdução

No presente artigo pretendo valorizar um documento chave da gramaticografia portuguesa. Trata-se da *Grammatica Philosophica da Lingua Portugueza ou Principios da Grammatica Geral Applicados à Nossa Linguagem*, obra publicada após a morte do autor em 1822. O autor da obra, Jerónimo Soares Barbosa, foi pedagogo, filólogo e professor de Retórica e Poética do Colégio das Artes da Universidade de Coimbra. A partir do ano de 1803 ele assumiu também a ilustre função de membro da Academia das Ciências.[21] Sua reflexão gramatical se situa também no contexto das reformas do ensino de inspiração pombalina e representa, em particular, uma contribuição significativa para a renovação da didática das línguas latina e vernacular. Porém, nesse artigo, dedicado em primeiro lugar à teoria linguística de Soares Barbosa, não vou aprofundar aspetos didáticos.[22]

No que se segue eu gostaria de desenvolver os seguintes aspetos mais detalhadamente, já que se revelam como sumamente relevantes para uma História do pensamento linguístico europeu, em geral, e da História da reflexão linguística em Portugal, em particular. Em minha contribuição destacarei:

(1) a modernidade do pensamento linguístico de Soares Barbosa, que rompe na sua *Gramática Philosophica da Lingua Portugueza*, pelo menos em parte, com os modelos tradicionais da gramaticografia portuguesa;

---

21 Para uma biografia mais detalhada do autor assim como informações sobre as edições da obra, cf.: Schäfer-Prieß 2000, 39s e 53s. e Amor Couto 2004, 12.
22 Para mais informações sobre a envergadura didática da obra de Soares Barbosa e, em particular, sobre a relação entre teoria linguística e ensino gramatical veja Amor Couto 2004, 13–17.

(2) o papel primordial desempenhado pela tradição universalista e mentalista da reflexão linguística na França que Soares Barbosa recuperou, sintetizou e explorou com vista aos próprios objetivos científicos e didáticos; e
(3) a relevância fundamental da teoria sintática do iluminismo francês, cujos representantes mais destacados eram os dois linguistas César Chesneau Du Marsais e Nicolas Beauzée, que eram também os responsáveis pelos artigos sobre a teoria da linguagem na grande obra da Enciclopédia francesa dirigida por Denis Diderot e Jean-Baptiste le Rond d'Alembert.

No decurso de minha contribuição pretendo também levantar a questão da originalidade intelectual do pensamento linguístico de Soares Barbosa, sua relação com a tradição gramatical do seu país, assim como com as correntes linguísticas internacionais daquele momento, que levam, como já mencionado mais acima, o selo dos iluministas franceses. Veremos como esses determinantes interatuam no pensamento linguístico de Soares Barbosa e se repercutem na configuração (disposição e estrutura) da sua obra.[23]

2. A concepção gramaticográfica de Soares Barbosa

Passemos primeiro às fontes que Soares Barbosa cita e aos grandes autores linguísticos aos quais ele remete. Cabe, portanto, perguntar: em que tradição é que nosso autor pretende se inscrever?

Para começar, Barbosa salienta, em particular, a tradição da gramática "universal e filosófica" – conforme as suas palavras – e elogia especialmente a obra de Sánchez de las Brozas (*Minerva sive de causis linguae latinae*) assim como a gramática geral e "razoada" de Arnauld & Lancelot (*La Grammaire générale et raisonnée*) publicada em 1660. Barbosa escreve sobre as suas fontes de inspiração:

> Mas felizmente aconteceo em nossos tempos, que Sanches principiasse entre os Hespanhoes a sacodir o jugo da auctoridade e preoccupação nestas materias; e introduzindo na Grammatica Latina as luzes da Filosofia, descobrisse as verdadeiras causas e razões desta Lingua, [...], pondo primeiro e estabelecendo principios geraes e razoados da linguagem, e applicando-os depois cada um á sua Lingua. Este trabalho, que depois foi continuado,

---

23 Uma caraterização pormenorizada da estrutura da gramática de Soares Barbosa é apresentada por Amor Couto 2004, 26–29.

começáram M. Arnauld na Lingua Franceza, Wallis e Harris na Ingleza, e Lancelot na Hespanhola e Italiana (Soares Barbosa, Prefácio, XI)[24].

Barbosa avança a noção de *gramática scientifica e filosófica* que define focalizando aspetos universalistas e mentalistas: a gramática científica e filosófica dá destaque às "leis físicas", ou seja, aos princípios fisiológicos da articulação, e às "leis psicológicas" – ou, para usar uma terminologia mais recente – aos princípios cognitivos que subjazem à faculdade linguística do ser humano. Dirijo a atenção do leitor para a definição de Soares Barbosa, que atualiza o credo universalista e mentalista daquele momento:

> Porêm se o espirito se adianta a indagar e descobrir nas leis fisicas do som e do movimento dos corpos organicos o mecanismo da formação da linguagem; e nas leis psicologicas as primeiras causas e razões dos procedimentos uniformes, que todas as Linguas seguem na analise e enunciação do pensamento; então o sistema, que daqui resulta, não é já uma Grammatica puramente practica, mas *scientifica e filosofica* (Soares Barbosa, Prefácio, IX, grifo meu).

Retomando essas ideias universalistas, e em particular o pressuposto da uniformidade de todas as línguas na análise e enunciação do pensamento, Barbosa justifica a própria concepção gramaticográfica e define nessa linha as exigências dirigidas a uma gramática "particular", ou seja, à gramática de uma língua determinada. Sigamos o raciocínio de nosso autor mais de perto:

> Toda a Grammatica particular e rudimentaria, para ser verdadeira e exacta nas suas definições, simples nas suas regras, certa nas suas analogias, curta nas suas anomalias, e assim facil para ser entendida e comprehendida dos principiantes; deve ter por fundamento *a Grammatica geral e razoada*. Porque, subindo esta ás razões e principios geraes da linguagem, é quem melhor póde dar noções dos signaes das ideas, descobrir todas as analogias de uma Lingua particular, e reduzir a ellas muitas anomalias, que os ignorantes contam por taes, não o sendo realmente (Soares Barbosa, Prefácio, IX s.).

Resumindo o raciocínio exposto na citação, podemos dizer que a gramática particular tem de se basear na *Grammatica geral e razoada* com o objetivo de reduzir os dados empíricos (com todas as irregularidades e idiossincrasias) a estruturas sistemáticas e princípios gerais que estão na base da linguagem.

A adoção desta perspetiva também leva nosso autor a criticar, aliás sem exceções, a tradição gramaticográfica portuguesa, mas também a prestigiosa *Gramática de*

---

24 Citamos conforme a edição preparada por Sónia Catarina Gomes Coelho, Vila Real, 2013.

la lengua castellana, projeto ambicioso de descrição gramatical realizado pela Real Academia de Espanha e publicado em 1771. Soares Barbosa nem sequer quer reconhecer um papel inovador e reformista a uma figura chave do iluminismo, o filósofo e pedagogo Luís António Verney.[25] Tampouco menciona as gramáticas racionalistas de Manuel Coelho de Sousa (*Exame da Syntaxe e Reflexões sobre as suas Regras*, 1729) e de Melo e Bacelar (*Gramática filosófica*, 1783). Barbosa percorre rapidamente os autores das gramáticas de maior relevo (Fernão de Oliveira (1536), João de Barros (1540), Amaro de Roboredo (1619), Padre Bento Pereira em Lyão (1672), D. Jerónimo Contador d'Argote (1721), António José dos Reis Lobato (1770)[26] – para lançar uma crítica severa, quase implacável:

> Mas todas estas Grammaticas, além de muitos erros e defeitos particulares, que nos seus lugares notarei, tem o commum de serem uns sistemas meramente analogicos, e fundidos todos pela mesma fôrma das Grammaticas Latinas (Soares Barbosa, Prefácio, XI).

Soares Barbosa aproveita a ocasião para destacar a própria concepção gramaticográfica e ressalta a originalidade da própria abordagem metodológica:

> Esta arte por outra parte não deve ser meramente practica e um estudo so de memoria. Deve comprehender as razões das practicas do uso e mostrar os principios geraes de toda a linguagem nos do exercicio das faculdades da alma e formar assim uma logica practica, que ao mesmo tempo que ensina a falar bem a propria Lingua, ensine a bem discorrer (Soares Barbosa, Prefácio, XII).

Nessa citação Soares Barbosa sublinha que o objetivo da sua gramática não é somente dar uma descrição minuciosa dos 'fatos' da língua portuguesa, mas também – e em primeiro lugar – fornecer os pré-requisitos estruturais para estar em condições de expressar os próprios pensamentos de maneira mais clara e pertinente. Sua gramática, que expõe os padrões sistemáticos da língua, contribui, dessa maneira, para o desenvolvimento do 'formato linguístico' do pensamento ou – em termos mais modernos – à promoção da cognição linguística. Este objetivo principal está estreitamente ligado à uma teoria mentalista (ou 'cognitivista') e universalista da linguagem, o que se manifesta na referência do autor feita aos "principios geraes de toda a linguagem" e à "logica prática".

---

25   Cf. Amor Couto 2004, 13s. que salienta o escasso interesse de Soares Barbosa na tradição gramaticográfica portuguesa.
26   Schäfer-Prieß 2000, 8–55 e 265–278 desenvolve uma síntese da evolução da gramaticografia portuguesa entre 1540 e 1822.

3. Entre racionalismo e empirismo: a teoria linguística de Soares Barbosa

A perspetiva mentalista e universalista que transparece na sua concepção gramaticográfica está enraizada na sua concepção teórica da linguagem. Soares Barbosa, como já vimos, remete à tradição da *Gramática geral e razoada* de Port-Royal. Porém, mesmo que Arnauld & Lancelot tenham desenvolvido uma reflexão linguística de cunho cartesiano e haviam introduzido uma perspetiva racionalista na reflexão gramatical[27], não são eles a constituírem a base e o marco de referência teórico das ideias linguísticas de nosso autor. São efetivamente os pensadores iluministas César Chesneau Du Marsais e Nicolas Beauzée cujas ideias sobre a linguagem Barbosa explora para seu projeto de gramática filosófica: se os 'padres' de Port-Royal defendem uma teoria representacionalista da linguagem ligada ao credo de que o uso da linguagem serve para "signifier nos pensées" ('significar os nossos pensamentos') (*apud* Becker 2009, 6), Du Marsais e Beauzée põem em relevo o caráter analítico da linguagem. A linguagem não é um espelho fiel dos nossos pensamentos, mas sim atua como instrumento de análise dos nossos pensamentos. Para comprovar a relação estreita com o pensamento linguístico do iluminismo francês, comparemos a seguinte passagem retirada da Gramática Geral de Beauzée com as observações minuciosas de Barbosa:

> C'est cette analyse de la pensée, qui est l'objet naturel & immédiat de l'image sensible que la parole doit produire dans toutes les langues (Beauzée, *Grammaire générale*, 468).
>
> (Trata-se de esta análise do pensamento que é o objeto natural e imediato da imagem sensível que a palavra deve produzir em todas as línguas, tradução minha)

Soares Barbosa detalha a sua concepção das línguas enquanto instrumentos analíticos, distinguindo operações distintas: a identificação dos conceitos ("das ideias"), sua ordenação e sua linearização na realização concreta da oração (ou seja, na estrutura superficial):

> [...] e este meio prompto de que Deos fez presente ao homem, é o das Linguas, que não são outra couza senão uns *instrumentos analiticos*, que separam as ideas simultaneas do painel confuso do pensamento, que as põem em ordem, e as fazem succeder umas a outras no discurso para se verem distinctamente, e poderem ser vistas por aquelles a quem

---

27 Cf. Becker 2009 para uma análise do background cartesiano da Grammaire Générale et Raisonnée de Port-Royal.

falamos. As Linguas não são uns instrumentos de communicação, se não porque primeiro o são do raciocinio (Soares Barbosa, 99, grifo no texto original).

A convicção exposta na última frase põe em destaque de maneira mais nítida o credo mentalista de nosso autor: as línguas, como Soares Barbosa frisa, não são, em primeiro lugar, instrumentos da comunicação, uma observação que equivale a uma rejeição clara de uma teoria interacional e socio-pragmática da linguagem. As línguas, na perspetiva de Soares Barbosa são efetivamente instrumentos do raciocínio ou, em outras palavras, das diversas operações cognitivas. Esta doutrina das operações cognitivas que está na base da conceição mentalista da linguagem remonta à Gramática Geral de Port-Royal e se encontra – enquanto legado racionalista – também nas obras de Du Marsais e de Beauzée. E também nosso autor retoma e expõe novamente a doutrina das operações do entendimento na sua gramática. Finalmente, a doutrina das operações do entendimento abre também o caminho para uma teoria cognitiva da sintaxe. Exponhamos de maneira mais detalhada as ideias básicas dessa doutrina: ela parte da ideia de que as palavras são "signaes artificaes das ideas e das suas relações" (como destaca Soares Barbosa no prefácio, VIII). Na primeira operação – "que é a de perceber, ou conceber" (Soares Barbosa, 104) – relacionamos nossas percepções dos objetos extralinguísticos com nossas ideias (ou numa terminologia atual: com os nossos conceitos). A segunda operação de nosso entendimento é o juízo e consiste na comparação de duas ideias, uma operação que se materializa na estrutura linguística da oração simples. Além disso, é possível identificar operações mais complexas tais como o raciocínio. Esta última operação consiste na conexão de várias orações (ou seja, de vários juízos) (Soares Barbosa, 105). Estas reflexões sobre a relação entre pensamento (~ as representações conceituais / mentais) e linguagem (~ as unidades básicas da estrutura linguística) ainda não ultrapassam considerações de cunho racionalista tal como foram expostas na *Grammaire Générale et Raisonnée* de Arnault e Lancelot. Porém, este legado racionalista é enriquecido por reflexões mais atualizadas, que levam em consideração a epistemologia empirista e, em particular, as distinções propostas por John Locke em seu tratado sobre o entendimento humano (o famoso "*An essay concerning Human Understanding*" de 1690), no qual o filósofo inglês justapõe *sensation* e *reflexion*. Estas distinções constituem também o alicerce teórico da filosofia da linguagem do iluminismo francês e em particular de suas figuras mais destacadas Du Marsais e Beauzée. Sem mencionar suas fontes, Soares Barbosa distingue também entre "ideas sensíveis" e as "ideas reflexas". O primeiro termo ecoa às *sensations* de John Locke e remete às ideias que nascem da perceção dos objetos externos; o segundo termo corresponde à *reflection* lockeana, ou seja, ao "senso interno" que abrange "ideas" decorrentes de diferentes operações cognitivas da mente (Hoinkes 1989, 39–41). Soares Barbosa avança definições bem elaboradas na sua gramática para captar as noções de *sensation* ("ideas sensiveis e directas") e *reflection* ("ideas reflexas"):

> *Ideas*, ou *sensiveis* e *directas*, nascidas das impressões, que os objectos causam nos nossos sentidos e que são as unicas imagens naturaes dos mesmos objectos; ou *reflexas*, formadas pela nossa alma; ja por meio da *abstracção*, com que a mesma dá mais attenção a uma parte, ou qualidade do objecto do que a outra; ja por meio da *comparação*, que a mesma faz das propriedades de differentes objectos, fixando sua attenção sobre o que elles tem de commum e semelhante entre si (Soares Barbosa, 104, grifo no texto original).

Vamos ver no próximo capítulo que o conceito empirista das ideias reflexas constitui uma ponte para uma teoria mentalista da sintaxe.

4. Mentalismo e princípios sintáticos

A epistemologia empirista não serve somente como marco teórico para uma concepção mentalista da linguagem, mas possui também uma relevância primordial para uma teoria da sintaxe. Barbosa – em sintonia com os pensadores iluministas franceses – deriva os princípios sintáticos fundamentais da operação cognitiva de combinação ou comparação das ideias.

> A 2.ª couza, que ha em nosso espirito, é a *combinação*, ou *comparação*, que elle faz destes mesmos objectos e ideas, ou consigo mesmas, olhando-as por differentes faces, ou com outras differentes, para perceber as diversas relações, que umas tem com outras ou de *identidade*, ou de *determinação*, ou de *nexo* e de *ordem* (Soares Barbosa, 104, grifo no texto original).

Soares Barbosa identifica e discute especialmente dois princípios fundamentais da organização sintática – *o princípio de identidade* e *o princípio de determinação*, em redor dos quais ele articula a parte sintática da sua obra gramatical.[28] Debruçar-nos-emos primeiro sobre o princípio de identidade:

Nosso autor situa o princípio de identidade dentro da estrutura lógica da oração, que se compõe de sujeito, atributo e verbo na terminologia da gramaticografia do tempo:

> Toda oração tem necessariamente tres termos, um que exprime a pessoa ou couza, da qual se diz e enuncia alguma couza; outro que exprime a couza, couza, que se enuncia; e o terceiro que exprime a identidade e coexistencia de uma couza com outra. O primeiro termo chama-se *sujeito*, o segundo *attributo*, e o terceiro *verbo* (Soares Barbosa, 363, grifo no texto original).

Uma expressão do tipo *amo* é analisada como *eu sou amante*, com o sujeito *eu*, o atributo *amante* e o verbo *ser* que exprime, na terminologia do tempo "a coexistencia de uma couza como outra" e que corresponderia, numa análise dentro da semântica oracional, a uma relação de inclusão: EU ∈ amante. A oração denota que o falante está incluído no conjunto dos amantes, ou seja: que ele está na extensão das pessoas que amam. Porém, o princípio de identidade, não somente determina o padrão de base da oração declarativa – com sua estrutura predicativa –, mas também constitui o princípio motivador do fenómeno sintático fundamental da concordância. Nosso autor esclarece-o nos seguintes termos:

> O fundamento de todas estas concordancias é a *identidade*. A identidade, digo, da idea do attributo com a do sujeito da proposição, e das ideas adjectivas e accessorias com as de um e outro; [...] (Soares Barbosa, 370, grifo no texto original).

Conforme essa definição, o fenómeno sintático da concordância se refere tanto a relação entre o sujeito da oração e o verbo finito (de fato, a relação entre o sintagma nominal sujeito e as marcas flexivas no SF (sintagma flexivo)), quanto a relação entre o sintagma nominal sujeito e as marcas de género e número do adjetivo predicativo. Vejamos os seguintes exemplos:

(a) os homens falAM
(b) as estudantes são simpáticAS

---

28 A orientação de Soares Barbosa no artigo *"Construction"* de Du Marsais na Enciclopédia (vol. 4, 86) é obvia. Cf. também as observações de Hoinkes (1989, 327–333) sobre a dupla terminológica *rapport d'identité* e *rapport de détermination* proposta por César Chesneau Du Marsais.

A concordância tem, em outras palavras, a função de marcar a relação de identidade que subjaz à estrutura predicativa de orações simples. Passemos ao segundo princípio destacado no parágrafo correspondente, ou seja, o princípio de determinação, que Soares Barbosa define a maneira seguinte:

> O principio de determinação: quando em uma idea não se contêm a outra, mas contêm-se a razão sufficiente para a determinar, ou ser determinada por ella. Assim por ex. na idea de *filho* não se contêm a idea de *pai*, antes são oppostas: mas contêm-se a razão, que requer um segundo termo da sua relação v.g. *filho do rei* (Soares Barbosa, 104s., grifo meu).

Como indica este trecho, o princípio de determinação é formulado de maneira mais abstrata: a definição destaca uma relação assimétrica entre dois termos linguísticos o primeiro dos quais requer o segundo termo. Este princípio está na base da assim chamada *sintaxe da regência*. Se valorizarmos as observações de Barbosa sobre a sintaxe da Regência – observações que deixam claro que o termo abrange diferentes estruturas sintáticas – nos apercebemos do fato que o princípio de determinação é a contrapartida semântica de um fenómeno que constitui um dos grandes descobrimentos da linguística iluminista: trata-se de um princípio de organização que somente muito mais tarde iria figurar sob o nome de *valência* e estaria ligado ao nome do famoso linguista francês Lucien Tesnière. Estudemos mais atentamente as observações com respeito aos conceitos de *reger* e de *regência*.

> Reger quer dizer determinar, e demandar alguma couza. E como em todas as linguas ha umas palavras, cuja significação é transitiva, ou relativa, e que por isso requerem se lhes complete para não ficar suspensa (Soares Barbosa, 392s.).

Soares Barbosa trata de diferentes tipos de relação de regência, por exemplo a valência de um nome do tipo *filho* ("filho do rei", Soares Barbosa, 105) que representa um conceito relacional já que é possível atribuir vários referentes a um único possessor (p. ex. x = filho de y, x = Wilhelm, Harry, y = Charles). Nosso gramático discute também, no quadro da sintaxe de regência, o conceito de *transitividade* e propõe uma definição à altura da descrição gramatical contemporânea, pelo menos entendida como primeira aproximação (veja o artigo de Héctor Campos na *Gramatica descriptiva de la lengua española*, Campos 1999, 1521ss.):

> Os verbos activos transitivos requerem depois de si um objecto, em que passe sua acção (Soares Barbosa, 393).

Podemos dizer que o princípio de determinação repousa no fenómeno da valência, que se refere ao número de argumentos que uma expressão linguística (um verbo, um substantivo, um adjetivo, um adverbio) requer para 'saturar' o seu significado. A saturação de uma expressão linguística realizada por um argumento corresponde, ao nível semântico, à especificação semântica. Em termos da semântica oracional contemporânea podemos considerar um verbo bivalencial do tipo *amar* como função de duas variáveis ($\lambda y\ \lambda x[amar'(y)(x)]$) e falar de uma aplicação funcional de uma variável (argumental) (p. ex. do objeto direto "João" = y) à nossa função "amar". Uma representação formal adequada no marco da semântica oracional contemporânea seria:

$\lambda y[\lambda x[(amar'(y)(x)]](João') \rightarrow \lambda x[(amar'(João'))(x)]$, aplicação funcional de "João" (o resultado corresponde ao constituinte "amar o João")

No contexto do princípio de determinação, Soares Barbosa discute também a relação entre o complemento direto e o complemento indireto, que ele chama "complemento terminativo" – termo que antecipa já o papel semântico de 'recipiente' dentro de um esquema de transferência. Mais uma vez nosso gramático carateriza o significado do verbo como "relativo", visto que o verbo precisa necessariamente de argumentos para saturar a própria semântica (o que corresponde exatamente ao fenómeno que, desde Tesnière (cf. Tesnière 1959), designamos de valência). Leiamos a análise refinada de Soares Barbosa:

> Aos verbos activos se costuma ajuntar primeiramente seu complemento objectivo, sobre o qual cae immediatamente sua acção, *dei um livro*. Em segundo lugar o complemento terminativo, se o mesmo verbo tem tambem significação relativa, *dei um livro a Pedro*; e muitas vezes o fim da mesma acção, *dei um livro a Pedro para estudar* (Soares Barbosa, 419, grifo no texto original).

No último exemplo da citação (*Dei um livro a Pedro para estudar*) se pode entrever um problema de classificação das funções sintáticas, já que a nomenclatura proposta por nosso autor mistura o que iriam ser, na teoria sintática contemporânea, designações para funções sintáticas (como sujeito, complemento direto, indireto e oblíquo), por um lado, e para papéis semânticos (por exemplo beneficiário ou destino), por outro (cf. os termos "terminativo" e "fim" usados por Soares Barbosa para determinar as funções dentro da oração analisada).

5. A ordem das palavras e a questão dos níveis sintáticos

Demos um último passo e olhemos para umas das partes centrais da teoria sintática de Soares Barbosa, que gira em torno do problema da ordem das palavras. Também com respeito a este fenômeno sintático, o gramático português se serve, mais uma vez, de uma distinção fundamental introduzida pela linguística iluminista francesa: a oposição estabelecida entre as noções de sintaxe e de construção (Hoinkes 1989, 318ss.). Voltemo-nos a uma das fontes dessa oposição, o linguista francês César Chesneau Du Marsais. Ele ilustra esta diferença terminológica, baseando-se num exemplo bem esclarecedor:

> Cicéron a dit selon trois combinaisons différentes, *accepi litteras tuas, tuas accepi litteras*, & *litteras accepi tuas*: il y a là trois *constructions*, puisqu'il y a trois différens arrangemens (sic!) de mots; cependant il n'y a qu'une syntaxe; car dans chacune de ces *constructions* il y a les mêmes signes de rapports que les mots ont entr'eux, ainsi ces rapports sont les mêmes dans chacune de ces phrases (*Encyclopédie*, Art. Construction, vol. 4, 73, cit. *apud* Hoinkes, 319, grifo no texto original).

> (Cicero usou três combinações de palavras diferentes *accepi litteras tuas, tuas accepi litteras*, & *litteras accepi tuas*: trata-se de três construções já que estamos diante de três maneiras de arranjar as palavras; porém, temos somente uma sintaxe; em cada uma destas construções existem as mesmas relações entre as palavras e desta maneira as relações são as mesmas em cada uma destas frases. Tradução minha)

A influência de Du Marsais, ou melhor dito: a dívida intelectual de Soares Barbosa com os iluministas franceses se manifesta claramente na seguinte definição da oposição terminológica *sintaxe* vs. *construcção*:

> Ja dissemos, que *sintaxe* e *construcção* são couzas differentes. A sintaxe não consiste senão nos signaes escolhidos por qualquer lingua para indicar as correlações e relações das ideas, exprimidas pelas palavras. A construcção porém consiste nos differentes arranjamentos e collocaçoes, que se podem fazer destas mesmas palavras na oração, salvas suas concordancias e regencias. Ora, como estes arranjamentos das palavras e das frases podem variar segundo as differentes disposições, que ou pede a necessidade da enunciação, ou se permitte o genio do escriptor, as construcções são differentes; porém a sintaxe fica sempre a mesma (Soares Barbosa, 411s., grifo no original).

Noutra passagem Soares Barbosa expõe também um exemplo ilustrativo para esclarecer a diferença conceitual exposta em sua gramática:

> Nestas duas orações: *Alexandre venceo a Dario*, e *a Dario venceo Alexandre*, as construcções são contrarias; porêm a sintaxe é a mesma (Soares Barbosa, 363, grifo no original).

Não são poucos os comentadores que, como p.e. Malaca Casteleiro (1980, 211), Gabriela Bernardo (1985, 25), Amadeu Torres (1982, 542) ou Edward Lopes (1986 / 87, 43ss. e 50), já reconhecem na distinção terminológica que acabamos de comentar os dois níveis da análise sintática de cunho gerativista. Malaca Casteleiro, por exemplo, põe em relevo a distinção entre uma "sintaxe propriamente dita e um nível de superfície, que designa como construcção" (Malaca Casteleiro 1980, 211) e Bernardo, concordando com esta caraterização, evoca a noção chomskiana de "estrutura profunda geral" (Bernardo 1985, 25). Edward Lopes, no seu resumo, carateriza a obra de Soares Barbosa, inclusive, como "o protótipo iluminista da primeira gramática gerativa da língua portuguesa" (Lopes 1986 / 87, 50).

Cabe, portanto, destacar que, numa interpretação de cunho chomskiano, a ideia de *sintaxe* corresponderia ao nível profundo da gramática transformacional, enquanto as distintas *construções* representariam as realizações concretas (ou materiais) de uma mesma estrutura profunda ao nível de superfície. Porém, no modelo chomskiano (em suas distintas versões) a interpretação da oração se concentra no módulo sintático de tal maneira que a assim chamada estrutura profunda (nas versões pré-minimalistas da teoria) contém também um conjunto importante de informações lexicais (através da estrutura argumental) e morfossintáticas (os traços ou *features*) gramaticais como, por exemplo, as especificações de pessoa, de número e de caso) (cf. Gabriel & Müller 2008, 86 e Müller & Riehmer 1998, 161s.). Em contrapartida, a abordagem gerativa de Chomsky contribui pouco para a descrição explícita da semântica oracional, remetendo a um nível separado, ou seja, ao nível da forma lógica (a FL), no qual se resolvem, em primeiro lugar, aspetos da interpretação semântica relacionados com ambiguidades de escopo (p. ex.: *Todos querem uma cantora:* para todas as pessoas existe uma cantora (qualquer) vs. existe uma cantora particular que todas as pessoas querem).

Temos de constatar, portanto, que a terminologia gerativista, por mais sugestiva que seja, não capta a essência das distinções propostas pelos linguistas iluministas, de maneira que parece mais adequado propormos uma diferenciação terminológica mais neutra: podemos dizer que a *sintaxe* representa o nível das relações lógico-semânticas entre os constituintes da oração, assim como sua contribuição composicional para o significado oracional, enquanto que o termo *construção* designa as possíveis realizações sintáticas deste conteúdo lógico-semântico no marco de um determinado padrão oracional, ou seja, de uma estrutura oracional concreta.

Soares Barbosa distingue, no passo seguinte, diferentes tipos de construções que realizam uma única representação subjacente (a sintaxe na terminologia da teoria sintática iluminista). Ele aproveita a noção de construção para discutir, em particular, aspetos da ordem das palavras na língua portuguesa. Nesse contexto, o gramático distingue entre uma *construção direita* e uma *construção invertida*. A *construção direita* corresponde à ordem das palavras "canónica", ou seja, ao padrão sujeito-verbo-objeto direto-objeto indireto. Em contraste, a *construção invertida* remete aos casos de inversão de constituintes e, em particular, do sujeito. A oposição entre *construção direita* e *construção invertida* antecipa já a contraposição moderna entre construções canônicas ("não-marcadas") e construções marcadas. Esta observação revela-se ainda mais pertinente se tivermos em conta que Soares Barbosa leva a noção de construção mais além da relação entre o sujeito e o verbo, para pôr em relevo qualquer tipo de ordem sintática marcada. Esta ideia se reflete nas seguintes palavras do linguista iluminista:

> Esta [a construcção direita, M.B.] pede o sujeito antes do verbo, aquella depois; esta põe o adjectivo depois do substantivo, e o adverbio depois do adjectivo, aquella dantes (Soares Barbosa, 422).

Soares Barbosa tenta também motivar os diferentes tipos e contextos da inversão, ou seja, da construção invertida. O leque de casos e diferenciações explicativas que ele avança é digno de uma gramática moderna com base linguística. O autor da *Gramática Philosofica da língua portugueza* dá diferentes tipos de explicação para justificar a ordem invertida:

- Primeiro, destaca o evitar de ambiguidades sintáticas ("para evitar as anfibologias") e ilustra este caso com o exemplo seguinte:

> Este é o mais digno de compaixão de todos os homens → De todos os homens, este é o mais digno de compaixão (Soares Barbosa, 425).

- Segundo, ele salienta a produção de efeitos de contraste – "para dar força aos contrastes" (Soares Barbosa, 426). No exemplo que ele fornece na sua exposição, o sujeito posposto "*os nossos*" representa um tópico contrastivo e se opõe ao constituinte "*eles*":

> *Elles* tinhão a vantagem do numero, a do lugar *os nossos* (Soares Barbosa, 426, grifos meus).

- Terceiro, Soares Barbosa menciona também a marcação da modalidade oracional, por exemplo, da modalidade interrogativa ou exclamativa que constituem outro motivo para uma inversão do sujeito – nas palavras de nosso autor: "pelo uso para certa especie de frases, quaes entre outras são as interrogativas, e exclamativas" (Soares Barbosa, 426).

> Que disciplina póde estabelecer em seu exercito um general, que não sabe regular a sua vida? (Soares Barbosa, 426).

Mencione-se de passagem que o capítulo sobre a sintaxe conclui com uma aplicação dos princípios de análise da gramática a uma parte do primeiro Canto dos Lusíadas de Camões. Esta aplicação didática sublinha, mais uma vez na parte final, o objetivo do autor de explorar a reflexão linguística mais avançada do momento em prol do ensino de conhecimentos linguísticos, assim como da gramática vernácula à altura do tempo.

Com estas observações, eu gostaria de fazer um balanço da *Gramática Philosophica* de Soares Barbosa.

6. Em modo de conclusão: a gramática de Soares Barbosa e a questão da modernidade e da originalidade

Como demonstrámos aqui, a gramática de Soares Barbosa – mesmo sendo a gramática de uma língua particular – se inscreve na tradição das gramáticas universalistas de orientação mentalista. Soares Barbosa explora os conceitos mais avançados da teoria linguística do seu tempo para aplicá-los à descrição de sua língua materna. O uso sútil dos conceitos analíticos atesta uma consciência linguística e teórica muito aguda e à frente do seu tempo.

Além disso, muitas das ideias adotadas da teoria linguística do iluminismo francês já anunciam conceitos fundamentais da teoria linguística moderna – já é suficiente remeter às noções de *princípio de identidade* e *concordância*, de *determinação* e *regência*, à distinção entre *sintaxe* e *construção*, assim como entre *ordem direita* e *ordem invertida*.

Porém, nosso gramático se situa – sob um ponto de vista científico – de uma maneira muito particular: por um lado, ele renega a tradição gramaticográfica do seu país, inclusive a corrente racionalista, não fazendo caso, inclusive, de Coelho de Sousa, de Verney e de Melo e Bacelar.[29] Por outro lado, Barbosa remete à tradição racionalista de Sanctius (Sánchez de las Brozas) e, em particular, dos Padres de Port-Royal, cuja teoria das operações do entendimento (e especialmente a teoria do juízo) ele retoma e explora para assentar os fundamentos de sua teoria da linguagem em geral e da teoria sintática em particular.[30]

Porém, nosso gramático-linguista tomou emprestada uma boa parte da sua bagagem teórica dos representantes mais destacados da teoria linguística do Iluminismo, ou seja, de César Chesneau Du Marsais e de Nicolas Beauzée. O que causa estranhamento em particular é o fato de Soares Barbosa não fazer, nem uma única vez, referência explícita aos seus modelos iluministas. Este fato é ainda mais surpreendente, uma vez que nosso autor compartilha com seus modelos franceses a epistemologia empirista, o conceito mentalista da linguagem e também um conjunto de noções básicas que constituem o fundamento da sua teoria sintática. Relembramos, nesse contexto, noções tão importantes como a *determinação*, *regência*, *sintaxe*, *construção*, *ordem direita* e *ordem invertida*.

Os motivos para Soares Barbosa ocultar as suas fontes mais recentes não são totalmente transparentes: dado que os enciclopedistas, assim como as obras de Condillac, foram oficialmente proibidos naquele período em Portugal (Schäfer-

---

29 Amor Couto observa a esse respeito: "Esse escasso interesse em basear a sua doutrina gramatical na tradição portuguesa responde, na nossa opinião, não à ignorância desse tradição, mas à sua convicção de ser a sua gramática, à qual aplica o qualificativo de "filosófica", a única com pretensões rupturistas [...]", cf. Amor Couto 2004, 25.

30 Schäfer-Prieß 2001 sublinha a importância fundamental de Sanctius para a gramaticografia portuguesa. A sua observação que Arnauld e Lancelot são considerados "simples sucessores de Sanctius" (ead., 139) não é válida para Soares Barbosa, que baseia sobretudo a própria concepção da linguagem, em particular a sua visão racionalista (ou "ogicista" para retomar uma expressão da historiografia linguística) na Gramática de Port-Royal, cf. Bernardo 1985, 25 e 31s. assim como Torres 1982, 536–540, que compara minuciosamente as reflexões racionalistas sobre os fundamentos da linguagem desenvolvidas pelos gramáticos de Port Royal com as ideias de Soares Barbosa, citando detalhadamente os fragmentos textuais relevantes.

Prieß 2001, 139 e 2000, 277), é possível que Soares Barbosa tenha querido tomar precauções contra a Inquisição, que foi abolida apenas em 1821. Nessa direção aponta o fato de a gramática de Barbosa somente ter sido publicada – postumamente – em 1822, exatamente um ano depois da abolição do Santo Ofício. Ao mesmo tempo cabe lembrar que o mesmo autor foi diretor da Junta da Diretoria Geral, a instituição de censura da vida intelectual do país.[31]

Cabe a pergunta se Soares Barbosa queria lidar de maneira mais pragmática com a influência da igreja católica, vivendo com e mantendo o dualismo entre uma postura "oficialista" nas suas funções públicas e a agilidade intelectual do pensador linguístico (cf. também Bernardo 1985, 40). Não há dúvida de que a epistemologia empirista, na base da sua teoria da linguagem e da teoria da sintaxe, tenha entrado em discrepância fundamentalmente com a doutrina das instituições católicas.

Em conclusão, cabe sublinhar que Soares Barbosa queria publicar uma gramática à altura da teoria linguística do seu tempo. Ele concebeu seu projeto de gramática em termos de ruptura com a gramaticografia puramente descritiva, que produziu, em primeiro lugar, um inventário de formas e estruturas de uma determinada língua. Por esta razão, nosso autor se recusou a reconhecer o valor das obras da tradição gramatical de seu país e nem abriu uma exceção para as obras de orientação racionalista.

Ao mesmo tempo, Soares Barbosa colocou como fundamento de seu projeto, projeto de uma gramática analítica e explicativa, a abordagem proposta pelos iluministas franceses, em particular as ideias de Du Marsais e de Beauzée, tal como foram expostas nos artigos linguísticos da Enciclopédia e na Gramática Geral de Beauzée. No final das contas, convém também sublinhar a qualidade destacada de vários capítulos (p. ex. sobre Ortografia ou Etimologia), mas merece um destaque particular a parte sintática de sua obra que, com seus conceitos analíticos, antecipa, em boa parte, aspectos fundamentais da teoria sintática moderna. Relembro, uma vez mais, ideias-chave da análise sintática, tais como o padrão

---

31 Este fato não exclui que a censura tenha sido pouco eficiente como mostra, por exemplo, o levantamento do acervo das bibliotecas públicas em 1800, que se compunha também de obras dos iluministas proibidos, cf. Schäfer-Prieß 2000, 277.

predicativo, o fenômeno da valência (discutido naquele momento sob o rótulo de "determinação" e "regência"), a distinção de níveis de representação ("sintaxe" vs. "construção") e a contraposição entre padrão canônico e construções marcadas (na terminologia do tempo entre "ordem direita" e "ordem invertida").

A gramática de Soares Barbosa, obra excepcional, atesta um momento muito importante na História das ciências humanas e, em particular, do pensamento linguístico em Portugal: recuperando a teoria linguística do iluminismo francês, Soares Barbosa conseguiu suprir uma brecha importante – brecha paradigmática que se abria entre a tradição gramaticográfica do país e a teoria linguística mais avançada ao nível europeu, a qual tinha atingido um primeiro apogeu com os pensadores iluministas do país vizinho. Não é portanto, no caso de Soares Barbosa e de sua gramática, a originalidade do pensamento o momento crucial, mas sim a atualização da teoria e do pensamento linguísticos e, especialmente, sua aplicação destinada ao desenvolvimento de um novo tipo de gramática: uma gramática analítica, explicativa e com critérios científicos, enfim, uma *"gramática philosophica"*.

Bibliografia
AMOR COUTO, Manuel. 2004. "Gramática e teorização linguística em Portugal: a Gramática Filosófica de Jerónimo Soares Barbosa", in: *Revista Galega de Filoloxía* 5, 11–31.
BECKER, Martin. 2009. "Wissenschaftliche Reflexionen zur Grammaire générale et raisonnée von Port-Royal", in: *Zeitschrift für romanische Philologie* 125 (1), 1–30.
BERNARDO, Maria Gabriela. 1985. "A ordem das palavras na Gramática Filosófica de Jerónimo Soares Barbosa", in: *Arquipélago. Línguas e literaturas – Revista da Universidade dos Açores*, VII, 21–41.
CAMPOS, Héctor. 1999. "Transitividade e intransitividad", in: Bosque, Ignacio; Demonte, Violeta. edd. *Gramática Descriptiva de la Lengua Española*. Madrid: Real Academia Española et al., vol. 2, 1519–1574.
CASTELEIRO, João Malaca. 1980. "A doutrina gramatical de Jerónimo Soares Barbosa", in: *Memórias da Academia das Ciências de Lisboa*, Clase de Letras 21, 197–214.
GABRIEL, Christoph; MÜLLER, Natascha. 2008. *Grundlagen der generativen Syntax*. Tübingen: Niemeyer.
HOINKES, Ulrich. 1989. *Philosophie und Grammatik in der französischen Aufklärung*. Münster: Nodus-Publ.
LOPES, Edward. 1986 / 1987. "*Um protótipo de gramática gerativa portuguesa: A gramática de Soares Barbosa*", in: Alfa 30 / 31, 37–53.

MÜLLER, Natascha; RIEHMER, Beate. 1998. *Generative Syntax der romanischen Sprachen.* Tübingen: Stauffenburg.

SCHÄFER-PRIESS, Barbara. 2000. *Die portugiesische Grammatikschreibung von 1540 bis 1822.* Tübingen: Max Niemeyer.

SCHÄFER-PRIESS, Barbara. 2001. "A introdução da Grammaire Générale francesa em Portugal", in: Thielemann, Werner. ed. Século XVIII: *Século das Luzes. Século de Pombal.* Frankfurt: TFM, 129–142.

TESNIÈRE, Lucien. 1959. *Éléments de syntaxe structurale.* Paris: Klincksieck.

TORRES, Amadeu. 1982. "Gramaticalismo e Especulação. A propósito da "Grammatica Philosophica" de Jerónimo Soares Barbosa", in: *Revista Portuguesa de Filosofia 38 (4),* 519–542.

Obras primárias:

ARNAULD, Antoine & LANCELOT, Claude. 1993. *Grammaire générale et raisonnée de Port-Royal.*Genf: Slatkine Reprints.

GOMES COELHO, Sónia Catarina. 2013. *A Grammatica Philosophica da Língua Portugueza.* Edição Crítica, Estudo e Notas.Vila Real.

BEAUZÉE, Nicolas. 1974. *Grammaire générale ou exposition raisonnée des éléments nécessaires du langage.* Stuttgart et al.: Frommann.

Jorge Luis Borges por Lisboa e Nova Iorque ou a linguagem de Dinis Machado / Dennis McShade

Isabel Araújo Branco
(CHAM, FCSH, Universidade Nova de Lisboa)

Ler hoje a obra de Dinis Machado é revisitar uma linguagem em parte perdida nas ruas de Lisboa. Muitos não usam já expressões como "dar milho aos pombos", "gozar o prato", "chalada", "começar a enfardar" ou "trabalhar ao ralenti". Se o vocabulário alfacinha marca profundamente *O Que Diz Molero* (1977), não deixa de estar presente na tetralogia de Dennis McShade, pseudónimo de Dinis Machado nas suas novelas policiais, com cenários norte-americanos. Aí encontramos outros cruzamentos linguísticos e literários. Já lá iremos. Antes falemos sobre a importância das leituras no processo de criação literária. Em *Gráfico de Vendas com Orquídea*, escreve Dinis Machado:

> Quando me coloco um pouco ao longe, [...] pergunto-me com alguma ironia condescendente: se tivesse lido este livro dez anos antes, se tivesse lido este livro dez anos depois, se não tivesse lido este livro – que escreveria hoje, e que rumo levariam as palavras que tento alinhar? Aceitando, à partida, que qualquer projecto de ficção é elaborado na superfície, mais ou menos profunda, da aparência (a sinceridade escrita não é a reprodução da sinceridade vivida), podemos admitir que qualquer estrutura literária, paraliterária ou antiliterária, é uma linguagem de substituição, emanação reorganizada das veias e dos veios onde borbulha a vida [...]. Estalam, então, obscuras sementes no subsolo da função de escrever, terra inculta de papel onde bate o coração dos outros – mesmo que, quem escreve, nada ouça, ou ouça apenas o rumor do que nem sabe que aprendeu (Machado 2011, 91–92).

E em "Reduto Quase Final":

> A naturalidade do diálogo. A multiplicidade dos registos, as vozes das letras. E também o sistema referencial, a importância (a homenagem ou a ironia, ou ambas, simultaneamente) da nomeação. A liberdade, a maneira (quase maneirismo) como a linguagem popular instala códigos, revela, às vezes, o que parece indecifrável. As palavras, o corpo. O corpo das palavras (Machado 2009, 71).

Escrever é, pois, ler. Não é possível escrever sem ler. E nomear é também homenagear, inclusive a linguagem popular, tão clarividente e rica. São igualmente importantes as vivências e o conhecido, pois:

> Aquele que ficciona o que se passa à sua volta, e consigo, [...] tenta abrir os olhos nos escombros de quartos escuros [...]. Como se fosse possível esculpir o sangue, cravá-lo no ar. E é neste campo do lado de fora das evidências imediatas, mas reformulando-as numa visão transfigurada e revolvida que o escritor (cada escritor, na sua esfera) amplia o sonho, interpreta o pesadelo, arrasta especificidades e sabedorias, aumentando o número de livros, de interrogações e de perspectivas (Machado 2011, 93–94).

As leituras e o mundo conhecido pelo homem marcam profundamente a obra literária, portanto. Pelo menos assim é com Dinis Machado. Nos seus textos encontramos o bairro como eixo da vida do homem e do escritor, como espaço de vivências e simultaneamente como biblioteca / arquivo / depósito de literatura lida, relida e vivida, mas também produzida. Como ponto de junção do que faz um livro: por um lado, a herança da história da literatura e, por outro, o indivíduo concreto que leu, que viveu experiências reais desde que nasceu e que produz novos textos literários. Neste bairro, as vivências literárias e vitais (no sentido de vida vivida) concentram-se em ruas, prédios, esquinas, vizinhos, transeuntes e companheiros simultaneamente reais e ficcionais, simultaneamente de ontem e de hoje. Gonçalo M. Tavares tem o seu Bairro, coleção de livros em que recria personagens e autores de referência (a sua referência). Dinis Machado parte de um bairro concreto (o Bairro Alto, em Lisboa) e, sem sair dele, recria-o ficcionalmente – ou, se não ficcionalmente, pelo menos literariamente.

Fá-lo, por exemplo, em "O navegador solitário", incluído em *Gráfico de Vendas com Orquídea*, em que dá conta da vida em grupo das crianças, das ruas estreitas, dos pregões dos vendedores ambulantes, dos filmes vistos no cinema, dos livros lidos e interpretados. O bairro é encarado como uma embarcação e, portanto, os seus habitantes como marinheiros:

> Estupefactos, alvoraçados, contraditórios, felizes, no coração acordado de um bairro que tanta alegria nos dava. E que tanto parecia gostar da nossa juventude. [...] Tive sempre uma pequena bússola – para me levar aos pais, aos amigos, aos trabalhos de que gostava. E guiou-me para as auroras boreais dos livros e dos filmes.
>
> A imaginação é um barco (Machado 2011, 114).

Este bairro é feito de casas e de palavras, palavras que têm necessidade de se mudar, criando o novo. Como lemos em "Reduto Quase Final":

> Creio que não se trata apenas de procurar equivalências. Creio que se trata, também, de obter transfigurações. As palavras já podem não ficar nas casas que, a seu tempo, lhes couberam. Os espaços podem ser outros, inquietos, as palavras mudam-se para onde não acusam o desgaste, o infindável uso. Vão para onde não são esperadas por nada, por ninguém, apenas renasceram para os olhos achados [...]. Parece-me que balizando influências, distribuindo-as no auge da atenção e do critério, procuro-me por aqui: aqui procuro as casas (às vezes rápidas, às vezes difíceis casas) para as palavras. A minha atmosfera e a sua respiração (Machado 2009, 72–73).

Quase se pode criar um mapa deste bairro machadiano. Citando-o, "uma rede de entendimentos ou de grupos, do levantamento de terrenos mentais e de rituais toponímicos, com hábitos de poiso e de palreio" (Machado, 2011, 122). Algures nele mora quem escreve – homem e autor –, "entre idades, nesta maneira de lidar com as soltas partículas do tempo na estrutura de um objecto eleito" (Machado, 2011, 122), não num limbo, num trânsito infernal e inquietante, mas numa espécie de Aleph, concentração de tudo num único ponto à maneira do conto do argentino Jorge Luis Borges: "un Aleph es uno de los puntos del espacio que contienen todos los puntos". Daí que o narrador tudo nele veja:

> El diámetro del Aleph sería de dos o tres centímetros, pero el espacio cósmico estaba ahí, sin disminución de tamaño. Cada cosa (la luna del espejo, digamos) era infinitas cosas, porque yo claramente la veía desde todos los puntos del universo. Vi el populoso mar, vi el alba y la tarde, vi las muchedumbres de América, vi una plateada telaraña en el centro de una negra pirámide, vi un laberinto roto (era Londres), vi interminables ojos inmediatos escrutándose en mí como en un espejo, vi todos los espejos del planeta y ninguno me reflejó [...] (Borges 2004, 191).

O bairro de Dinis Machado é um bairro literário (ou também literário), que abriga as letras dos outros, as próprias e os diálogos que estabelecem. Como o autor escreve em *As palavras nas casas*, procura-se casas para as palavras, as lidas, vistas, recebidas e produzidas. Casas que, claro, compõem o bairro.

Fora do bairro está a personagem Peter Maynard, protagonista dos livros de Dennis McShade, pseudónimo de Dinis Machado: *A Mão Direita do Diabo* (1967), *Requiem para D. Quixote* (1967) e *Mulher e Arma com Guitarra Espanhola* (1968). O nome do protagonista, um assassino profissional radicado na Nova Iorque de meados do século XX, é uma homenagem a "Pierre Menard, autor del Quijote", um dos mais conhecidos contos de Jorge Luis Borges. Escritas por um português e para o mercado português, estas obras são apresentadas como tendo um autor norte-americano como forma de garantir que são compradas e lidas. Um percurso quase borgesiano ...

Contudo, percorrendo Nova Iorque, Frisco e Chicago, Peter Maynard por vezes tem expressões tão portuguesas que, caso se tratasse de facto de uma tradução, poderia esta ser discutível, no sentido de ser ou não adequado pôr frases tão nacionais na boca de personagens norte-americanas. Vejamos alguns exemplos, retirados de *A Mão Direita do Diabo*:

> Tinham ido para lá com um tal Max Bolero, que não era melhor peça (Machado 2008, 15).
>
> [...] um polícia fardado fazia vista grossa à jogatana (Machado 2008, 20).
>
> [...] cirandei um pouco pela casa. *Bem, Maynard, quase não pregaste olho, pareces contente como um passarinho e quem entrasse agora dentro de ti, sorrateiramente, seria incapaz de descobrir o que se passa.* (Machado 2008, 23).
>
> — És um pouco estranho, "Califa". As coisas em ti parece que são as mais profundas.
> — Lérias, rapaz. (Machado 2008, 44)
>
> — Meu trapaceiro de uma figa — disse-lhe [...]. (Machado 2008, 55)
>
> — Patrícia, podemos ter bocados agradáveis.
> — Quando lhe der na mosca, não é? (Machado 2008, 80)
>
> — Amarra-me? Ouça lá, seu bruto ...
> — Cala-te, filha ... — disse eu. (Machado 2008, 90)
>
> Estive de molho vinte e quatro horas. (Machado 2008, 145)
>
> Atraiçoaste os safardanas dos teus amigos [...].(Machado 2008, 161)
>
> *Não comeces a puxar pela pinha, rapaz.* (Machado 2008, 164)

Como escreve José Xavier Ezequiel em *Peter Maynard, autor do Molero*:

> E a linguagem dos livros nunca mais foi a mesma. Tal como Auguste Le Breton e Albert Somonin introduziram o movimento *argot* na literatura francesa, e Dashiell Hammett e Raymond Chandler lançaram a língua americana nesta literatura então emergente, também Dinis Machado trouxe, finalmente em Portugal, a linguagem da rua para a literatura maior. (Ezequiel 2008, 167).

Temos, pois, uma ligação da linguagem ao espaço, mas aqui, não só ao espaço norte-americano, mas também ao espaço lisboeta. Ou melhor, temos um espaço como definidor da linguagem, dos idioletos locais, embora aqui o local esteja deslocado de continente e tenha atravessado um oceano.

Talvez o livro mais poético de McShade seja *Mulher e Arma com Guitarra Espanhola*, não apenas pelas menções a obras e autores literários (que encontramos igualmente nos restantes títulos da série), mas também pela referência às próprias concepções, teorias e géneros literários, como uma meta-literatura, um pensar-se por dentro, um parente de um *mise en abyme*, num esquema mais uma vez bastante borgesiano. Tudo novamente com linguagem muito alfacinha, entrecortada em alguns capítulos com frases em espanhol, em diálogos com uma personagem hispânica:

— Os fortes também vão. Olá, se vão. (Machado 2009, 12)

É absurdo. Não tem pés nem cabeça. (Machado 2009, 19)

— Bem — disse ele — isso é lá com ele. (Machado 2009, 41)

— Esse gajo é uma autêntica sombra. Depois, também não regula bem. (Machado 2009, 42)

Casino é homem para isso. (Machado 2009, 54)

— Você é capaz de trazer alguma pistola consigo.
— Sou capaz disso. (Machado 2009, 62)

— É pomposo, o cavalheiro [...]. (Machado 2009, 65)

Fiquei sentado entre Johnny e uma mulher de quarenta anos a quem Balzac chamaria um figo. (Machado 2009, 77)

— O Zola é mesmo fixe?
— Bem, é fixe. (Machado 2009, 94–95)

Nestas obras, encontramos também algum vocabulário que hoje já pouco se ouve, como "obcecação" (Machado 2009, 28; Machado 2008, 153) (usando-se hoje "obsessão"), "nazista" (Machado 2009, 114–115) (em vez de "nazi") ou "os nervos esfrangalhados" (Machado 2009, 27).

Façamos agora uma pausa para dar um salto a *O Que Diz Molero*. Algumas das suas personagens são moradores de um bairro típico de Lisboa. As suas lutas fazem lembrar os populares das zonas operárias da Buenos Aires de Jorge Luis Borges, representadas em contos como "Hombre de la esquina rosada", de "Historia universal de la infâmia", com pelejas corpo a corpo e navalhas. No primeiro, encontramos, por exemplo, o grupo dos Sertórios, "rua acima, rua abaixo, gingando o corpo, fazendo gestos vagamente obscenos para a janela das costureirinhas, combinando petiscadas, provocando quem passava, uma discussão, uns tabefes"

(Machado 2009, 28). As rixas fazem parte do dia-a-dia, nomeadamente com marinheiros estrangeiros:

> [...] os camones continuaram a subir a rua, pararam junto do Ângelo, que estava sentado no seu banco de madeira a experimentar a harmónica, um deles aproximou-se e disse girls, e fez com o braço o movimento respectivo, we want girls, o Ângelo disse girl é a tua mãezinha, estás a perceber ou precisas de explicador?, [...] e de repente o Ângelo já tinha guardado os óculos e a harmónica no bolso, começou a despachar os camones, enfiou um pela loja de móveis do Ventura, outro foi cair numa das cadeiras da Barbearia Hollywood, exactamente em cima do Pimentel [...], alguém tinha espetado uma faca na barriga do Lucas Pireza, talvez um camone, de certeza que foi um camone, diria mais tarde o Zuca, os camones são uns naifistas do caneco, garantia ele, o Lucas Pireza segurava os intestinos com as mãos, falava baixinho para eles, parecia rezar, os camones iam e vinham [...] (Machado 2009, 34–36).

> — Un muerto, amigo — dijo entonces el Corralero. El rostro era como de borracho. Entró, y en la cancha que le abrimos todos, como antes, dió unos pasos marcados — alto, sin ver — y se fue al suelo de una vez, como poste. Uno de los que vinieron con él, lo acostó de espaldas y le acomodó el ponchito de almohada. Esos ausilios lo ensuciaron de sangre. Vimos entonces que traiba una herida juerte en el pecho; la sangre le encharcaba y ennegrecia un lengue punzó que antes no le oservé, porque lo tapó la chalina. Para la primera cura, una de las mujeres trujo caña y unos trapos quemados. El hombre no estaba para esplicar. La Lujanera lo miraba como perdida, con los brazos colgando. Todos estaban preguntándose con la cara y ella consiguió hablar. Dijo que luego de salir con el Corralero, se jueron a un campito, y que en eso cae un desconocido y lo llama como desesperado a pelear y le infiere esa puñalada y que ella jura que no sabe quién es y que no es Rosendo. ¿Quién le iba a creer? (Borges 1989, 33).

Esta não é a única marca do argentino no texto. A estrutura de *O que Diz Molero* tem ecos dos labirintos de Borges, com as descrições e comentários de Molero, as interpretações de Austin e Mister DeLuxe e as analepses e prolepses sobre a vida do rapaz. Devido a este romance, Machado é frequentemente apelidado de "escritor-de-um-livro-só", mesmo tendo publicado vários. Numa entrevista, em 2002, recorre a Borges para comentar essa classificação:

> Acho que gostam de pensar em mim como um escritor-de-um-livro-só porque esse livro tem uma carga pessoal enorme e também porque o seu êxito me criou essa auréola mais ou menos falsa de que sou um escritor de uma única obra. O que é facto é que isso combina comigo – só quis escrever um livro. À maneira de Borges, a minha ideia era que todos os livros se podem condensar num só, uma espécie de última triagem, sabedoria sucinta das coisas. Os anteriores são, pois, livros de arranque, e os posteriores são arrancados a ferros. (Citado por Luís, 2008, 55).

Vejamos algumas expressões retiradas de *O Que Diz Molero*:

[...] tirava burriés do nariz quando era pequeno [...]. (Machado 2009, 11)

[...] mijadelas de parede a parede [...]. (Machado 2009, 24)

[...] Temos a seita dos calmeirões [...]. (Machado 2009, 28)

[...] a caldeirada para três saiu ao Vovô Resmungas, que quis comê-la sozinho, apanhou uma congestão e ia morrendo [...]. (Machado 2009, 30)

[...] ele era [...] danado para a porrada [...], três ciganos daqueles que vendiam fazenda para fato meteram-se com ele, bem, dizia o Zeferino, não queiram saber [...]. (Machado 2009, 32)

[...] ora deixem cá ver, deixem-me cá puxar pelo bestunto, é pena não se poder passar tudo outra vez ao ralenti [...]. (Machado 2009, 33)

[...] não foram os camones, foi o Ângelo, o Ângelo é que começou logo a enfardar [...]. (Machado 2009, 37)

[...] atravessam as paredes e andam pelos ares, mas as pessoas pouco lhes ligam, o cagaço é pequeno, eles não podem fazer nada [...]. (Machado 2009, 59)

[...] ela era chalada de mexer nos vestidos e de estar sempre a dizer está bem mas tenho de mudar de vestido [...]. (Machado 2009, 65)

[...] o meu pai diz que o Bigodes Piaçaba é maluco de ajudar os pobres, de querer pias limpas e banheiras, e de acabar com os percevejos, de fazer umas grandes fitas com os senhorios e de querer endireitar o mundo [...]. (Machado 2009, 67)

[...] um gajo que estava ao pé a gozar o prato disse que devia ser um cágado de patins nas dunas do Pólo Norte, o meu pai disse para o gajo ir gozar com os cornos do tio dele [...].(Machado 2009, 68)

[...] deu-lhe um tal cagaço que ficou logo bom [...]. (Machado 2009, 69)

Personagens típicas de Lisboa, pois, mas estas situadas num espaço também ele português. Regressemos a McShade e a Borges, regressemos a "Mulher e Arma com Guitarra Espanhola". Talvez o episódio mais borgesiano seja o do bar *The Grapes of Wrath*, onde cada frequentador assume como pseudónimo o nome de um escritor famoso. "Acreditamos na arte como única forma de aproximação. Acreditamos especialmente na literatura, na força da palavra" (Machado 2009, 73), explica uma personagem. Aproximação ao real, aproximação ao género humano e ao seu mundo. As palavras de que são compostos os livros, as conversas e os pensamentos, a *cosa mentale* que tanto interessa a Maynard, a complexidade da compreensão de um mundo já de si complexo, se necessário com a criação de referências, interferências e intertextualidades cruzadas. É o que faz Borges com o seu Pierre Menard, "autor de Quixote", é o que faz McShade com o seu Maynard e, em particular, o episódio do bar. E assim contam outras histórias usando os mesmos nomes e ações que, postos sob outra perspetiva, se revelam outras e plurivocais, num rico entramado de referências.

Outros aspectos ligam ambos os autores, como a graça e a ironia ou a vontade (mais do que a necessidade) de introduzir referências literárias ou enciclopédicas (no caso de Borges, em grande parte por si inventadas). É o caso do bar *The Grapes of Wrath*. Para que Maynard descobrisse mais informações sobre o caso que tem em mãos, o narrador poderia ter criado outro ambiente, até mais de acordo com o género negro policial do que este espaço meta-literário. O próprio género do policial é também uma espécie de labirinto, tópos tão central em Borges: chegar ao centro ou à saída (ao mistério) por caminhos tortuosos e enganadores. No bar, Maynard assume o pseudónimo de Confúcio, mas, na verdade, não precisava. Ele é já uma espécie de duplo de outra personagem literária.

Para terminar, façamos uma referência breve à crónica *Oscura claridad*, originalmente publicada em Julho de 1986 por Dinis Machado. Num registo próximo do aforismo, o narrador parte de citações do argentino e comenta-as num estilo que faz lembrar o do próprio Borges, como se se tratasse de um exercício de *pastiche*. Um trabalho semelhante foi feito pelo portenho, afirma, pois, "de Homero a Poincaré, muitos podiam reclamar-lhe direitos autorais" (Machado 2011, 72). A crónica constitui, pois, uma dupla homenagem a Borges, falecido um mês antes, pois, se a técnica do *pastiche* é por si só uma prova de lealdade, ainda o será mais a um autor definido como "bom ladrão" de textos. "[...] nas manchas literárias, os mestres e os aprendizes confundem as palavras, os projetos, o horizonte e as impressões digitais" (Machado 2011, 72), salienta. Confunde? Talvez. Tal como se poderão confundir Lisboa, Nova Iorque e Buenos Aires.

Bibliografia
BORGES, Jorge Luis. 2004. *El Aleph*. Madrid: Alianza Editorial.
BORGES, Jorge Luis. 1989. *Historia universal de la infamia* in *Obras completas,* tomo I, ed. Carlos V. Frías. Barcelona: Emecé Editores.
EZEQUIEL, José Xavier. 2008. "Peter Maynard, autor do Molero" in: Machado, Dinis. *A Mão Direita do Diabo*. Lisboa: Assírio & Alvim.
LUÍS, Sara Belo. 2008. "Só quis escrever um livro". in: *Ler*.
MACHADO, Dinis. 2008. *A Mão Direita do Diabo*. Lisboa: Assírio & Alvim.
MACHADO, Dinis. 2011. *Gráfico de Vendas com Orquídea*. Lisboa: Quetzal.
MACHADO, Dinis. 2009. *Mulher e Arma com Guitarra Espanhola*. Lisboa: Assírio & Alvim.
MACHADO, Dinis. 2009. *O Que Diz Molero*. Lisboa: Quetzal.
MACHADO, Dinis. 2009. *Reduto Quase Final*. Lisboa: Quetzal.

Vom ‚amerikanischen' zum ‚europäischen Traum':
Luiz Ruffatos Migrationsroman
Estive em Lisboa e lembrei de você (2009)

Verena Dolle (Gießen)

1. Einleitung

Luiz Ruffato, Jahrgang 1961, gilt als einer der spannendsten und vielschichtigsten brasilianischen Schriftsteller unserer Gegenwart, den ersten Dekaden des 21. Jahrhunderts. International breit rezipiert, ist er gerade für den deutschsprachigen Raum sehr sichtbar geworden durch seine – kontrovers diskutierte – Eröffnungsrede auf der Frankfurter Buchmesse 2013, bei der Brasilien das Schwerpunktland war, oder mit seinem Artikel im *„Spiegel"* 2014 kurz vor Beginn der Fußball-Weltmeisterschaft.

Im Umfeld dieser Frankfurter Buchmesse hat es viele Positionsbestimmungen und Vermessungen zur brasilianischen Gegenwartsliteratur gegeben.[32] In ihnen spielt Ruffato mit seinen vielfach prämierten Werken, dem Roman *Eles eram muitos cavalos* (2001) und seinem fünfteiligen Romanzyklus *Inferno provisório* (2005–2011), die für ihren innovativen Erzählstil von der Kritik gelobt wurden, eine zentrale Rolle.

Ruffato betreibt in *Inferno provisório* eine „cartografia do proletariado do interior de Minas Gerais", so Cecilia Almeida Salles im Klappentext zum dritten Teil *Vista parcial da noite* (²2011 2006), in der Entwicklung von den 1950er Jahren bis in die Gegenwart und gibt damit als ‚Chronist' einer in der öffentlichen Wahrnehmung nicht präsenten und auch medial nicht repräsentierten Gruppe

---

32   Vgl. etwa das Heft 121 der englischen Literaturzeitschrift *„Granta"* (2012) zu den 20 besten jungen, d.h. nach 1972 geborenen brasilianischen Autorinnen und Autoren, oder den von Susanne Klengel et al. herausgegebenen Band *Novas vozes*, darin v.a den Beitrag von Friedhelm Frosch. Zu Ruffatos Stadtroman zu São Paulo *Eles eram muitos cavalos* ist bereits 2007 eine Sammlung von Essays erschienen (Harrison 2007), was dessen Stellenwert innerhalb der brasilianischen Literaturlandschaft und fulminante Rezeption unterstreicht.

(literarische) Sichtbarkeit. Er inszeniert und fiktionalisiert das Leben eines marginalisierten Proletariats mit europäischem, genauer italienischem Migrationshintergrund, und damit mit autobiographischer Rückbindbarkeit, das zu offiziellen, staatlichen Erfolgsdiskursen von ‚ordem e progresso', von Fortschritt und sozialem Aufstieg, und zu dem von Migranten erträumten besseren Leben in der Neuen Welt, im weitesten Sinne also einem nicht territorial auf die USA beschränkten ‚amerikanischen Traum', in offensichtlichem Gegensatz steht.[33] Alle Figuren der Ruffatoschen Welt, die ursprünglich in Cataguases in der Region Minas Gerais verortet sind, aber dann typische Migrationsbewegungen des 20. Jahrhunderts vollführen – als Binnenmigration in die Großstädte und Megalopolen Brasiliens (in *Eles eram muitos cavalos* und *Inferno provisório*) oder als nationale Grenzen überschreitende Migration (in *Estive em Lisboa e lembrei de você*) –, kämpfen am Rande der Prekarität um ein menschenwürdiges Dasein, kämpfen um soziale Anerkennung und ein materiell halbwegs gesichertes Leben und Aufstiegsmöglichkeiten, wenn nicht für sich, dann für die nachfolgende Generation. Es ist ein eher trostloses, enges Universum, geprägt von Armut, sexueller und struktureller Gewalt, ethnischer und sozialer Ungleichheit, Drogen- und Alkoholkonsum, doch mit gewisser zwischenmenschlicher Solidarität und emotionalem Zusammenhalt, das sich darbietet. Erzählt wird es relativ „belanglos" (Corrêa 2016, o.S.) und

---

33 Ruffato zielt damit auf diejenigen Leerstellen und Lücken im brasilianischen Identitätsdiskurs des 20. Jahrhunderts ab, die von Intellektuellen wiederholt kritisch angemerkt wurden, etwa von Vilém Flusser, dem tschechisch-brasilianischen, in Brasilien sehr einflussreichen Philosophen. Er sieht Brasilien in den 1950er Jahren wirtschaftlich und sozial in drei Gruppen geschichtet: eine große Masse halbnomadisch lebender, den Ernten folgender Wanderarbeiter, „dann das größtenteils aus Einwanderern bestehende Proletariat der Städte und darüber das Bürgertum [...] teils aus Einwanderern, teils aus den Nachkommen der portugiesischen Einwanderer" (Flusser 1994, 25). Nur die letztgenannte Gruppe war, so Flusser, für das „Weben der Heimat" zuständig (Flusser 1994, 25). Ruffato läßt sich mit seinem literarischen Werk in der Tradition eines João Guimarães Rosa sehen, ebenfalls aus Minas Gerais stammend und in gewisser Weise durchaus ein Vorbild für ihn (Frosch 2013, 37). Dessen epochemachender Roman *Grande Sertão: Veredas* (1956) intendiert in der dialogischen Situation der Lebensbeichte des einfachen Protagonisten vom Land gegenüber dem gebildeten Städter, die „Sprachlosigkeit zwischen dem Bürgertum und der Sprache des einfachen Volkes zu überwinden", so die einleuchtende Interpretation von Bolle (2009, 78). Die Bezüge zwischen Ruffato und Guimarães Rosa, ihre Gestaltung von regionaler Sprache und Tonalität, sind m.W. bisher noch nicht genauer untersucht worden.

lakonisch, nüchtern und ohne Sozialromantik. Charakteristisch für den *discours* in Ruffatos Werken ist, dass die Figuren häufig selbst zu Wort zu kommen scheinen und eine (heterodiegetische) Erzählinstanz fast ganz verschwindet, wir es also mit einem relativ hohen Grad an (scheinbarer) Unmittelbarkeit und (fingierter) Mündlichkeit zu tun haben. Letztgenannte erweist sich allerdings als hochgradig komplex und artifiziell, besteht sie doch oft aus ineinander verschachtelten Gesprächen und mehrschichtiger Wiedergabe von Gedanken unterschiedlicher Zeitebenen und Figuren.

Die Beschränktheit der Welt und die berufliche Perspektivlosigkeit der Figuren werden auch daran erkennbar, dass der die Figuren umgebende (städtische) Raum, etwa Cataguases, São Paulo oder Lissabon, aus subjektiver, partieller und eingeschränkter Sicht der Figuren, fast ohne kommentierende, perspektivierende oder panoramatische Einschübe einer Erzählinstanz dargestellt wird.[34] So wird der Leser / die Leserin gezwungen, sich auf diese Sichtweise auf „Augenhöhe" einzulassen.

In *Inferno provisório* zeichnet Ruffato eine Geschichte der europäischen bzw. zahlenmäßig sehr starken italienischen Einwanderung nach Brasilien im 20. Jahrhundert[35] und setzt sich mit den damit verbundenen Versprechen von sowie Hoffnungen auf sozialen Aufstieg und materiellen Erfolg auseinander. Diese werden gespeist von der jahrhundertealten, seit der Entdeckung Amerikas erfolgenden Projektion, in diesem ‚mundus novus' ein besseres Leben in klimatisch angenehmer Umgebung führen (so die Beschreibungen der ersten Chronisten zu Brasilien) und neue Gesellschaftsordnungen verwirklichen zu können (wie es bereits die christlichen Orden, v.a. die Franziskaner, propagiert haben). Diese Idee, für die James Truslow Adams in seinem Werk *The Epic of America* 1931 den wirkmächtigen Begriff ‚American Dream' geprägt hat, wird ab dem 18. Jahrhundert verstärkt von Akteuren der US-amerikanischen Unabhängigkeit in Anspruch

---

34 Ich beziehe mich hier auf die Überlegungen von Andreas Mahler zu unterschiedlichen Arten der literarischen Gestaltung von Städten als „Textstädte", insbesondere der „Modalisierung diskursiver Stadtkonstitution" als „eingeschränkte subjektgebundene Stadtsicht" vs. einem „verfügungsmächtigen panoramatischen Blick" (1999, 21f.).

35 Für die Zeit von 1880 bis 1969 umfasst die italienische Einwanderungsgruppe 30 %, ist damit zweitstärkste nach der portugiesischen mit 31 % (Stelzig 2008, 2).

genommen und verbreitet.[36] Bis Mitte des 20. Jahrhunderts verlaufen die Migrationsbewegungen von Europa nach Nord- und Südamerika, getrieben von der Hoffnung, es durch eigene Leistungen nicht nur materiell besser als im Herkunftsland zu haben, sondern auch individuelle Freiheit und Gleichheit zu realisieren oder einen Zustand des ‚Glücks' zu erreichen; für Brasilien auch angelockt durch die Utopie des Fortschritts, der Modernisierung und der ‚democracia racial', der ethnischen Demokratie und Gleichberechtigung, wie sie in den 1940er Jahren unter Getúlio Vargas propagiert wurde und sich als ‚Kulturideologie' (Roth 1994, 455) verfestigt hat.[37] Während Ruffato sich in *Inferno provisório* dem Weg der europäischen Migrantinnen und Migranten nach Brasilien, dem Scheitern und der Nicht-Erfüllung ihrer Hoffnungen dort, widmet, geht er in *Estive em Lisboa e lembrei de você,* einem kurzen, 83-seitigen Roman von 2009, der umgekehrten Bewegung nach: der Migration von den im postkolonialen Sinne peripherischen Ländern, wie etwa Brasilien, den Kapverdischen Inseln, Angola oder auch der Ukraine, nach Europa, in das alte ‚Zentrum' des kolonialen Reiches, Portugal.[38]

---

36   Adams (2012); S. Schnicke (2010, 8f.) unterscheidet bei den über rein Materielles hinausgehenden Bestandteilen des ‚American Dream' zwischen individueller, sozialer und religiöser Ebene. Wenn der brasilianische Staat auch ab 1880 stark auf Einwanderung gesetzt hat, um Arbeitskräfte für den Agrarsektor ins Land zu holen (Stelzig 2008, 2; Lesser 1999; Martinez 2003, Sales & Salles do Rosário 2002), so ist die mit Migration verbundene Idee von der Verwirklichung bestimmter individueller, sozialer und religiöser Vorstellungen doch nirgendwo so stark und im offiziellen Diskurs und Selbstverständnis verankert wie in den USA – seit der *Declaration of Independence* und der *Bill of Rights* – und nach wie vor wirkmächtig, sowohl in der Fiktion, dem Hollywoodfilm (Dolle 2007) als auch im politischen Diskurs (Schnicke 2010, 12f.; Hanson & White 2011, 147).

37   Das Scheitern dieses Projekts und die großen sozialen Ungleichheiten im Land, die in Widerspruch zum offiziellen Erfolgsdiskurs stehen, kritisiert Ruffato selbst wiederholt, etwa in der Eröffnungsrede zur Frankfurter Buchmesse, die den Titel „Rassendemokratie ist ein Mythos" trägt (Ruffato 2013).

38   Es steht außer Frage, dass die in den postkolonialen Studien viel diskutierten Begriffe wie (europäisches) ‚Zentrum' und (außereuropäische) ‚Peripherie' vereinfachend sind und oft nicht die Vielfältigkeit an tatsächlichen Beziehungsgeflechten abbilden (Bachmann-Medick 2016, 131f.). Gerade für Portugal wird etwa auch der Begriff der Semi-Peripherie (am Rande Europas, zum Atlantik und dem außereuropäischen Raum hingewandt) verwendet (Fernandes 2015, 163). Die Begriffe werden hier nicht absolut gesetzt, sondern haben heuristische, orientierende Funktion.

Diese Änderung der Migrationsrichtung, die auch die traditionelle Rolle Portugals als Ausgangsland von Migration in Frage stellt und damit zusammenhängend Fragen nach kollektiver Identität und Haltung gegenüber dem Anderen aufwirft, wie Becker in ihrem Aufsatz (2015) darstellt, ist ab den 1980er Jahren zu verzeichnen und erfährt erst wieder eine erneute Umkehr – von Portugal in Richtung Mitteleuropa, Angola oder auch Brasilien – im Zuge der europäischen Wirtschaftskrise 2008 (Stelzig 2008, 6; Córdoba Alcaraz 2012; Fernandes 2015, 163–165; Yepes del Castillo & Herrera 2007; Ayuso 2009 und Cano Linares 2012).

Ruffatos Roman ist als Auftragswerk entstanden, als drittes in einem *Amores expressos* betitelten Projekt von 2007.[39] Er literarisiert das, was ich als ‚European Dream' bezeichne, nämlich die Feststellung, dass nicht mehr die ‚Neue Welt', sondern das „Alte" Europa zum ersehnten Ort der ‚unbegrenzten Möglichkeiten' und des erträumten Aufstiegs vom mittellosen Tellerwäscher zum Millionär (englisch: „from rags-to-riches") wird (was, wie 2015 erfahren, das nationale und europäische Selbstverständnis herausfordert).[40] *Estive em Lisboa e lembrei de você* lässt sich damit auf lateinamerikanischer Ebene in Bezug setzen zu einer aktuellen, in der Fiktion stattfindenden Hinterfragung von staatlichen Narrativen von Selbstverwirklichung, wie sie am stärksten die USA bereits in der Verfassung von 1776 mit den unveräußerbaren Rechten „Life, Liberty, Pursuit of Happiness" und

---

39　Friedrich Frosch (2013, 49f.) verweist darauf, dass dieses, von Rodrigo Teixeira, Eigentümer des Entertainment-Trusts RT Features, initiierte Projekt, unter Leitung des Schriftstellers João Paulo Cuenca darauf zielte, ‚breitenwirksam', medial in blogs und Talkshows flankiert und mit der Möglichkeit zur Verfilmung, eine Liebesgeschichte zu verfassen, die in einer für die Schreibenden ‚exotischen' Stadt situiert sein sollte. 2015 kam die Verfilmung von Ruffatos Roman unter gleichnamigem Titel in der Regie von José Barahona in die Kinos. Sie greift das Pseudo-Dokumentarische des Romans auf und stellt die Erfahrungen von Einwanderern, die selbst – Laien- oder Nicht-Schauspieler – vor die Kamera treten, in Portugal heraus.

40　Dieser Begriff wird nach jetzigem Stand noch nicht sehr stark verwendet, ist aber aufgrund der Migrationszahlen der letzten Jahrzehnte in Richtung Europa aus meiner Sicht durchaus adäquat (vgl. Dolle 2020). Für die lateinamerikanische Forschung verweist nur Villa Martínez (2011, 340), basierend auf entsprechenden Migrationsstatistiken, auf diesen Wechsel vom ‚Amerikanischen' zum materiell motivierten ‚Europäischen Traum'.

Gleichheit des Individuums seit Geburt angeführt haben, die aber als Motivation für die Migration auch nach Brasilien mitschwingen.[41]

Auf diese Weise reagiert Literatur – wie der Film ein Medium, alternative Welten und Handlungsmöglichkeiten zu entwerfen – auf den Umstand, dass sowohl intra- als auch transnationale, grenzüberschreitende Migration im 20. und 21. Jahrhundert in Zeiten der Globalisierung ein zunehmendes, Millionen von Menschen betreffendes Phänomen ist. Fragen territorialer, regionaler, ethnischer – und vermehrt konfessioneller – Zugehörigkeit, der Ausgestaltung der Begegnung von Menschen unterschiedlicher Kulturen im Aufnahmeland: als Assimilation, Multi-, Inter- oder Transkulturalität, werden sowohl in der Lebenswelt gestellt und verhandelt als auch in der künstlerischen Imagination pointiert ausgestaltet.

Doch *reagiert* Literatur nicht nur auf ein Phänomen der Lebenswelt, sondern ist – zusammen mit anderen (Massen-)Medien – maßgeblich an der Generierung von Migrationszielen und -hoffnungen beteiligt, d.h. die Vorstellungen von Migrationszielen sind zutiefst medial geprägt und greifen dabei auf bestimmte Ideen und Narrative zurück. Diesen Umstand bezeichnet der indische Ethnologe und Anthropologe Arjun Appadurai in seinen Untersuchungen zu Migration in der globalisierten Welt des ausgehenden 20. Jahrhunderts mit den Neologismen *ethnoscape*, *mediascape* und *ideoscape*, nämlich:

> [...] perspectival constructs that depend on the historical, linguistic, and political situatedness of different kinds of actors: nation-states, multinationals, diasporic communities, and subnational groupings and movements, whether religious, political, or economic, etc. (Appadurai 2012, 98).

Zentral ist seiner Ansicht nach die Rolle der Einbildungskraft im sozialen Leben und damit auch für Migrationsentscheidungen, wesentlich befeuert durch moderne Massenmedien: „a constructed landscape of collective aspirations [...]

---

41 Aus lateinamerikanischer Sicht wird der auf die USA bezogene ‚American Dream' vor dem Hintergrund hoher Auswanderungszahlen kritisch behandelt etwa in Juan de Rebacoecheas Roman „*American Visa*" (1994), dem erfolgreichsten bolivianischen Roman aller Zeiten, rezent im gleichnamigen Roman „*American Visa*" (2013) des Chilenen Marcelo Ríos oder den Romanen verschiedener mexikanischer Autoren (dazu Mora 2012).

mediated through the complex prism of modern media".[42] Diese Medien (etwa Literatur, Film, Fernsehen, Presse, oder „mediascapes" in Appadurais Terminologie) greifen auf bestimmte Ideen und Ideologien zurück, die als *ideoscape*, „a kind of underlying master narrative" (Appadurai 1996, 35) fungieren. Sie liefern den Individuen Bildrepertoires und Narrative sowie *ethnoscapes*, grenzübergreifende transnationale, etwa ethnisch basierte (Vorstellungen von) Gruppen und Gruppenzugehörigkeit, die alle zusammen dazu beitragen, weitere Narrative zu generieren und in einer unüberschaubaren Welt Kohärenz zu schaffen (Appadurai 1996, 33–36).[43]

In diesem Kontext der medialen Gestaltung von Migration ist Ruffatos Roman zu verorten. Europa und ganz konkret Portugal wird hier nun nicht mehr als Ausgangs-, sondern als Zielland von transatlantischer Migration und den damit verbundenen Hoffnungen modelliert.[44] Ruffato greift dabei auf vorhandene *master narratives* von Migrationsträumen zurück und beteiligt sich selbst an ihrer medialen Ausgestaltung und Weiterentwicklung.

Die Figuren in *Estive em Lisboa e lembrei de você*, vor allem der Protagonisten und Ich-Erzähler Sampaio, evozieren die Vorstellung von Portugal als materiellen Erfolg versprechender Sehnsuchtsort, also als auf Europa projizierter „American Dream", *ideoscape* im Sinne Appadurais. Konfrontiert findet sich der Protagonist zusammen mit Migrantinnen und Migranten aus anderen Ländern – Angola als Teil des ehemaligen portugiesischen Kolonialreichs, der Ukraine, „compatriotas" und portugiesischen Remigranten aus Brasilien – mit der Realität eines harten Konkurrenzkampfs um Jobs und Einkommen in einer nicht nur klimatisch kalten Stadt.

---

42 Appadurai 1996, 31; Bachmann-Medick (2016, 163) verweist darauf, dass es nach wie vor ein Forschungsdesiderat sei, die Rolle der transkulturellen Medienbeziehungen und ihrer Wirkungen zu untersuchen.

43 Die Forschung (etwa Hepp & Bozdag & Suna 2011; Butterwegge & Hentges 2006, um nur wenige zu nennen) nimmt in den letzten Jahren immer stärker die Rolle der Massenmedien für Migrationsentscheidungen wie auch für die transnationale Vernetzung in den Fokus, weit jenseits von *push*- und *pull*-Faktoren der klassischen Migrationsforschung.

44 Für die argentinisch-italienische Migration in beide Richtungen im 20. Jahrhundert und ihre literarische Modellierung, in der die transgenerationale Emigration zurück nach Europa häufig als Scheitern und Niederlage gewertet wird, vgl. Cattarulla 2012 und 2013 sowie Wamba Gaviña 2010.

Der Roman besteht aus zwei ungefähr gleich langen Teilen, die mit alltäglichen Anliegen betitelt sind: *Como parei de fumar* und *Como voltei a fumar*, quasi als Ausdruck des Willens nach „Normalität" in einer Ausnahmesituation (so Corrêa 2016, o.S.) Ein autodiegetischer, etwas naiver Erzähler mit Namen Sérgio de Souza Sampaio erzählt einem nicht weiter in Erscheinung tretenden, nur in der einleitenden ‚nota' des Paratextes sichtbaren ‚Zuhörer' mit Initialen L.R. (der das Ganze aufgenommen und minimal bearbeitet habe, so die topische Erzählerfiktion des *testimonio*, Ruffato 2009, o.S.) von den vergangenen sechseinhalb Jahren: seinem Leben in Catagueses, Minas Gerais, seiner Muss-Heirat mit einer sich als psychisch krank erweisenden Frau, dem Verlust seiner Arbeitsstelle dort und der Migration nach Lissabon; seinem Job als Hilfskellner in einem Restaurant, der ihm Hoffnung auf finanzielle Konsolidierung und Rückkehr nach Brasilien macht, dem Scheitern dieser Perspektive nach seiner Entlassung und schließlich seinem Abstieg in die Illegalität des Papierlosen, nachdem er den Versprechungen einer „compatriota", in die er sich verliebt hatte, aufgesessen war. So endet der Roman relativ pessimistisch, ohne Hoffnungen auf baldige Rückkehr oder Erfolg. Literarisch gesprochen, wird jede Art von positivem Ausblick oder Happy-End, anders als in den zuvor erwähnten Romanen von Marcelo Ríos oder Rebacoechea, verweigert.

Zwei Themen durchziehen das Werk und greifen auf bestimmte *ideoscapes* zurück: 1. Migration als Scheitern gegenüber der Idee des „American Dream"; 2. Erfahrungen mit der Gesellschaft im Zielland, die im Wesentlichen als feindlich, reserviert und vor allem auf sprachliche Differenz und Hierarchisierung abhebend dargestellt wird und die die spezifisch lusophone Idee einer kulturellen und sprachlichen Gemeinschaft adressiert. Vor diesem Hintergrund sollen im Folgenden zwei Punkte im Fokus stehen:

1. die inhaltliche, auf *histoire*-Ebene erfolgende Ausgestaltung von Migration und der damit verbundenen *ideoscape* anhand der Biografien verschiedener Figuren;

2. die mit Vorgenanntem zusammenhängende Rolle von Sprache(n) als wichtigem Element einer kulturellen Identität und Nationenübergreifenden Gemeinschaft lusophoner Sprecher und der darüber ge- oder misslingenden Integration in die Gesellschaft des Ziellandes.

2. Migrationsbiographien in *Estive em Lisboa e lembrei de você*

In den allein durch die Erzählsituation auf Guimarães Rosas bereits genannten Roman *Grande Sertão: Veredas* verweisenden Bericht des autodiegetischen Erzählers sind, immer durch ihn gefiltert und damit subjektiviert, Erzählungen anderer Lebenswege von Migrantinnen und Migranten eingewoben. Sie entwerfen ein facettenreiches, auf die Schattenseiten fokussierendes Panorama von globaler, im Wesentlichen aus den Vernetzungen des portugiesischen Kolonialreichs stammender Migration und damit verbundener sprachlicher Vielfalt in Portugal zu Beginn des 21. Jahrhunderts, zeitlich klar zu situieren nach Einführung des Euro und tendenziell auch im Umfeld der Wirtschaftskrise 2008 mit härterem Wettbewerb und problematischerer Stellensituation:

- so etwa der auf zwei Seiten durch den autodiegetischen Erzähler gefilterte Werdegang des aus Trás-os-Montes, einer ländlichen, klassischen Auswanderungsregion, stammenden, in Brasilien durch harte Arbeit zu Wohlstand gekommenen und dann remigrierten Portugiesen Carrilho (Ruffato 2009, 47–49; weitere Hinweise auf den Text im Folgenden nur durch Seitenzahlen). In gewisser Weise hat Carrilho als einziger der Figuren einen ‚amerikanischen Traum' umgesetzt, doch war dieser nicht von Dauer. Betrogen von einem Landsmann und seinem eigenen Schwiegersohn, findet er sich nun in seinem Heimatland, das ihm keine Heimat mehr ist, da es weder nostalgische Verankerung in der Vergangenheit noch Zukunft bietet („Sem passado e sem futuro", 49), nicht mehr zurecht und lebt an der Armutsgrenze buchstäblich in einem ‚Dazwischen', nämlich in einer Pension ohne eigenes Heim; ebenso der Werdegang

- der brasilianischen Prostituierte Sheila, in die der Protagonist sich verliebt, die wie er von einer baldigen Rückkehr nach Brasilien träumt und ihm seinen Pass ‚abluchst', um an Geld zu kommen und ihn damit in der Illegalität des Papierlosen zurücklässt (74–77); sowie das Leben

- des schwarzen, durch eine Bürgerkriegsmine verstümmelten Angolaner Baptisto Bernardo, der als Zuhälter für seine Frau fungiert. Anhand dieses Ehepaares werden Zwänge und Ziele von Migration verdeutlicht, wenn es in den durch die Hauptfigur perspektivierten Ausführungen des Remigranten Carrilho heißt:

[...] seu Carrilho [...] contou que o Baptista Bernardo [...] quando casou, pensando no futuro dos filhos, debandaram pra Lisboa, sem dinheiro e sem emprego, e, pra não morrerem de fome, a mulher prostituía, com o consentimento do marido, responsabilizando pelo pagamento das despesas do mês, e, graças a esse *expediente*, os **alfacinhas** usavam **bibes** do Jardim de Infância Santo Condestável, falavam português corretamente, proibidos de usar o **umbundo** em casa, e, verdadeiros cidadãos, iam ter a chance de ser alguém na vida, cosa que os pais não eram em Portugal e nunca tinham sido em Angola [...] (55).[45]

In dieser Passage wird die Möglichkeit angedeutet, einen sozialen Aufstieg im Aufnahmeland durch Anpassung (in Bezug auf Sprache, Kindergarten, Kleidung) zumindest für die Folgegeneration der Kinder – in einem weniger korrupten Land als Angola – zu erreichen und diese in die Position vollwertiger Staatsbürger („verdadeiros cidadãos" heißt es im Text) zu bringen. Der Preis, der bezahlt wird, ist die Prostitution der Ehefrau und Mutter und das Verbot der afrikanischen Mutter-Sprache zuhause. Damit wird deutlich, dass Bi-Lingualität, je nach sozialem Stellenwert und globaler Reichweite der Sprache, nicht unbedingt als Reichtum, sondern als Hinderungsgrund für Integration in die Aufnahmegesellschaft gesehen wird (oder werden kann). Neutraler formuliert: Die fehlerfreie, akzentfreie Beherrschung der Sprache des Aufnahmelandes erleichtert Integration; aber dies kann zu Lasten der Muttersprache und identitärer Verortung gehen. Ein transkulturelles Modell von Migration wird hier in diesem Beispiel nicht vertreten, sondern eines der Assimilation.[46] Mit dem fett markierten Attribut „alfacinhas", einem scherzhaften Ausdruck für aus Lissabon stammende oder dort wohnende

---

45 Die Hervorhebungen sind im Original enthalten und ein Charakteristikum von Ruffato, um ‚fremde' Rede und Gedanken sowie unterschiedliche Erzählsituationen und Zeitebenen innerhalb der Wiedergabe durch eine Figur besonders zu markieren. Zu durchaus unterschiedlichen Schlüssen, die aus diesen typographischen Markierungen gezogen werden (können), vgl. für eine Passage aus *Eles eram muitos cavalos* Corrêa 2013, 180–182.

46 Die Migrationsbiographie des angolanischen Ehepaares entspricht damit dem, was die klassische Migrationsforschung lange Zeit als – zu homogen konzipierte – linear verlaufende Form von Migration angesehen hat. Einen Überblick über Modelle von Migration und ihre Entwicklung gibt Bozdag 2013, 25–27.

Personen, wird aus Sicht des Portugiesen Carrilho die offensichtlich bereits erfolgende Integration in die Aufnahmegesellschaft sprachlich markiert.

Ergänzt wird dieses Panorama an Migrierten aus lusophonen Ländern durch den Konkurrenten des Protagonisten bei seiner Arbeit im Restaurant, den von ihm negativ und stereotyp blond und blauäugig gezeichneten Ukrainer Anatólio. Offensichtlich polyglott(er) als der Protagonist und deswegen vom einsprachigen Restaurantbesitzer in eine exponierte Position gebracht, meistert er die Anforderungen einer globalisierten Kundschaft von Touristen mit seinen Fremdsprachenkenntnissen erfolgreich, auch wenn die portugiesische Köchin grundlegende Zweifel an seiner fremdsprachlichen Kompetenz hegt: „que ele era é um **finório**, ‚Ele inventa', não fala nada" (56).[47]

Der Protagonist selbst ist relativ spontan und unvorbereitet nach Portugal migriert, so erfahren wir im ersten Teil des Romans, da ihm ein Bekannter nach Verlust seiner Arbeitsstelle in Cataguases und der vagen Idee, ins Ausland („Pro estrangeiro", 25) zu gehen, dieses Land geradezu als ‚Paradies' für Arbeitssuchende entwirft und damit eine bestimmte ‚Ideenlandschaft' (*ideo-scape*) aufruft, die sich zur realen Welt der 1990er und 2000er Jahre, einem verstärkten Zuzug nach Portugal, in Bezug setzen lässt.[48] In Portugal angekommen, wird auch dem recht einfältigen, an Protagonisten des spanischen Schelmenromans erinnernden Sérgio schnell deutlich, dass Vorstellung und wirtschaftliche Realität nicht korrespondieren. Gleichwohl nimmt er kleinste Fortschritte – etwa die Arbeit als ungelernter und nicht angemeldeter Hilfskellner – zum Anlass, von einer Rückkehr in seine brasilianische Heimatstadt als wohlhabender Mann zu fantasieren:

---

47 „[…] Anatólio, um garçom ucraniano louro de olho azul, que entendia o diabo de tudo quanto é idioma estrangeiro, aparecia alguém grunhindo esquisito, ele cheio de salamaleque, já laçava o sujeito […] americano, japonês, francês, alemão, italiano, espanhol" (56).

48 „[…] o seu Oliveira […] apoiou o intento, ‚O caminho é Portugal', e […] decantou as maravilhas do país pra onde todo mundo estava seguindo, e que, se mais novo, até mesmo ele voltava, ‚O momento é de reconstrução', dinheiro não é problema, falta mão-de-obra, e os portugueses andam assoberbados, ‚Escolhendo serviço', e sobram oportunidades pros brasileiros e pros pretos […], ‚O lugar certo' pra quem não tem alergia a trabalho […]" (25f.). Zu Portugal als Immigrationsland in den letzten Jahren des 20. Jahrhunderts vgl. Fernandes 2015, 162f. Sie verweist auf den Zuzug aus lusophonen Ländern, gibt aber keine Erklärung, warum Portugal gerade für Menschen aus der Ukraine ein attraktives Zielland darstellt.

Como o salário era bom, retomei os planos de, descontada a *pensão* pra Noemi (seine psychisch kranke Ehefrau) e pro Pierre (sein Sohn, Anmerkung der Verfasserin) economizar ao máximo pra ir embora logo, comprar umas casas em Cataguases, viver de aluguel, fazendo nada o dia inteiro, subindo e descendo a rua do Comércio, sentar na praça Rui Barbosa pra conversar fiado, jogar porrinha, ver o mulherio desfilar, o povo, ensardinhado detro dos ônibus, respeitoso, me cumprimentar, Boa tarde, Serginho, Serginho não, seu Sérgio, Boa tarde, seu Sérgio, não, não, Doutor Sérgio, Boa tarde, Doutor Sérgio, quem sabe candidatar a vereador, entrar pro Rotary ou pro Lions, virar gente importante, frequentar o Clube do Remo, aparecer na coluna social do Cata-guases, abrir um negócio pro Pierre [...], mas em-antes eu tinha que melhorar meu desempenho (57).

Die Diskrepanz zwischen der in dieser Passage beschriebenen „Wirklichkeit", die sich als deutlicher Hinweis auf den Anfangspunkt der topischen Erfolgsgeschichte des ‚American Dream' vom Tellerwäscher zum Millionär lesen läßt, und dem imaginierten gesellschaftlichen Aufstieg in Brasilien als von Mieteinkünften lebender Besitzer mehrerer Häuser, der nicht nur zu einer Respektperson (statt „Serginho" nun „seu Sérgio"), sondern auch zum Akademiker („Doutor Sérgio") und schließlich Akteur in der politischen und sozialen Elite der Heimatstadt wird, hat etwas Groteskes und Naives. Denn der Leser / die Leserin besitzt der Figur gegenüber einen Wissensvorsprung und mehr Lebenserfahrung und wird diese Vorstellungen wohl als ungezügelte, haltlose Phantasie einordnen. Zugleich wird klar, dass der Traum des Protagonisten anders als der ‚American Dream' auf Rückkehr und gesellschaftliche Inklusion im Ausgangsland abzielt, materielle und soziale Elemente besitzt und zudem transgenerational, auf die Nachfolgegeneration, angelegt ist.

Doch über die letztgenannten Elemente hinaus findet sich auch noch eine ‚ethnische' Komponente des Erfolgs-Traums. Der männliche Protagonist, der sich selbst als Mischling aus drei Ethnien („misturado carrego sangue coropó, lusitano e escravo", 25) bezeichnet, imaginiert nämlich die Rückkehr in die Heimat als mit einer großen weißen Deutschen verheiratet, von allen Männern in seiner Heimatstadt bewundert und beneidet. Ausgangspunkt für diese Phantasie ist seine Begegnung mit einer deutschen Prostituierten, die rötliche Haare, einen milchigen Körper und blaue Augen hat:

[...] e eu ali, encostado nela, já imaginando nós dois desembarcando, casados, em Cataguases, o povo em roda se empurrando pra avizinhar da gente, „Serginho, caralho, onde arrumou esse monumento?" [...] (59).

Was die zitierten Passagen mit Sérgios Phantasien gerade in ihrer Hyperbelhaftigkeit deutlich machen, ist das utopische, imaginative Element, das Entscheidungen, auszuwandern und / oder zurückzukehren, durchaus im Sinne von Appadurai, auszeichnet. Ruffato stellt hier in fiktionaler Form einen Punkt heraus, der von der soziologischen Forschung in letzter Zeit auch im Hinblick auf (transgenerationale) Rückkehrmigration stärker in den Blick genommen wird, nämlich die Frage nach dem sozialen Status der Emigranten, etwa als vermeintliche (Vaterlands-)Verräter, die ihr Land für egoistische (materielle) Motive im Stich lassen, Familienstrukturen zerstören (ein des Öfteren geäußerter Vorwurf an weibliche Migranten) oder als Helden, die durch *remessas* (Rücküberweisungen) u.ä. zum Aufbau in der Heimat beitragen.[49] Daran schließt sich die Frage an, ab wann eine Rückkehr möglich wird, ohne als Scheitern und Misserfolg von den Rückkehrern selbst oder ihrem Umfeld wahrgenommen zu werden (dazu Cattarulla 2012 und 2013; Da Tosca 2011; Bosshard & Gelz 2015).

Sérgio imaginiert seine gesellschaftliche Inklusion und sozialen Aufstieg in seinem Heimatland Brasilien, das angolanische Ehepaar ist dabei, sie für seine Kinder in Portugal umzusetzen. Allen Projekten gemeinsam ist, dass dem Thema Sprache, Mehrsprachigkeit und sprachlicher ‚Assimilation', also Elementen, die auf Zugehörigkeit zu einer bestimmten (imaginierten) Gruppe, einer *ethnoscape*, abheben, im Roman sehr viel Raum gegeben wird, so dass es lohnenswert erscheint, dieses genauer zu betrachten.

3. *Ethnoscape*: Sprache und Exklusion

Ruffato zeigt nicht nur unterschiedliche Versuche von – zumeist scheiterndem – sozialen Aufstieg als Migrationsmovens auf, sondern inszeniert in den Stimmen der Migrationsbiographien die Polyphonie der lusophonen Länder. Auch wenn er auf die damit verbundene *ideoscape*, die politische Idee einer (gleichberechtigten) Gemeinschaft dieser Länder (Becker 2015, 205; 227f.), der 1996 gegründeten

---

49 Vgl. die Forschungen von Schurr & Stolz 2010 zum Stellenwert von migrierten Frauen aus Ecuador als vermeintliche Gefahr für die sozialen Strukturen des Vaterlands, da sie die Familien zurücklassen, oder zum Status von mexikanischen Migranten in den USA, die im Heimatland lange Zeit als ‚Verräter' angesehen wurden (Rivera Sánchez 2011).

Comunidade dos Países da Língua Portuguesa, nicht explizit Bezug nimmt, wird sie doch evoziert: sowohl durch die unterschiedliche Herkunft der Figuren, die vom Erzähler benannt wird, als auch durch deren Rede, die die Varietäten des Portugiesischen in Lexik, Orthographie und simulierter Mündlichkeit erfahrbar macht.[50] Dies wird deutlich in den Gesprächen, die der Protagonist mehrfach gefiltert wiedergibt, etwa in der Darstellung des Portugiesen Carrilho von dem, was er von Bernardo über Angola erfahren hat:

> [...] Angola, onde, isso ouvi da boca do Baptista Bernardo, os que ganharam a guerra, a *elite*, mandavam os filhos **fazer banga** em Lisboa [...] roubando o país como os **tugas** antes, e o povo, na mesma pobreza, enfiado nos **musseques**, nas **sanzalas** [...] (55).

Durch Fettdruck werden hier typische aus dem Afrikanischen stammende Ausdrücke hervorgehoben und evozieren hier eine Hybridisierung zumindest auf sprachlicher Ebene: „tuga", Aphärese für „portuga", einen brasilianischen Ausdruck, und in beiden Fällen eine abwertende Bezeichnung für die Portugiesen (*Novo Aurélio* 1999, Lemma „tuga" und „portuga", 2015 und 1613). Darüber hinaus finden sich angolanische Ausdrücke, „musseque", für Armenviertel, „sanzala" als Bezeichnung für ein traditionelles Dorf bzw. im Santomensischen für die Wohnungen und Häuser der Arbeiter- und Dienerschaft (ebd., 1385 und 1813), „fazer banga" aus dem mosambikanischen tsonga für „feiern, Party machen" (ebd., 266).

Was in diesem Absatz, zusätzlich zu dem regional gefärbten Cataguasisch des Protagonisten, zum Ausdruck kommt, ist die Vielfalt des Portugiesischen in den regionalen, seit der (gewaltsamen) Kulturkontakte der Kolonialzeit geprägten Ausformungen, oder, um es mit Bachtin zu sagen, Polyphonie, Redevielfalt, Vielstimmigkeit, belegte und mit mehrfachem Sinn überlagerte Wörter, die von der Sprechergemeinschaft benutzt und verstanden werden.

Gleichwohl wird auf einer performativen Ebene die Idee der hegemonialen ‚Norm' eines von Portugal aus gesteuerten ‚Standardportugiesisch' immer wieder thematisiert: Dies kommt bereits in der Assimilations-Geschichte der angolanischen Familie zum Ausdruck, wenn es heisst, dass die eigene afrikanische Muttersprache Umbundu zuhause nicht gesprochen werden dürfe und ein wichtiger

---

50 So etwa In der direkten Rede eines Kapverdianers: „ó brasilêro pa bosê" (53).

Punkt darin bestehe, korrekt Portugiesisch zu sprechen (s.o., vgl. 55). Doch noch darüber hinaus wird die portugiesische Sprache, je nach Grad ihrer Beherrschung oder Anpassung an eine europäische Norm, als Faktor der Exklusion und hierarchisierenden Abwertung bzw. der gelingenden Integration akzentuiert. Denn trotz einer gewissen gemeinsamen kulturellen Basis zwischen Brasilien und Portugal, etwa was den Fußball angeht, werden im Roman eher die Differenzen zwischen den Angehörigen der beiden Länder herausgestellt und mit Hierarchisierungen und Abwertungen verbunden. Dies findet sich explizit im Bezug auf die brasilianische Sprache und ihre regionale Färbung, die der Protagonist vor einem portugiesischen Dichter, der ihm hyperbolisch als „Alma Ambulante da Vida Cultural Portuguesa" (51) vorgestellt wird, zum Besten geben soll. Doch führt dies nur zu einer gewissen abwertenden Belustigung des Dichters über den Akzent dieser homogenisierend als ‚brasilianisch' verstandenen Sprache (51).[51] Eine ähnliche Abwertung findet sich in der Kategorisierung der Sprachkenntnisse des Protagonisten durch seine portugiesische Kollegin im Restaurant, die Köchin, die ihm ‚schlechtes Portugiesisch' bescheinigt, das nur noch unterboten werde durch das des Ukrainers (56).

Dichter und Köchin stehen für die negative, neo-koloniale Züge aufweisende Sichtweise der meisten portugiesischen Figuren im Roman auf die brasilianischen Einwanderer.[52] Entsprechend ist die Wahrnehmung der Brasilianer: Sie fühlen sich gering geschätzt, abwertend behandelt, namen- und heimatlos: „[...] Nem nome temos, somos os *brasileiros*," – klagt ein Landsmann des Protagonisten – „E o que a gente é no Brasil? Nada também, somos os *outros*" (78). Das Anderssein sieht er als ausweglosiges Schicksal der Arbeiterschaft, die in Brasilien ohne Chance zum Aufstieg und materiellen Gewinn auf legalem Weg sei („[...] o trabalhador [...]

---

51   Eine Arroganz der Portugiesen als Nation, die in der Vergangenheit lebt und ihre Dichter als nationale Ikonen verehrt, wird in dieser Szene deutlich und später karnevalisiert, wenn es heißt, dass der hochgelobte Dichter, so der Informant des Protagonisten, von gefälschten Autogrammen gestorbener Schriftsteller lebe (52) und er später als leicht verwirrter Bettler ein Almosen vom Protagonisten erhält (80).

52   Rings (2016, 14f.) verweist, wie weitere namhafte Postkolonialismusforscher, auf die Fortexistenz binärer neo-kolonialer Strukturen und Denkmuster auch nach Unabhängigkeit und Dekolonisierung, warnt gleichzeitig aber davor, die komplexen Zustände in einer globalisierten Welt zu vereinfachen und nur auf homogene, neo-koloniale Phänomene zurückzuführen.

este morre à-míngua"; 78). Migration ergibt sich quasi zwingend aufgrund dieser Chancenlosigkeit, was eine sehr kritische Sicht auf die Situation in Brasilien darstellt (ebd.) und deutlich macht, warum sich Europa überhaupt zur Projektionsfläche entwickeln kann. Deutlich wird, wie verschiedene Kategorien als Ausgrenzungsmechanismen greifen: ethnisch, national, sprachlich, sozial. Lissabon wird zu dem Ort, an dem sich Sprachen bzw. sprachliche Besonderheiten des Portugiesischen, Gewaltgeschichte und hegemoniale Aneignung und Ausgrenzung kreuzen und auf einer individuellen Ebene auf die auf politischer Ebene propagierte „comunidade dos países de língua portuguesa" verweisen und als Leerstelle markieren. Eine Gemeinschaft findet sich – im Roman – höchstens in der Solidarität der Armen, der am sozialen Rand der Gesellschaft lebenden männlichen Migranten aus dem lusophonen Raum, die den Protagonisten in seiner Notlage unterstützen (58).

Die im Roman zum Ausdruck gebrachte – skeptische, belustigte oder gar abwertende – Haltung der portugiesischen Figuren gegenüber der Sprache „der" Brasilianer scheint sich im Paratext, in der Rahmung des Textes auf der Schwelle zwischen Fiktion und Lebenswelt, fortzusetzen. Oder wie sollte sich die Abänderung des Titels – auf dem Cover der Originalausgabe des brasilianischen Verlags Companhia das Letras von 2009 das brasilianisch umgangssprachliche „Estive em Lisboa e *lembrei de você*" (Abb. 1, Hervorhebung der Verfasserin), ohne Reflexivpronomen und mit der dritten Person Singular des betonten Personalpronomens, in die ‚korrekte(re)'? Form mit enklitischem Reflexivpronomen und dem in Portugal üblichen betonten Personalpronomen der zweiten Person in der Ausgabe des portugiesischen Verlags Quetzal Editores 2010 (Abb. 2) – deuten lassen, wenn nicht als neo-koloniale Aneignung von Differenz, als Missachtung einer anderen sprachlichen, in Amerika herausgebildeten Praxis, für die wohl Marketinggründe ausschlaggebend waren? Fest steht, dass die sprachliche, bereits auf dem Originalcover sichtbare, auf Mündlichkeit verweisende ‚Fremdheit' getilgt, eine spezifisch ‚brasilianische' bzw. brasilianisch regionale Identität unsichtbar gemacht wird.[53] Wer in der Gruppe der *Lusofonia*, der politisch propagierten und geförderten ‚Gemeinschaft portugiesischsprachiger Länder' den Ton angibt, scheint zumindest hier – unfreiwillig –? offensichtlich.

---

53 An dieser Stelle danke ich Cláudia Nogueira-Brieger herzlich für ihre Kommentare zu dieser Passage.

Abb. 1: http://www.companhiadasletras.com.br/detalhe.php?codigo=12862, Zugriff: 12.02.2017

Abb. 2: http://quetzal.blogs.sapo.pt/203100.html, Zugriff: 12.02.2017

Fassen wir zusammen:

Der Roman zeigt die Schattenseiten von Migration bei denjenigen, die, da nicht international ausgebildet, den Ansprüchen eines globalisierten Marktes nicht gerecht werden und in einem härter werdenden Verteilungskampf um Arbeitsplätze und Ressourcen zurückbleiben. Sprache wird im Roman als Faktor herausgestellt, der über Zugang, Aufstieg und Erfolg (in einem auf Assimilation beruhenden Modell) entscheidet. Über die Muttersprache wie auch über Fremdsprachen, über Dialekt und Soziolekt wird die Zugehörigkeit zu einer Gruppe (etwa der der Weltläufigen, die den Herausforderungen der Globalisierung auch sprachlich gewachsen sind) oder eben das Gegenteil, die Nicht-Zugehörigkeit, markiert. Zugleich kann Sprache als Kriterium für Differenzen, Abwertungen und Exklusionen benutzt werden. Dies erfolgt im Roman in expliziter Herausstellung einer als Norm gesetzten ‚Hochsprache', dem Portugiesischen des (europäischen) Zentrums, das der zum Teil als ‚minderwertig(er)' charakterisierten Sprache der lusophonen Peripherie entgegengesetzt, gleichzeitig in der Figur des portugiesischen ‚Dichters' auch karnevalisiert wird. Es geht also weniger um sprachliches Unverständnis und Nicht-Verstehen als vielmehr um Hierarchisierung, Normierung und Abwertung des Anderen von Seiten der portugiesischen Akteure in einem hegemonialen, neokolonialen Duktus. Die oft vom offiziellen Portugal evozierte und kontrovers diskutierte *ethnoscape*, die *imagined community* einer einenden Lusophonie, propagiert als Verhältnis auf Augenhöhe oder Gleichberechtigung aller Partner, wird im Roman auf Figuren- wie auch auf paratextueller Ebene unterlaufen und in Frage gestellt. Ebenso wird die Verwirklichung eines ‚europäischen Traums' auf unabsehbare Zeit aufgeschoben.

Bibliographie
Primärliteratur
RUFFATO, Luiz. 2001. *Eles eram muitos cavalos*. Rio de Janeiro et al.: Editora Record.
RUFFATO, Luiz. 2005. *Mamma, son tanto felice (Inferno provisório, I)*. Rio de Janeiro et al.: Editora Record.
RUFFATO, Luiz. 2005. *O mundo inimigo (Inferno provisório, II)*. Rio de Janeiro et al.: Editora Record.
RUFFATO, Luiz. ²2011 [2006]. *Vista parcial da noite (Inferno provisório, III)*. Rio de Janeiro et al.: Editora Record.
RUFFATO, Luiz. 2009. *Estive em Lisboa e lembrei de você*. São Paulo: Companhia das Letras.
RUFFATO, Luiz. 2010. *Estive em Lisboa e lembrei-me de ti*. Lisboa: Quetzal Editores.
RUFFATO, Luiz. 2013. Rede zur Eröffnung der Frankfurter Buchmesse. http://faustkultur.de/1456-0-Festrede-von-Luiz-Ruffato.html, Zugriff: 06.03.2016
RUFFATO, Luiz. 2014. „Wir waren immer gewalttätig", in: *Der Spiegel 20*, 12.5.2014, 77–79.

Filmographie
Estive em Lisboa e lembrei de você. 2015. Regie: José Barahona, Prod.: Refinaria Produções (Brasilien), David & Golias (Portugal), Mutuca Filmes (Brasilien).

Sekundärliteratur
ADAMS, James Truslow. 2012 (1931). *The Epic of America* With a new introduction by Howard Schneiderman. New Brunswick / London: Transaction Publishers.
ANDERSON, Benedict. 1983. *Imagined Communities: Reflections on the Origin and Spread of Nationalism*. London: Verso.
APPADURAI, Arjun. 1996. *Modernity at Large – Cultural Dimensions of Globalization*. Minneapolis (et al.): University of Minnesota Press.
APPADURAI, Arjun. ⁴2012. „Disjuncture and Difference in the Global Cultural Economy", in: Lechner, Frank & Boli, John. edd. *The Globalization Reader*. Chichester: Wiley & Sons, 94–104.
AYUSO, Anna. ed. 2009. *Migración en el contexto de las relaciones entre la Unión Europea-América Latina y el Caribe*. Brüssel: European Parliament. http://www.europarl.europa.eu/intcoop/eurolat/working_group_migration/meetings/27_28_01_2010_brussels/dossier/study_migration_es.pdf, Zugriff: 23.10.2014.
BACHMANN-MEDICK, Doris. 2016. „The Postcolonial Turn", in: dies.: *Cultural Turns: New Orientations in the Study of Culture*. English translation by Adam Blauhut after a completely revised and updated German edition. Berlin: De Gruyter, 131–173.

BECKER, Luzia Costa. 2015. "Globalização – migração – lusofonia: Novas dimensões na construção da alteridade", in: Schmuck, Lydia & Corrêa, Marina. edd. *Europa im Spiegel von Migration und Exil / Europa no contexto de migração e exílio. Projektionen – Imaginationen – Hybride Identitäten / Projecções – Imaginações – Identitdades híbridas*. Berlin: Frank & Timme, 203–235.
BOLLE, Willi. 2009. "Die luziferische Funktion der Sprache. Über Vilém Flusser und João Guimaraes Rosa", in: Klengel, Susanne & Siever, Holger. edd. *Das Dritte Ufer. Vilém Flusser und Brasilien*. Würzburg: Königshausen & Neumann, 63–79.
BOSSHARD, Marco Thomas & GELZ, Andreas. edd. 2015. *Return Migration in Romance Cultures*. Freiburg im Breisgau / Berlin: Rombach.
BOZDAG, Cigdem. 2013. "Migration, Diaspora und Medien", in: dies. *Aneignung von Diasporawebsites. Eine medienethnografische Untersuchung in der marokkanischen und türkischen Diaspora*. Wiesbaden: Verlag für Sozialwissenschaften, 25–68.
BUTTERWEGGE, Christoph & HENTGES, Gudrun. edd. 2006. *Massenmedien, Migration und Integration. Herausforderungen für Journalismus und politische Bildung*. Wiesbaden: Verlag für Sozialwissenschaften.
CANO LINARES, María de los Ángeles. 2012. ed. *Migraciones internacionales en el espacio iberoamericano del siglo XXI*. Madrid: Dykinson.
CATTARULLA, Camilla. 2012. "Migraciones a Argentina: Interdisciplinariedad y multidisciplinariedad de la crítica literaria en Italia (1975–2010)", in: González Martínez, Elda Evangelina & Merino Hernando, María Asunción. edd. *De ida, vuelta y doble vuelta: Nuevas perspectivas sobre emigrantes, inmigrantes y retornados en España y América*. Madrid: Polifemo, 265–292.
CATTARULLA, Camilla. 2013. "L'Italia in Argentina: un'avventura identitaria tra integrazioni e conflitti", in: *Mondi Migranti. Rivista di studi e ricerche sulle migrazioni internazionali*, 1, 235–250.
CÓRDOVA ALCARAZ, Rodolfo. 2012. *Rutinas y dinámicas migratorias entre los países de América Latina y el Caribe (ALC), y entre ALC y la Unión Europea*. Brüssel: Organización Internacional para las Migraciones (OIM). http://publications.iom.int/bookstore/free/ Rutas_ Migratorias_Final.pdf, Zugriff: 27.05.2015.
CORRÊA, Marina. 2013. "Narrative Dynamik in Luiz Ruffatos *Eles eram muitos cavalos*: Verdichtung und Fragmentierung im neuen brasilianischen Großstadtroman", in: Klengel, Susanne et al. edd. *Novas vozes. Zur brasilianischen Literatur im 21. Jahrhundert*. Frankfurt am M. / Madrid: Vervuert / Iberoamericana, 165–184.
CORRÊA, Marina. 2016. "Wie ein Vogel in der Falle" (Rezension von L. Ruffato, Ich war in Lissabon und dachte an dich). http://diepresse.com/home/spectrum/literatur/ 4925033/ print.do, Zugriff: 03.03.2016.
DA COSTA TOSCANA, Ana María. 2012. "El inmigrante en la literatura argentina", in: González Martínez, Elda & Merino Hernando, Asunción. edd. *De ida, vuelta y doble vuelta: Nuevas perspectivas sobre emigrantes, inmigrantes y retornados en España y América*. Madrid: Polifemo, 293–305.
DOLLE, Verena. 2007. "Amerika als Ort der Freiheit? Die Eroberung Mexikos als Erinnerungsort in *Captain from Castile* (USA, 1947)", in: Fendler, Ute & Wehrheim, Monika. edd. *Entdeckung, Eroberung, Inszenierung: Filmische Versionen der Kolonialgeschichte Lateinamerikas und Afrikas*. München: Meidenbauer, 27–52.

DOLLE, Verena. ed. 2020. *¿Un 'sueño europeo'? Europa como destino anhelado de migración en la creación cultural latinoamericana (2001-2015)*. Madrid / Frankfurt am M.: Iberoamericana / Vervuert.

FERNANDES, Cláudia. 2015. „A máscara europeia do emigrante português: Política e memoría", in: Schmuck, Lydia & Corrêa, Marina. edd. *Europa im Spiegel von Migration und Exil / Europa no contexto de migração e exílio. Projektionen – Imaginationen – Hybride Identitäten / Projecções – Imaginações – Identitdades híbridas*. Berlin: Frank & Timme, 153–170.

FLUSSER, Vilém. 1994. „Wohnung beziehen in der Heimatlosigkeit", in: ders. *Von der Freiheit des Migranten. Einsprüche gegen den Nationalismus*. Bensheim: Bollmann, 15–30.

FROSCH, Friedrich. 2013. „Eine Polyphonie mit ungewisser Route", in: Klengel, Susanne et al. edd. *Novas Vozes*. Frankfurt am M. / Madrid: Vervuert / Iberoamericana, 23–53.

HANSON, Sandra & WHITE, John. edd. 2011. *The American Dream in the 21st Century*. Philadelphia: Temple UP.

HARRISON, Márguerite Itamar. 2007. *Uma cidade em camadas: ensaios sobre o romance Eles eram muitos cavalos de Luiz Ruffato*. Vinhedo, SP: Editora Horizonte.

HEPP, Andreas & BOZDAG, Cigdem & SUNA, Laura. 2011. *Mediale Migranten. Mediatisierung und die kommunikative Vernetzung der Diaspora*. Wiesbaden: Verlag für Sozialwissenschaften.

KLENGEL, Susanne et al. edd. 2013. *Novas Vozes. Zur brasilianischen Literatur im 21. Jahrhundert*. Frankfurt am M. / Madrid: Vervuert / Iberoamericana.

MAHLER, Andreas. 1999. „Stadttexte – Textstädte: Formen und Funktionen diskursiver Stadtkonstitution", in: ders. ed. *Stadt-Bilder: Allegorie, Mimesis, Imagination*. Heidelberg: Winter, 11–36.

MORA ORDÓÑEZ, Edith. 2012. „Del sueño americano a la utopía desmoronada: cuatro novelas sobre la inmigración de México a Estados Unidos", in: *Latinoamérica. Revista de Estudios Latinoamericanos* 54, 269–295.

RINGS, Guido. 2016. *The Other in Contemporary Migrant Cinema. Imagining a New Europe?* New York / London: Routledge.

RIVERA SÁNCHEZ, Liliana. 2011. „¿Quiénes son los retornados? Apuntes sobre el migrante retornado en el México contemporáneo", in: Feldman-Bianco, Bela & Rivera Sánchez, Liliana et al. edd. *La construcción social del sujeto migrante en América Latina: Prácticas, representaciones y categorías*. Buenos Aires / Quito: CLACSO / FLACSO, 309–338.

ROTH, Wolfgang. 1994. „Kulturelle Identität", in: Briesemeister, Dietrich et al. edd. *Brasilien heute. Politik – Wirtschaft – Kultur*. Frankfurt a.M.: Vervuert, 449–463.

SCHNICKE, David. 2010. „Introduction", in: ders. ed. *E Pluribus Unum. The American Dream in Contemporary Hollywood Movies and Barack Obama's Presidential Campaign*. Marburg: Tectum Verlag, 5–21.

SCHURR, Carolin & STOLZ, Miriam. 2010. „„Bienvenid@s a casa' – Return Schemes and the Remigration Process of Ecuadorian Female Migrants", in: *Iberoamericana* 10 / 39, 55–76.

STELZIG, Sabine. 2008. Länderprofil Brasilien, http://focus-migration.hwwi.de/typo3_uplo ad/groups/3/focus_Migration_Publikationen/Laenderprofile/LP_15_brasilien.pdf, Zugriff: 09.03.2016.

VILLA MARTÍNEZ, Marta Inés. 2011. „Desplazados y refugiados: Entre ser, merecer y ocultar su situación. A propósito de la migración forzada de colombianos en Colombia, Ecuador y Canadá", in: Feldman-Bianco, Bela et al. edd. *La construcción social del sujeto migrante en América Latina: Prácticas, representaciones y categorías*. Buenos Aires / Quito: CLACSO / FLACSO, 339–366.

WAMBA GAVIÑA, Graciela. 2010. „Frankreich, Italien und andere europäische Länder in der neuesten argentinischen Literatur", in: Kailuweit, Rolf et al. edd. *Migration und Transkription – Frankreich, Europa, Lateinamerika*. Berlin: Berliner Wissenschafts-Verlag, 179–190.

YÉPEZ DEL CASTILLO, Isabel & HERRERA, Gioconda. edd. 2007. *Nuevas migraciones latino-americanas a Europa. Balances y desafíos*. Quito: FLACSO Ecuador (et al.).

Portugueses no negativo: Antiportuguesismo

Cláudia Fernandes (Viena)

A abordagem da cultura em negativo prende-se numa metáfora do âmbito da fotografia. No negativo fotográfico, as imagens são mostradas em cores opostas ao original, resultando em contornos diferentes, que não deixam de descrever o mesmo objeto. A aplicação desta metáfora em aspetos culturais revela-se com a polarização da realidade, das situações e dos factos entre positivo e negativo. Não se tratando apenas de uma questão cromática, esta dicotomia adquire uma componente valorativa normalmente associada aos termos positivo e negativo. Com efeito, se o discurso polarizado entre positivo e negativo for aplicado a questões culturais que correlacionam duas realidades, 'eu' e o 'outro', é fácil deduzir como a correspondência se processará: o 'eu' primará pelo lado positivo e o 'outro' terá de se conformar como o lado negativo. Nesta articulação, o contraste da avaliação bom / mau está igualmente implícito.

A descrição de antiportuguesismo surge enquadrada num projeto[54] de grande envergadura que pretende descrever a cultura portuguesa pelo seu lado negativo, ou seja, como é que a cultura portuguesa também se formou tendo como base uma perceção negativa, recorrendo sempre a um 'outro', que se opunha ao 'eu' (i.e., Portugal e / ou os portugueses). A ideia de assumir a existência de um 'outro' unificador do 'eu' não é exclusivamente portuguesa, nem algo que tenha ficado preso numa ruga de memória. A história internacional recente comprova que a identificação de um inimigo comum serve para promover a unidade do 'eu', que se faz valer de uma base identitária conjunta, que se distingue do tal 'outro', o inimigo, promovendo assim a sua própria identidade. Com efeito, basta recordar os diferentes conflitos no Médio Oriente nas últimas décadas para entender que o 'discurso anti' continua bastante atual. A título de exemplo, recorde-se o 11 de Setembro de 2001 ou mais recentemente o atentado ao Charlie Hebdo, de onde

---

54 FRANCO, José Eduardo. dir. 2018. *Dicionário dos ANTIS: A Cultura Portuguesa em Negativo*. Lisboa: Imprensa Nacional Casa da Moeda.

surgiu um discurso antiterrorismo, que no seu reverso acabou por provocar também um sentimento anti-islâmico. No entanto, se formos ao baú da memória da História de Portugal, apercebemo-nos que o discurso anti foi muito veiculado desde a fundação de Portugal, por exemplo, na modalidade 'anti Leão e Castela' e, logo a seguir, na conquista do território que veio a ser Portugal, a modalidade 'antimouros'. Tal como em Portugal se cultivou a prática da identificação de um (pseudo) inimigo comum para a manutenção de uma unidade nacional, também Portugal pode ter sido associado a esse mesmo inimigo de um ponto de vista estrangeiro. Consequentemente, numa aceção histórica, não seria muito complicado descrever esta situação como antiportuguesismo, ou seja, alguém que tomasse Portugal e os portugueses como seu inimigo. Todavia, o antiportuguesismo pode ser igualmente descrito numa perspetiva interna, tendo essa versão um toque quase esquizofrénico, pois aí o 'outro' e o 'eu' constituem a mesma entidade. É precisamente a ambivalência da temática do antiportuguesismo que se procura dissecar neste artigo, reconhecendo diferentes abordagens, observando a proveniência das críticas e tentando justificar tais posturas.

Em termos gerais, o antiportuguesismo consiste numa forma específica de antipatriotismo dirigida a Portugal, em que se critica os hábitos, costumes, valores, maneiras de ser e formas de estar e de sentir de quem é português. Como referido, esta crítica pode ser enunciada tanto externamente como internamente. No caso português, as críticas externas tinham como emissores: os vizinhos geográficos, as antigas colónias e estrangeiros em geral que viveram ou passaram por Portugal. As críticas internas, por seu lado, podem pôr em jogo e em confronto várias vertentes de Portugal e dos portugueses: portugueses vs. portugueses, o lado sombrio dos portugueses e portugueses vs. Portugal. Para ilustrar estas duas perspetivas e antes de procedermos a um enquadramento mais aprofundado, observemos estes dois cartazes:

Figura 1: Anúncio da Pepsi 2015[55]   Figura 2: Cartoon do início do século XX[56]

O primeiro cartaz (figura 1) consiste num cartaz publicitário da Pepsi que foi lançado em Novembro de 2013. Nesse mês jogavam-se os *play-offs* que elegeriam os últimos participantes para o Mundial de Futebol no Brasil no ano seguinte. O sorteio ditou que Portugal jogasse esse *play-off* com a Suécia. Na primeira mão, Portugal ganhou com um golo de Cristiano Ronaldo, nos minutos finais do jogo. Este cartaz, que pertence a uma série de três com conteúdo semelhante, surge na semana de intervalo entre as duas mãos do *play-off*. Sem Cristiano Ronaldo, o segundo jogo seria talvez mais fácil para os suecos e, numa campanha infeliz, a Pepsi dá corpo a esse sentimento hostil e amordaça o boneco representando o jogador português, colocando-o numa linha do comboio. Eis assim, um exemplo da versão externa de antiportuguesismo: a crítica, a troça e o rebaixamento por parte de entidades estrangeiras de uma entidade nacional, que na verdade, representa Portugal.

No segundo cartaz (figura 2), eis um *cartoon* do início do século XX, que opõe ideologias políticas distintas: monarquia e república em que os monárquicos,

---

55   Imagem retirada de http://www.businessinsider.com/pepsi-apologizes-for-ronaldo-voodoo-ads-2013-11?IR=T (consultado em 28.04.2016)
56   Medina, João (dir.), 1994. *História de Portugal*, vol. X. Alfragide: Ed. Ediclube. *apud* http://memoriasimagens.blogspot.co.at/2012/10/a-bandeira-republicana.html (consultado em 28.04.2016)

representados por Guerra Junqueiro, se apresentam como estandartes da tradição portuguesa, enquanto os republicanos, personificados em Teófilo de Braga, seriam os revolucionários. Nessa altura, a monarquia estava muito fragilizada e as ideias republicanas iam ganhando cada vez mais terreno entre uma população insatisfeita. Nesta medida, observamos a vertente de antiportuguesismo interno, ambas as partes querem o melhor para Portugal e para os portugueses acusando os outros de não o querer, por ter uma perspetiva diferente da sua.

Como já apontado, o antiportuguesismo externo tem três fontes: a vizinhança, as antigas colónias e os estrangeiros, sobre os quais se reflete de seguida. A vizinhança é um frequente motivo de conflitos e mesmo que Portugal se limite a partilhar fronteiras com um único país, Espanha, a animosidade decorrente da proximidade vem de longe. Já na altura da fundação de Portugal se sentiam rivalidades e desconfianças entre os vários reinos ibéricos, não sendo de estranhar que em crónicas dos reis de Castela se teçam observações desprimorosas ao rei de Portugal. A proximidade, semelhança e mesmo a concorrência entre Portugal e Espanha eram motivos suficientes para que do lado de lá da fronteira se se cultivasse o antiportuguesismo e do lado de cá ainda hoje persista o ditado popular "De Espanha nem bom vento nem bom casamento".

A segunda vertente do antiportuguesismo externo surge a partir das antigas colónias portuguesas, numas mais do que em outras, podendo ostentar a imagem de anti-imperialismo ou anticolonialismo. Portugal foi a última potência colonial europeia a dar a independência às suas colónias ou províncias ultramarinas, como então se chamavam. A Guerra Colonial ou Guerra do Ultramar (1961-1974) será com certeza o sinal mais gritante de que na África portuguesa havia muita gente que nutria sentimentos negativos pelos portugueses. A versão oficial do Estado Novo de que Portugal era um país único e pluricontinental não tinha eco em África, cujos países reclamavam a sua independência e autodeterminação e perante a recusa da metrópole foram cultivando o antiportuguesismo. Portugal e os portugueses encarnavam a degradação e a exploração do sistema colonial. Já século e meio antes, no Brasil o antiportuguesismo já se tinha feito sentir, o 'Grito de Ipiranga' de D. Pedro mostra a sua necessidade de se desvincular de Portugal. As críticas apontadas a Portugal continuam presentes na atualidade brasileira, sendo que Portugal é visto como a 'terrinha' e os portugueses como umas personagens caricaturáveis, protagonistas de anedotas que os ridicularizam. Por outro lado, há vozes no Brasil que difundiram a ideia de que se o Brasil tivesse sido colonizado por holandeses, seria hoje um país muito melhor, sendo óbvia a crítica às políticas administrativas e decisões governamentais portuguesas.

A terceira fonte de antiportuguesismo externo reporta-se aos estrangeiros que viveram ou passaram por Portugal. Talvez esta modalidade faça mais sentido nos séculos passados do que atualmente, mesmo assim, ainda se verificam alguns resquícios dessas críticas e opiniões desfavoráveis. Viajantes estrangeiros no século XVIII censuravam alguns hábitos nacionais – alguns deles ainda patentes hoje em dia – como a falta de planeamento a longo prazo que era preterido mediante decisões imediatas e irrefletidas, a falta de limpeza das ruas, o excesso de formalismo oco. Por exemplo, Hatton cita o relato de um tutor real flamengo do século XVI que dizia: "Em Portugal, somos todos nobres e ter qualquer tipo de trabalho é visto com desdém" (Hatton 2011, 75). Esta prática atualizou-se com o passar dos séculos, se considerarmos os títulos académicos como um possível equivalente dos títulos nobiliárquicos e lembrarmo-nos do país dos 'Doutores e Engenheiros'. Por outro lado, o trabalho físico e mais braçal continua a ser considerado como menor (confira-se o número de alunos que frequentam escolas técnicas e os que frequentam a escola secundária com o intuito de prosseguir estudos universitários) e perpetuado em expressões histórico-culturais como 'trabalhar como um mouro / negro / galego'.

O antiportuguesismo externo não é de todo surpreendente, pois a proximidade, a hierarquia e a diferença são motivos suficientes para uma postura mais crítica. No entanto, quando Portugal é o denominador comum às demais partes em confronto, o sentimento de antiportuguesismo pode já causar alguma estranheza, uma vez que o discurso anti implica um 'eu' diferente de um 'outro', todavia nesta abordagem estas duas entidades coincidem. Mesmo que o emissor e o destinatário da crítica sejam o mesmo, o antiportuguesismo interno consiste numa autocrítica: os portugueses criticam-se a si mesmos e ao seu país. Porém, esta crítica não é construtiva, não tem como objetivo melhorar o que quer que seja, nem serve de processo de reflexão. Ela visa, pelo contrário, escarnecer, ridicularizar e muitas vezes humilhar um alvo do qual o próprio emissor faz parte, mas do qual se distancia. A agilidade portuguesa na arte de crítica e na autocrítica é bastante frequente, mas esta destreza não implica ter poder de encaixe, ou seja, se a crítica for emitida por portugueses há como a esgrimir, mas entoada por vozes estrangeiras, a crítica é automaticamente transformada num ultraje do qual é necessário se defender. Tal como na vertente externa, também se identificaram três abordagens distintas no âmbito do antiportuguesismo interno.

No primeiro nível, encontramos portugueses vs. portugueses, nessa medida para os distinguir, designemo-los de bons portugueses vs. maus portugueses. Nesta dimensão, os bons portugueses consideram-se melhores portugueses do que os outros (os maus), pois são aqueles, os bons, que querem o melhor para Portugal. A relatividade de quem é bom ou mau só depende do lado de que se observa esta batalha. O 'outro' é que é o mau porque o 'eu' é o bom! O argumento é simples e até infantil, mas pode resumir muitas das querelas que tiveram lugar em Portugal, basta pensar em conflitos civis que opuseram absolutistas a liberais ou monárquicos a republicanos. Em termos históricos, esta dicotomia não é exclusivamente portuguesa, uma vez que por todo o lado há conflitos civis onde uns se acham mais do que os outros. No entanto, também a literatura ajuda a suportar a tese de uns portugueses se arrogarem criticar outros – sem que haja uma intensão construtiva – critica-se pela sátira e pelo desprestígio. Em plena Idade Média, Gil Vicente concebia personagens igualmente criticáveis para as suas peças de teatro, ilustrando a sociedade da época. Uns séculos depois, Eça de Queirós consubstancia a voz crítica que tinha como alvo praticamente todos os sectores da sociedade lisboeta do final do século XIX. Mesmo no século XX, Fernando Pessoa critica os portugueses de passividade e falta de individualismo, [o português] "está sempre à espera dos outros para tudo" (apud Lourenço 2000, 109).

O segundo nível de antiportuguesismo interno situa-se literalmente dentro dos portugueses. Trata-se de uma radiografia onde se deteta um pólo negativo existente em todos os portugueses e que se apresenta como um lado sombrio, algo taciturno, que obscurece a sua forma de pensar, que anestesia a sua maneira de agir e entristece o seu modo de ser. Este pólo negativo pode até parecer inexistente em muita gente, mas é especialmente em situações críticas que ele se manifesta. A origem do lado sombrio radica na insegurança latente e causa medo, que por sua vez tem como consequência a desconfiança. Esta figura geométrica articulada entre os vértices insegurança, medo e desconfiança cria uma barreira mental difícil de ultrapassar, pois este círculo vicioso acaba por ganhar vida própria, controlar o indivíduo e facultar-lhe uma baixa auto-estima. A desacreditação crónica que deprecia e diminui os próprios propicia a impressão de que nunca estão à altura do que quer que seja, como que se estivessem sempre aquém do que lhes é pedido. O medo turva a perceção da realidade e sobrepõe-se à coragem (pólo positivo). Assim, o espírito derrotista torna-se dominador e implacável quando se pensa que os outros são sempre melhores. As grandes façanhas e os heróis da História de Portugal esmagam qualquer português comum pela sua envergadura, daí a comparação ser inglória e acima de tudo disparatada, pois destapa um sentimento de impotência. O engrandecimento do passado não se compadece com a dureza do presente. O paralelo desmesurado e doloroso com os 'heróis do mar', com a 'nação valente e imortal', com o 'esplendor de Portugal' do hino nacional é descabido e só pode resultar em frustração. Esta frustração, associada a incerteza e fragilidade são conjugadas em queixumes constantes e revelam um descontentamento contínuo que é expresso por conformismo e passividade. O psicanalista António Coimbra de Matos[57] diz que "somos um país de medrosos" e explica que:

> Os homens iam para a guerra, iam para as colónias, para os descobrimentos, e os filhos ficavam com as mães. Nas famílias em que o pai está ausente, isso cria uma menor agressividade, fica-se mais passivo.[58]

A ideia de ausência paterna poderá justificar a passividade imanente dos portugueses, mas ao levarmos essa ausência ao seu cúmulo, o abandono, obteremos uma possível causa da insegurança e medo que se acumulam à passividade mencionada. Houve vários momentos históricos em que Portugal se viu abandonado pela sua classe governante, quando ficou à sua própria mercê ou, pior ainda, sujeito a uma ameaça externa, a título de exemplo, o desaparecimento de D. Sebastião ou a fuga de D. João VI para o Brasil. Seja pela irresponsabilidade de ir para Alcácer-Quibir com um exército mal preparado de mercenários, seja pela transferência estratégica da capital do reino, da família real e toda a corte para o Rio de Janeiro, os portugueses, os que ficaram em Portugal, sentiram-se abandonados, sentiram-se órfãos, viram que não tinham ninguém que olhasse por si e que lhes

---

57 Entrevista no jornal Público de 20.02.16: http://www.publico.pt/sociedade/noticia/-1723592, consultada em 21.02.16.
58 idem

valesse em caso de necessidade e por isso tiveram medo, retraíram-se e esperaram por um messias, por um salvador, por um D. Sebastião. O medo nestes termos não serviu de alerta, mas paralisou de tal forma que a única saída era um milagre. A vitimização do povo é notória no sentido em que não se sente obrigado a tomar uma posição, por não se sentir responsável pelo que lhe sucedeu, consequentemente conforma-se e queixa-se da sua sorte, esperando que as coisas melhorem nem que seja por intervenção divina. A ausência, o abandono e a orfandade sofrem um grande revés no Estado Novo, na medida em que Salazar resolve colmatar todas essas falhas governativas, marcando presença e apresentando-se como o pai de todos os portugueses. No entanto, um pai severo, regulador, vigilante e castigador. Com efeito, a imagem de ausência paterna dá lugar a uma imagem de pai controlador e omnipresente, mas o povo mantém o seu medo e as suas inseguranças. Se antes não tinha quem olhasse por si, agora receia ser apanhado em falso. Esta atitude paternalista não promoveu em nada a responsabilização do povo, mas sim o seu contrário. O carácter submisso, resignado e manipulável fomentou a desresponsabilização e até alguma inconsciência do que se passava.

> Os Portugueses estiveram ausentes de si mesmo [...], mas na maioria 'felizes' com essa ausência, durante as quatro décadas do que uma grande minoria chamava de 'fascismo', mas que era para um povo de longa tradição de passividade cívica apenas 'o governo legal' da Nação (Lourenço 2000, 48).

Neste contexto, expressões que aludem a este espírito obediente e sobretudo conformista enraizaram-se no discurso português até hoje, reflctindo a profundidade e ainda presença desta atitude perante a vida. O fado do 'tem de ser' porque 'é assim' continua a ser proferido por bocas portuguesas, enquadrado por um encolher de ombros. Nesta medida, o sentido de desresponsabilização e de desculpabilização mantêm-se, sendo preferível a lamúria a qualquer acto de coragem ou rebeldia que revertesse a situação. Uma atitude dessas seria incómoda e atrairia a atenção, o que faria o seu emissor evidenciar-se entre a multidão, o que não seria assim tão desejável. O 'parecer' domina o 'ser' em Portugal e o facto de algo 'parecer mal' acaba por ser muito mais danoso do que o facto de o ser realmente. As aparências valem e pesam bastante, sendo que o controlo e a possível condenação de pares consiste numa grande pena. Na verdade, assistimos a outra variante do medo. O medo passa também pela ameaça do que o outro pensa de si, do pavor do ridículo, do receio da avaliação, dos juízos alheios e da inveja: "Os portugueses não convivem entre si [...] espiam-se, controlam-se uns aos outros; não dialogam, disputam-se" (Lourenço 2000, 78). Esta comparação obsessiva retrai ainda mais os comportamentos, pois ninguém quer estar sujeito à opinião inquisitória do vizinho. A comparação em vez de servir de motor de melhoramento, cultiva e produz mais sentimentos negativos. A comparação tende a denegrir o objeto comparado, depreciando-o e desvalorizando-o, a comparação encontra-se assente e minado no "sistema de invejas" descrito por José Gil (2004, 82) que se entranhou na sociedade portuguesa. A inveja não se dirige apenas àquilo que o emissor vê no outro e gostaria de ter para si, mas também no sentido em que acha que o outro não é merecedor de tal bem. Daí à maledicência é um pulinho! Neste enquadramento, a importância do 'parecer bem', sem 'parecer demais', é fundamental, pois assim não se ativam invejas nem maus sentimentos alheios. As manifestações do lado negativo parecem superar o também existente lado positivo, em grande parte movidas por insegurança, medo e desconfiança, fazendo com que "quem por cá vive parece ser dominado por sentimentos depressivos" (Sousa 2014, 353). Este lado sombrio é ilustrado pela caricatura do Zé Povinho de Rafael Bordalo Pinheiro, que retrata precisamente o português carrancudo, resignado e tacanho. O antiportuguesismo revela-se neste nível em todas as expressões do medo aliado às suas respetivas causas e consequências, ou seja, todo o lado negativo que assombra e domina o lado positivo, corajoso e proativo dos portugueses.

Na última vertente do antiportuguesismo interno, apreciamos o confronto entre os portugueses e o país, isto é, verificamos que a população dirige as suas críticas a uma unidade abstrata que dá o nome de Portugal. Portugal não é personificável nos portugueses, que claramente se distanciam do território, e por isso não tem como se defender. Apesar de estranho este destrinçar entre os portugueses e Portugal, ele acaba por ser necessário para a atribuição de culpas dos primeiros ao segundo, ou seja, voltamos a assistir à desculpabilização e à desresponsabilização que já se manifestara em vertentes anteriores do antiportuguesismo. "Assim cresceu, de maneira desmesurada, um sentimento complexo, misto de ódio, ressentimento, desprezo, asco, indignação resignada contra o país" (Gil 2004, 80). Portugal é receptáculo de todas as críticas mas também é apontado como causador das maleitas pelas quais os portugueses sofrem. A especificação e delimitação do espaço, como se fosse uma entidade autónoma e diversa do sujeito, mostra a demarcação e em simultâneo a vitimização dos portugueses, que não têm como se livrar de um espaço que os deteriora. No "País Relativo" de Alexandre O'Neill (1965, 19), o poeta observa e ridiculariza essa postura "País onde qualquer palerma diz, / a afastar do busílis o nariz:/ – Não, não é para mim este país!". A demissão da sua própria responsabilidade é evidente quando o emissor desdenha desta forma do seu país. O país é o outro, Portugal são os outros, os maus e nunca a própria pessoa, nunca o 'eu'. O ressentimento não faz mover o suficiente para que se aja ou se reaja, mas alimenta o conformismo e a passividade indignada e resignada. Miguel Torga retratava os portugueses como um pacífico coletivo de pessoas revoltadas, revoltadas com o país que não as valoriza, mas cegas por não verem que Portugal se encontra do outro lado do espelho. O antiportuguesismo nesta vertente identifica Portugal, o país, como obstáculo de os portugueses singrarem. Nesta medida, o emigrante português bem-sucedido poderá servir de prova cabal: sem Portugal, os portugueses são corajosos, trabalhadores e proativos, como comprovam uma série de relatos de emigrantes de qualquer ciclo de emigração. Contudo, se Portugal se apresenta como problema enquanto unidade política, esta vertente irá facilmente resvalar à condenação de Portugal enquanto unidade autónoma e por consequência a promoção de um possível iberismo.

Ao longo destes parágrafos procurámos desconstruir em todas as vertentes possíveis e várias abordagens o antiportuguesismo, mostrando que tanto pode ser observado de uma forma expectável numa perspectiva externa, como pode ser igualmente abordado de um modo interno, sendo que as diferentes perspetivas radicam-se tanto em aspetos históricos e conjunturais da sociedade, mas também em práticas bastante enraizadas. No entanto, alguns dos aspetos descritos podem não ser exclusivos dos portugueses, podendo alguns dos argumentos enunciados ser adaptáveis a outros povos que se deparem com o seu próprio discurso anti. De qualquer forma, em avulso ou coordenadas as diferentes variantes do antiportuguesismo revelam um conflito que acompanha os portugueses e cuja resolução obriga a um profundo exercício crítico de consciencialização e de autoanálise. Tendo em conta essa constante da cultura portuguesa, até se poderá considerar o antiportuguesismo um traço da própria identidade nacional, sendo uma forma enviesada de sustentar o próprio portuguesismo.

Bibliografia

FERNANDES, Cláudia. 2018. "Antiportuguesismo", in: José Eduardo Franco (dir). *Dicionário dos ANTIS: A Cultura Portuguesa em Negativo*. Lisboa: Imprensa Nacional Casa da Moeda, vol. 2, 1496–1500.

FRANCO, José Eduardo. dir. 2018. *Dicionário dos ANTIS: A Cultura Portuguesa em Negativo*. Lisboa: Imprensa Nacional Casa da Moeda.

GIL, José. 2004 [2012]. *Portugal Hoje – O Medo de Existir*. Lisboa: Relógio d'Água Editores.

HATTON, Barry. 2011 [2013]. *Os Portugueses*. Lisboa: Clube do Autor.

LOURENÇO, Eduardo. 2000 [2013]. *Labirinto da Saudade*. Lisboa: Gradiva.

MAALOUF, Amin. 1998 [2013]. *Les Identités Meurtrières*. Paris: Edition Grasset & Fasquelle.

MATOS, António Coimbra. 2016. "Somos um país de medrosos" – Entrevista conduzida por Carlos Vaz Marques, in: *Público*, 21.02.2016.

MEDINA, João. 2006. *Portuguesismo(s) (Acerca da Identidade Nacional)*. Lisboa: Centro de História da Universidade de Lisboa.

O'NEILL, Alexandre. 1965 [1978]. *Feira Cabisbaixa*. Lisboa: Sá da Costa.

SANTOS, Piedade Braga et al. 1987 [1996]. *Lisboa Setecentista, Vista por Estrangeiros*. Lisboa: Livros Horizonte.

SOUSA, Victor. 2014. "O equívoco da Portugalidade", in: Baptista, Maria Manuel & Franco, José Eduardo & Cieszynska, Béaya. coord. *Europa das Nacionalidades – Imaginários, identidades e metamorfoses políticas*. Coimbra: Grácio Editor / Programa Doutoral em Estudos Culturais, 353–370.

O *infinitivo conxugado* galego: signo indexical e ato identitário

David Paul Gerards (Lípsia)

1. Introdução

Tanto o português como o galego conhecem o uso do chamado *infinitivo flexionado* (port., IF) ou *conxugado* (gal., IC), enquanto o espanhol somente dispõe dum infinitivo não flexionado:

(1) port. A disciplina é um requisito para ter / <u>teres</u> / que tenhas êxito.
(2) gal. A disciplina é un requisito para ter / <u>teres</u> / que teñas éxito.
(3) esp. La disciplina es un requisito para tener / *<u>teneres</u> / que tengas éxito.

Porém, as duas primeiras línguas – apesar de coincidir, em grande medida, no nível do sistema – mostram diferenças de norma[59] consideráveis. Globalmente, trata-se duma forma muito vital no caso do português, ao passo que o galego contemporâneo apresenta frequências muito variáveis em função do contexto extralinguístico. A língua coloquial caracteriza-se pela quase-ausência do IC, enquanto que este aparece, segundo alguns autores (p. ex. Kabatek 1997a), com frequências elevadas em contextos formais. A literatura cita como razão principal destas diferenças uma mudança de estatuto *diassistemático* do IC.

O objetivo desta contribuição é triplo. Após uma breve história do IC (cap. 2), primeiro, pretende comprovar empiricamente o uso elevado do IC em contextos formais. Segundo, visa analisar eventuais diferenças entre o uso dos galegos *autonomistas* e *reintegracionistas*[60]. Terceiro, pretende oferecer uma explicação

---

59 Compreendida no sentido coseriano da expressão (Coseriu 1952 [1962]).
60 Existem duas correntes ideológicas com posturas opostas relativamente ao estatuto do galego. A posição maioritária, a autonomista, representada sobretudo pelo *Instituto da Lingua Galega* e a *Real Academia Galega*, defende que o galego é uma língua própria, enquanto o reintegracionismo argumenta a favor da inclusão do galego no diassistema

mais profunda do porquê do uso formal do IC por ambas as correntes ideológicas[61], apoiando-se, sobretudo, no conceito da indexicalidade (Ochs 1992, Silverstein 2003) e na ideia de o uso do IC constituir um ato identitário. Com a finalidade de realizar os primeiros dois desses objetivos, analisar-se-á o uso do IF / IC num corpus de textos produzidos por filólogos e linguistas portugueses e galegos (cap. 3). Os resultados duma análise global (cap. 3.1) sustentarão as afirmações a respeito do uso elevado do IC em contextos formais, encontradas na literatura. Adicionalmente, mostrarão que os reintegracionistas apresentam frequências de uso superiores às dos autonomistas e também às dos investigadores portugueses. Uma análise dos dados de corpus mais fina, distinguindo entre diferentes contextos sintáticos, sugere que no uso dos dois grupos também se verificam diferenças neste nível (cap. 3.2). Finalmente (cap. 4), abordarei o terceiro objetivo. Ao basear-me em citações metalinguísticas, aprofundarei a ideia de que o IC dispõe duma indexicalização identitária mais além da sua marcação, em termos de registo, como diastrática e diafasicamente alta e explicarei, desde uma perspetiva externa dum linguista alemão, o seu uso frequente em textos científicos e as diferenças entre o uso autonomista e reintegracionista.

2. História (muito) abreviada do *infinitivo conxugado* galego

O IC deve considerar-se um fenómeno moribundo no galego coloquial da grande maioria dos falantes atuais[62] (mais acima e Gondar 1978, 21–26). É um recurso gramatical que "non é estrictamente obrigado en ningún caso" (Álvarez & Xove

---

     português. Ambas as posições são justificáveis e têm as suas raízes no processo da normalização do galego, iniciado nos anos setenta do século passado (Kabatek 1992).

61   Ao longo deste trabalho, o termo *ideologia / ideológico* empregar-se-á sempre sem qualquer tipo de conotação pejorativa. Portanto, o meu uso opõe-se decididamente à aceção negativa, já generalizada hoje em dia, mas que, na verdade, remonta a uma "campaña de destrucción discursiva" (Schlieben-Lange 2000: 32), levada a cabo por Napoleão Bonaparte "en contra de una corriente filosófica que defendía, por encima de todo, la libertad" (Kabatek 2015).

62   Veja-se também a seguinte citação de Gondar (1978, 155): "Sen dúbida ningunha, existe un bo número de galego-falantes que non coñecen este idiotismo no seu idiolecto particular". A título de nota pessoal: Eu ouvi o primeiro IC basiletal – fora dum âmbito culto e / ou académico – após dois anos de contato intenso com a Galiza.

2002, 307)[63]. Contudo, a sua baixa frequência de uso em registos coloquiais não é extrapolável à língua medieval, pois o emprego da forma aparenta ter coincidido, em grande medida, com aquele do português da mesma época (Gondar 1978, 156f.). Muito provavelmente, a progressiva perda começou a produzir-se a partir do final do século XIV, e sobretudo ao longo do XV, enquanto fenómeno de interferência negativa de coincidência com o espanhol (alem. *Überschneidungsinterferenz*, Kabatek 1997b), uma vez que esta segunda língua – que desconhece o IC (cf. (3)) – substituiu o galego como língua de prestígio na Galiza (Monteagudo 1999, 127–135). Foi só na segunda metade do século XX, com o processo da normalização do galego iniciado nos anos setenta, que surgiu um interesse (benévolo) pelo IC. Pela vontade das forças normalizadoras de recuperar um galego 'puro' que fizesse justiça ao seu passado, o IC entrou nas *Normas Ortográficas e Morfolóxicas do Idioma Galego*, elaboradas em 1982 pelo *Instituto da Lingua Galega* e a *Real Academia Galega*. Desta maneira, por uma decisão política, uma forma inicialmente caraterística de todo o âmbito galego-português, mas quase perdida na Galiza moderna, passou de ser um fenómeno dialetal e diastrática / diafasicamente baixo a ser uma forma prestigiosa, caraterística de contextos formais e de distância[64] (Kabatek 1997a, para uma visão geral e alguns detalhes, e Koch & Oesterreicher 1985, para a noção de contextos de distância). Esta mudança será tratada de maneira mais pormenorizada no capítulo 4.

No que segue, apresentarei a análise quantitativa e qualitativa do corpus.

3. O uso do IF / IC num corpus de textos científicos

Como já foi dito, os primeiros dois objetivos deste trabalho são o de comprovar empiricamente o uso elevado do IC em contextos formais e a investigação de eventuais diferenças entre o uso autonomista e reintegracionista. Com esta finalidade, apresentarei os resultados globais (cap. 3.1) e alguns resultados em função do contexto sintático (cap. 3.2) duma pesquisa efetuada num corpus constituído

---

63 Embora haja contextos que fazem com que aumentem as probabilidades de uso: 1. sujeito do SV ≠ sujeito do IC, 2. no caso sujeito do SV = sujeito do IC: anteposição do IC e 3. com posposição do IC: distância grande entre SV e IC (*ibd.*).

64 Como é o caso da tradição discursiva do artigo científico investigada no capítulo 3.

por artigos científicos galegos, escritos por dezasseis linguistas / filólogos diferentes[65]. Entre estas pessoas figuram oito autonomistas e oito reintegracionistas (cf. nota n°2)[66]. Além disso, foi efetuada uma subdivisão adicional no interior destes dois grupos ideológicos. Os oito autonomistas pertencem ou à *Real Academia Galega* (n=4, grupo *RAG*) ou ao *Instituto da Lingua Galega* (n=4, grupo *ILG*) e utilizam as normas ortográficas estabelecidas pela *Real Academia Galega*. Quanto aos reintegracionistas, quatro deles (pertencentes à *AGAL* / *AGLP*[67] / *Universidade da Corunha*) fazem parte dum subgrupo que emprega as normas ortográficas reintegracionista ou portuguesa (*reintegracionistas₁*). Os restantes quatro (*reintegracionistas₂*), pelo contrário, usam as normas ortográficas da *Real Academia Galega*, embora partilhem muitas das ideias fundamentais dos *reintegracionistas₁*. Os resultados da análise deste corpus (1502 ocorrências de IC[68]) serão contrastados com os dum corpus de controlo português (português europeu, 100.279 *tokens*, 105 IF)[69]. No quadro seguinte resumem-se as caraterísticas dos dois corpora e o número de *tokens* correspondentes:

---

65   O tamanho do corpus é de 704.829 *tokens*. Portanto, a média de *tokens* por pessoa é de 44.052. Contudo, e por razões puramente práticas, o número real varia entre 26.980 e 51.725.
66   Apesar de este trabalho não pretender emitir julgamento de valor algum a respeito dos usos linguísticos das pessoas investigadas, sou perfeitamente consciente do risco de que pode ser instrumentalizado neste sentido. Por isso, decidi não revelar a identidade das pessoas cuja produção linguística foi investigada.
67   *Associaçom Galega da Língua* e *Associação Galega da Língua Portuguesa* (para mais detalhes, também a respeito das diferentes normas ortográficas, veja-se Kabatek 1992).
68   Somente registei a segunda pessoa do singular e as três pessoas do plural, já que as formas da primeira e terceira pessoa do singular, por não dispor de morfema de pessoa e número explícito (*para eu fazer-ø* / *ele fazer-ø*), não puderam ser levantadas no meu corpus *plain text*.
69   Todos os corpora foram limpos a fim de não conterem exemplos metalinguísticos, referências bibliográficas, tabelas, citações, etc. O corpus de controlo português é constituído por 23 artigos científicos de 27 autores diferentes, publicados nas atas dos encontros da *Associação Portuguesa de Linguística* (*APL*) dos últimos anos.

	RAG	ILG	Reint.₁	Reint.₂
Pessoa 1	46.315	50.465	44.853	42.034
Pessoa 2	47.360	26.980	35.201	43.546
Pessoa 3	49.728	38.004	44.893	51.725
Pessoa 4	42.213	48.165	42.069	51.278
Subcorpus	185.616	163.614	167.016	188.583
Autonom. / reintegr. / corpus total	349.230		355.599	704.829
Corpus de controlo	100.279			

Tab. 1. Caraterísticas dos corpora e *tokens* por pessoa e subcorpus.

3.1 Resultados globais

Na seguinte tabela apresenta-se a frequência de IC por mil *tokens* para cada uma das dezasseis pessoas e a média das frequências individuais por mil *tokens* para cada subcorpus. Os valores absolutos figuram entre parênteses. Contrasta-se também a frequência e o número total de IF observados no corpus de controlo:

	RAG	ILG	Reintegr.₁	Reintegr.₂
Pessoa 1	1.14 (53)	1.41 (71)	2.05 (92)	3.14 (132)
Pessoa 2	1.46 (69)	0.22 (6)	1.25 (44)	8.13 (354)
Pessoa 3	0.32 (16)	0.42 (16)	1.09 (49)	1.91 (99)
Pessoa 4	0.31 (13)	0.62 (30)	1.50 (63)	7.70 (395)
Freq. média (N.total) das 4 pess. / subgrupo	0.81 (151)	0.67 (123)	1.47 (248)	5.22 (980)
Freq. média (N.total) dos 8 auton. vs. 8 reint.	0.74 (274)		3.35 (1228)	
Freq. média (N.total) / corpus galego	2.04 (1502)			
Frequência (N.total) / corpus	1.05 (105)			

Tab. 2. Frequências individuais / médias e valores absolutos do IC no corpus galego, frequência e valor absoluto do IF no corpus de controlo.

Logo à primeira vista reparamos no facto de todas as pessoas usarem o IC, o que, efetivamente, comprova que o galego empregado em contextos formais se carateriza por uma frequência elevada do IC em comparação com registos coloquiais (Gondar 1978, Kabatek 1997a). Porém, também constatamos uma enorme variação das frequências individuais, que podem ser inferiores ou (muito) superiores à frequência de 1.05 / 1000 *tokens* registada no corpus de controlo português.

Alcançam um máximo de 8.13 por mil *tokens* (Reintegr.$_{2;2}$), mas também existem casos como o de ILG$_2$, que apresenta a frequência mínima de 0.22 / 1000 *tokens*. Além disso, saltam à vista vários resultados adicionais. Se compararmos as frequências individuais / 1000 *tokens* com a do corpus de controlo, vemos que todos os reintegracionistas mostram uma frequência mais alta, o que, em contrapartida, apenas registamos no caso de três dos oito autonomistas. Os restantes cinco autonomistas apresentam frequências inferiores. A dimensão de superioridade da frequência é muito diferente nos 11 casos e varia entre +3.8% (1.09, Reint.$_{1;3}$) e +674% (8.13, Reint.$_{2;2}$). A superioridade média dos reintegracionistas é de +219% (mas: *reintegracionistas$_1$*: +40% vs. *reintegracionistas$_2$*: +397%, cf. infra). Pelo contrário, a superioridade média dos três autonomistas com frequência mais alta do que o corpus de controlo é só de +27%.

Por consequência, a média das oito frequências individuais do subcorpus autonomista aproxima-se muito mais da frequência do corpus de controlo do que a média correspondente reintegracionista. A dos autonomistas é ligeiramente inferior, a dos reintegracionistas muito superior à frequência do corpus de controlo (0.74 / 3.35 vs. 1.05). Dito em números absolutos, os autonomistas apresentam somente 274 das 1502 ocorrências do IC, enquanto que 1228 casos recaem sobre textos reintegracionistas. Esta discrepância é ainda mais pronunciada se isolarmos o subgrupo dos *reintegracionistas$_2$* (freq. média / 1000 tokens 5.22; N=980)[70]. Isto significa que – com tamanhos dos subcorpora muito semelhantes – quase 82% das ocorrências provêm dos reintegracionistas (e ca. 65% dos *reintegracionistas$_2$*), enquanto que o número de ocorrências autonomistas só corresponde a 18% do total dos casos.

---

70 Por limitações de espaço, não posso entrar em mais detalhes quanto ao porquê das grandes diferenças entre os dois subgrupos reintegracionistas. Trata-se duma tarefa a abordar num futuro trabalho. É possível que uma das razões seja que os reintegracionistas$_2$, por utilizarem a norma autonomista, sintam mais necessidade de salientar as suas convicções ideológicas mediante escolhas linguísticas do que os reintegracionistas$_1$, que empregam a ortografia reintegracionista ou portuguesa. No entanto, isto seria apenas um lado da medalha, já que os reintegracionistas$_2$ também empregam formas consideradas marcas dialetais no português atual (e.g. a interpolação de constituintes entre o clítico e o verbo).

Resumindo, os resultados quantitativos globais mostram que a frequência de uso do IC é mais alta em textos científicos do que em registos coloquiais. Adicionalmente, a comparação com o corpus de controlo aponta para uma espécie de híper-uso do IC por quase todos os reintegracionistas[71], embora com dimensões muito variáveis e mais pronunciado no caso daqueles reintegracionistas que usam a ortografia autonomista. Pelo contrário, os autonomistas apresentam frequências mais baixas, aproximando-se, assim, mais do uso dos investigadores portugueses e também do galego coloquial.

Passo agora à classificação dos dados com base na função sintática desempenhada pelo IC.

3.2 Alguns resultados em função do contexto sintático
Já foi observado por Gondar (1978, 156) que o IC do galego moderno, no nível da norma, é sobretudo um fenómeno que ocorre depois de preposições. Isto também é o caso para o corpus galego investigado neste trabalho, mas, mesmo assim, há importantes diferenças entre os autonomistas e os reintegracionistas. Se observarmos as percentagens exatas, constatamos que o uso do grupo autonomista corresponde nitidamente à afirmação de Gondar, uma vez que 253 das 274 ocorrências do IC (92.3%) vêm precedidas duma preposição. O grupo reintegracionista, no entanto, mostra uma percentagem notavelmente inferior (958 / 1228; 78.0%), mas, desta vez, sem que haja diferenças entre os reintegracionistas₁ e os reintegracionistas₂. A preponderância de contextos com preposição também parece ser válida para o português, pelo menos para a tradição discursiva do artigo científico (100 / 105; 95.2% com prep.)[72]. Mais uma vez, o uso autonomista aproxima-se

---

71   Alguns dos textos reintegracionistas apresentam esporadicamente casos de hipercorreção, fenómeno típico que ocorre ao usar, conscientemente, formas linguísticas que já não são adquiridas de maneira natural (p. ex.: *as perguntas costumam serem respondidas*; *ver pessoas falarem a mesma língua* [Reintegr.₁;₁], *parecem ignorarem*; *ambos semelham entenderem-se*; *não deixam de serem variantes dialetais, estám a serem publicadas* [Reintegr.₁;₂]).
72   Para o facto e o motivo de traços gramaticais poderem, em alguns casos, estar restringidos a tradições discursivas particulares, veja-se, entre outros, Pons Bordería (2008), Octavio de Toledo y Huerta (2014), Kabatek (2018), Gerards & Kabatek (2018), Kabatek & Gerards (2019), Gerards (2020) e Gerards & Stark (2020).

mais das caraterísticas observáveis no galego coloquial e do uso dos investigadores portugueses:

	+ Regido por preposição	– Regido por preposição
Corpus de controlo	95.2% (100 / 105)	4.8% (5 / 105)
Corpus galego	80.6% (1211 / 1502)	19.4% (291 / 1502)
Autonomistas	92.3% (253 / 274)	7.7% (21 / 274)
Reintegracionistas	78.0% (958 / 1228)	22.0% (270 / 1228)
Reintegracionistas$_1$	77.0% (191 / 248)	23.0% (57 / 248)
Reintegracionistas$_2$	78.3% (767 / 980)	21.7% (213 / 980)

Tab. 3. Percentagens e valores absolutos do IC / IF em função do parâmetro [+ / – regido por preposição] no corpus galego e no corpus de controlo.

Seria importante atilar este primeiro resultado sintático para todas as 1502 ocorrências, pois desta maneira poder-se-ia verificar se a tendência de os autonomistas se aproximarem mais do galego coloquial e do corpus de controlo do que os reintegracionistas continua a ser válida também no interior dos dois macrocontextos + / – *regido por preposição*. Lamentavelmente, essa tarefa não poderá ser abordada na sua integridade neste trabalho. Contudo, considero importante dar pelo menos um primeiro passo nesta direção. A este propósito, elaboro, no que segue, uma análise mais fina dos 291 casos não regidos por preposição e acrescento, num segundo passo, algumas observações não exaustivas sobre as restantes 1211 ocorrências com preposição.

Apresento, primeiro, quatro categorias de classificação, que correspondem aos diferentes contextos sintáticos em que se puderam observar ocorrências do IC sem preposições. Do mesmo modo, ofereço alguns exemplos ilustrativos[73]:

1. Função sintática *sujeito*:

    (4) [...] non sempre é posible *sabermos* con certeza [...] (RAG$_2$)
    (5) *Reducirmos* o texto a aquel que é xa da obra [...] supón [...] coutar as possibilidades de interpretación [...] (Reintegr.$_{2;4}$)

2. Função sintática *predicativo do sujeito*:

---

[73] Os contextos sintáticos não coincidem com os critérios de classificação estabelecidos por Gondar, já que os considero problemáticos desde uma perspetiva puramente sintática.

(6) [...] o obxectivo non era realizar un estudo da duración, senón *obter mos* unha media de velocidade [...] (ILG$_1$)
(7) [...] o máis lóxico é espellarse nela e non *irmos* por libre [...] (Reintegr.$_{1;1}$)

3. Função sintática *complemento direto*:
   (8) [...] o sentido aconselha *usarmos* [...] (Reintegr.$_{1;3}$)
   (9) [...] implica non só *estarmos* atentos [...] (RAG$_2$)

4. Casos particulares (com verbos modais (10)[74], causativos (11)[75], como segundo termo de comparação (12), em orações de valor interrogativo-deliberativo ou relativo (13, 14)):
   (10) [...] poden ser ambiguas ou non *estaren* presentes [...] (ILG$_1$)
   (11) [...] fai moitas persoas galegofalantes espontáneas non se *sentiren* identificadas [...] (Reintegr.$_{2;2}$)
   (12) [...] que non é outro do que *considerarmos* o caso do galego e do português como dúas normas [...] (Reintegr.$_{2;2}$)
   (13) [...] que *dicirmos* do galego a respecto do español no contexto soci olingüístico que se dá na Galiza? (Reintegr.$_{2;1}$)
   (14) [...] precisamos de um paradigma ecolinguístico desde onde *podermos* ré-situar [...] (Reintegr.$_{1;4}$)

A seguinte tabela resume os valores absolutos das quatro categorias de cada um dos (sub)grupos do corpus galego e do corpus de controlo. Também é indicado, entre parênteses, o número de indivíduos com ocorrências e a percentagem das ocorrências correspondentes em relação ao total dos casos sem preposição:

---

74 Foram considerados modais os verbos *dever, poder, ter (de)* e *haver (de)* (Oliveira & Mendes 2013).
75 Foram considerados causativos os verbos *mandar, deixar* e *fazer (com)* (Duarte 2003, 601).

	– Regido por preposição			
	Sujeito	Predicativo do sujeito	Comp. direto	1. Com v.mod., 2. v.caus., 3. stand.comp., 4. valor interrog-deliberat. ou relativo
Corpus de controlo			5 / 5 (100%)	
Corpus galego	193 / 291 (12 / 16) (66.3%)	22 / 291 (6 / 16) (7.6%)	54 / 291 (7 / 16) (18.6%)	6;8;3;5 / 291 (4;2;2;3 / 16) (7.6%)
Autonomistas	12 / 21 (5 / 8) (57.1%)	1 / 21 (1 / 8) (4.8%)	7 / 21 (1 / 8) (33.3%)	1;ø;ø;ø / 21 (1 / 8) (4.8%)
Reintegracionistas	181 / 270 (7 / 8) (67.0%)	21 / 270 (5 / 8) (7.8%)	47 / 270 (6 / 8) (17.4%)	5;8;3;5 / 270 (3;2;2;3 / 8) (7.8%)
Reintegracionistas₁	30 / 57 (3 / 4) (52.6%)	12 / 57 (3 / 4) (21.1%)	12 / 57 (3 / 4) (21.1%)	ø;ø;ø;3 / 57 (ø;ø;ø;1 / 4) (5.3%)
Reintegracionistas₂	151 / 213 (4 / 4) (70.9%)	8 / 213 (2 / 4) (3.8%)	36 / 213 (3 / 4) (16.9%)	5;8;3;2 / 213 (3 / 4) (8.5%)

Tab. 4. Valores absolutos, núm. de indivíduos e percentagens em função do contexto sintático para as 291 ocorrências não regidas por preposição no corpus galego e no corpus de controlo.

Torna-se evidente que, desta vez, tanto os autonomistas como os reintegracionistas se afastam consideravelmente do uso dos investigadores portugueses. As cinco ocorrências deste último grupo correspondem, exclusivamente, a casos em que o IC desempenha a função de complemento direto, enquanto ambos os grupos galegos apresentam um uso sintaticamente muito mais estendido[76], sendo a função de sujeito a mais frequente. Ainda assim, a observação de que o uso autonomista se aproxima mais do uso observado no corpus de controlo, continua válida, pelo menos parcialmente: os autonomistas empregam o IC mais frequentemente na função de complemento direto do que os reintegracionistas (33.3% vs. 17.4%). Além disso, e como é o caso para o corpus de controlo, as ocorrências autonomistas – exceto num único caso – não contêm casos pertencentes à quarta categoria,

---

76 Não pretendo sugerir que o IF português seja agramatical nestes contextos. Simplesmente não se atesta no corpus de controlo, o que, porém, também é um resultado importante. Parece que o IF, por diferenças de norma(lidade), tem uma distribuição sintática menos ampla na tradição discursiva do artigo científico do que o IC galego.

enquanto os reintegracionistas$_2$ apresentam 18 casos. Além disso, volta a constatar-se uma diferença no interior do grupo reintegracionista (cf. reintegracionistas$_1$: N de casos 'especiais' = 3), facto que também se reflete na percentagem para a função de complemento direto (reintegracionistas$_1$, 21.1% > reintegracionistas$_2$, 16.9%).

Como já disse, não efetuei todos os cálculos para os contextos com regência preposicional. Contudo, disponho dalguns resultados provisórios, que contradizem a tendência geral de os autonomistas se aproximarem mais do corpus de controlo do que os reintegracionistas:

1.) A percentagem de uso como complemento / adjunto nominal é mais alta no caso dos reintegracionistas. Com isto, aproximam-se mais do corpus de controlo do que os autonomistas (ca. 20% vs. ca. 10% vs. ca. 40% no corpus de controlo).

2.) A percentagem de uso como adjunto adverbial é mais baixa no caso dos reintegracionistas. Com isto, aproximam-se mais do corpus de controlo do que os autonomistas (ca. 40% vs. 75% vs. 45 % no corpus de controlo).

3.) Os reintegracionistas e o corpus de controlo apresentam ocorrências com valor de gerúndio (*voces a defenderen a premeditación* [Reintegr.$_{2;4}$]), o que não se verifica nos textos autonomistas.

4.) O uso reintegracionista e o corpus de controlo parecem mostrar frequências mais altas de realização explícita do sujeito do IC / IF do que os textos autonomistas (*a possibilidade de os estilos se adaptarem* [Reintegr.$_{2;1}$], Jansegers & Vanderschueren 2010).

À primeira vista, estes resultados contraditórios podem parecer surpreendentes. A surpresa, porém, relativiza-se ao olharmos mais de perto para os resultados do estudo de Gondar (1978, 140). A aproximação autonomista do corpus de controlo é um epifenómeno, uma vez que os aspetos coincidentes com o corpus de controlo também são caraterísticos do uso observado por este autor em textos galegos basiletais (frequências / mil *tokens*, + / − regência preposicional). Por outro lado, a maioria dos três[77] aspetos nos quais o uso reintegracionista é o que mais se parece com o uso dos investigadores portugueses (pontos 1. e 2. da lista anterior) não tem paralelo nos dados basiletais oferecidos por Gondar.

4. O *infinitivo conxugado*: signo indexical e ato identitário

Neste capítulo pretendo cumprir o último dos três objetivos deste trabalho, isto é, 1. analisar mais profundamente o motivo do uso frequente do IC em textos científicos em face da sua quase-ausência em registos informais e 2. apresentar a minha interpretação externa quanto às diferenças observáveis entre o uso autonomista e reintegracionista. Para isso, basear-me-ei em citações metalinguísticas, no conceito de indexicalidade e na ideia de o uso do IC constituir um ato identitário. Antes disso, porém, é preciso apresentar as consequências de usar um IC anteriormente ao processo da normalização do galego, esboçadas já, de maneira muito rudimentar, no capítulo 2.

Como já insinuei, no nível do galego coloquial o IC somente se conserva em (poucos) falantes rurais e idosos. Como tal, é tradicionalmente associado com camadas sociais baixas e com atributos pessoais negativos (vulgaridade, pouca educação, ruralidade, etc.). Na teoria da indexicalidade (Ochs 1992, Silverstein 2003), tais atributos negativos constituem uma indexicalização de segunda ordem (*2nd-order indexical*)[78].

---

77 Gondar não investiga o uso explícito do sujeito do IC.
78 O conceito de indexicalidade nasceu com a finalidade de perceber melhor um fenómeno que, ao sermos todos falantes competentes dalguma(s) língua(s), intuitivamente conhecemos. Com qualquer atividade linguística em que nos envolvemos não só (des)codificamos conteúdos semânticos e pragmáticos, mas também construímos, transmitimos e recebemos, de maneira dialógica, informação sobre a nossa identidade e a do nosso interlocutor. Este processo indexical, extremamente complexo e multifacetado, é um facto inegável e até – penso eu – indelével da comunicação humana enquanto atividade dinâmica (*enérgeia*). Como tal, está incluído também, duma maneira ou outra, nos modelos de comunicação mais usados em psicologia (embora às vezes sob denominações que o camuflam). Comparem-se, p. ex., a função expressiva no *modelo organon* de Bühler (1934) ou as *orelhas de automanifestação* e de *relação* no *modelo dos quatro ouvidos* de Schulz von Thun (1981).
Os atos indexicais podem ou não ocorrer conscientemente e de maneira mais ou menos direta. Os possíveis mecanismos são, entre outros, menções explícitas de categorias identitárias, declarações / ações avaliativas / epistémicas ou bem o emprego duma

Num trabalho sobre a padronização do léxico, o filólogo galego Ernesto González Seoane apresenta, entre outras coisas, um inventário de opiniões negativas relativamente ao galego 'popular', expressadas por pessoas pertencentes à classe alta de finais do século XIX. Compare-se a seguinte citação que representa um resumo dos resultados mais importantes e que ilustra, embora de maneira indireta[79], a antiga indexicalização do IC:

> (a) Neste sentido, é ben significativo que estas condenas tan rotundas do galego popular e aldeán raramente vaian acompañadas dunha exemplificación que nos axude a precisar cales son os trazos que determinan a súa 'rudeza', 'rusticidade' ou 'barbarie'. Así, na maior parte dos casos os únicos indicadores de rusticidade que se mencionan explicitamente son a gheada, [...], o seseo, o infinitivo persoal (!), algunhas perífrases, e pouco máis. (González Seoane 2003, 169; sublinhado do autor)

Hoje, no início do século XXI, esta indexicalização antiga quase desapareceu, mas pode continuar a existir de maneira esporádica. Simplesmente se tornou muito infrequente[80]. Em primeiro lugar, isso explica-se por uma mudança de consciência provocada pelo processo de normalização, ou seja, por decisões políticas (cap. 2). Mas penso que, em segundo lugar, não devemos esquecer que as oportunidades de (re)atualização desta indexicalização antiga também se tornaram cada vez menores, uma vez que o número de utentes basiletais do IC hoje em dia é mínimo.

---

determinada estrutura linguística, associada com identidades ou *personas* específicas (Bucholtz & Hall 2010, 21). O último tipo é frequentemente aproveitado pela sociolinguística, especialmente na investigação das atitudes linguísticas (cf. p. ex. a técnica *matched-guise*).
Nota bene: Compare-se também a tripartição *indicator-marker-stereotype* de Labov (1971) e os três níveis *dia* propostos por Coseriu (1980), dos quais, contudo, a ideia da indexicalidade se diferencia, uma vez que, apesar de incluir os fatores geográfico, social e situacional, não se limita a estes.

79 Já que se fala do "galego popular" e não dos seus próprios falantes.
80 O caso mais comum é que uma mesma forma linguística tenha múltiplas indexicalizações (Johnstone 2010). O valor exato atribuído a uma atualização concreta duma forma indexical depende de muitos fatores. Sozinha, uma forma normalmente não consegue nada. O seu valor concreto dependerá sempre de quem for o enunciador (e de quem for o ouvinte!), pois as nossas escolhas linguísticas representam somente um dos fatores determinantes para a manifestação e criação da nossa identidade. Além do mais, baseia-se numa interação complexa de *muitos* elementos mesmo aquela parte da criação e manifestação identitárias que assenta em hábitos linguísticos (para este último facto, também relativamente ao caso do IC, cf. a nota n°81).

Obviamente, o emprego do IC em contextos como aquele investigado no capítulo 3 não é explicável se só tivermos em conta esta indexicalização antiga. O IC adquiriu um novo estatuto diastrática e diafasicamente alto e, por conseguinte, chegou a indexicalizar atributos pessoais completamente opostos aos indexicalizados antigamente. Estes serão o objeto dos parágrafos seguintes.

As noções com as quais o IC está maioritariamente associado hoje em dia são difíceis de definir cientificamente, mas carregadas de muita emocionalidade. Evocam-se, entre muitos outros, termos como *autenticidade*, o *ser 'próprio'* do IC, *pureza, preservação* e *diferenciação* (perante o espanhol). Reproduzo duas citações que vislumbram esta indexicalização, tanto para os autonomistas (b) como para os reintegracionistas (c), e que mostram que o uso do IC desempenha, além do valor gramatical e léxico, funções sociais e identitárias:

> (b) [...] pode ser invocado o criterio de 'autenticidade lingüística' [...] pola necesidade de preservar da identidade do galego, mantelo achegado ao seu pasado histórico [...] e diferenciado respecto doutras linguas, especialmente do español. Desta idea de 'autenticidade' derivaríase a potenciación dos elementos propios [...], nomeadamente aqueles que están presentes na lingua popular e cos que a gran maioría dos falantes nos sentimos identificados. Aquí estarían incluídos trazos coma a pronuncia das vogais tónicas e átonas de maneira semellante ao galego popular, a entoación, o infinitivo conxugado, a colocación dos clíticos [...]. (Regueira 2012, 195)
>
> (c) Convén notarmos [!] que [o] infinitivo flexionado [...] supón un dos aspectos máis representativos para mantermos [!] unha verdadeira morfosintaxe galegoportuguesa, autóctone, idiosincrática e característica da nosa lingua. (Sánchez Rei 2007, 120)

Se continuarmos com a nossa procura de testemunhos metalinguísticos, depararnos-emos ainda com passagens mais explícitas, que dão a perceber que o IC, entre outros elementos[81], faz parte duma agenda político-linguística de 'recuperação e restituição histórica' do galego. Compare-se a seguinte citação, tirada dum

---

81 Deveriam levar-se em conta também outros fenómenos como o léxico, determinadas locuções conetivas (*alén do máis, por sua vez ...*), a subida dos clíticos nalguns contextos (*teño que o facer, téñoo que facer, para o facer, de o facer*), o futuro do conjuntivo e algumas soluções morfológicas (p. ex. as desinências *-íbel-, ábel, -úbel* em vez de *-ible, -able, -uble* ou *calquer* em vez de *calquera*), etc. Lamentavelmente, esta tarefa ultrapassa as possibilidades deste trabalho. Também seria interessante analisar elementos tradicionais do galego basiletal que são aproveitados quase exclusivamente por autonomistas (e.g. a codificação de complementos diretos através das preposições *de* e *en*, cf. "preservar da identidade" em (b)).

trabalho reintegracionista, que tem em vista fomentar de maneira ativa o emprego dum galego 'autêntico':

(d) [N]o camiño desa xusta restitución histórica temos que exercer de escritores e escritoras, isto é, [...] de exemplos para imitar [...]. Que acontece cando ducias de docentes explican o infinitivo flexionado, cando esixen que o seu alumnado o aprenda morfoloxicamente e pasan a non o usar nunca? Acontece que o infinitivo flexionado comeza a desaparecer. (Sanmartín Rei 2009, 42)

Deveria (e poderia) acrescentar mais citações para evitar o risco de que este capítulo pareça anedótico, mas as limitações de espaço obrigam-me a prescindir desta necessidade. Em vez disso, resumo as minhas ideias básicas expostas até este ponto: Na atualidade, o IC usa-se com frequências altas em contextos formais porque, assistido por decisões político-linguísticas, se converteu num recurso linguístico que é aproveitado conscientemente para a (re)criação e indexicalização duma identidade socioideológica 'cuidada', uma identidade de pertença a uma elite erudita e ativista com forte preocupação pela sobrevivência e recuperação do galego. Naturalmente, a partir daí, o IC indexicaliza atributos adicionais e muito diversos que refletem julgamentos de valor mais subjetivos. Estes variarão em função do ouvinte e da sua posição na sociedade e dependerão da sua opinião sobre o processo normalizador (p. ex. *inteligência* = postura favorável, vs. *arrogância*, = postura não favorável, etc.). Prossigo com a minha análise, expondo as minhas ideias quanto às diferenças de uso entre os autonomistas e reintegracionistas.

Creio que há dois aspetos diferentes que, juntos, explicam por que no capítulo precedente se observaram diferenças tão grandes entre os dois subgrupos galegos. Um deles, o primeiro, é muito óbvio; o segundo, porém, deve-se a fatores menos evidentes. Comecemos com o primeiro.

Claramente, ambos os subgrupos galegos têm a intenção de tornar o galego mais 'autêntico' e mais 'digno'. No entanto, isto não significa exatamente o mesmo em ambos os casos. São sobretudo os reintegracionistas quem salientam a necessidade de o galego se tornar mais 'português'[82]. Aduzo duas passagens ilustrativas:

---

82 Na verdade, esta diferença já é sugerida por citações anteriores. Repare-se no facto de que o autonomista em (b) usa o glotónimo *galego*, enquanto o reintegracionista em (c) fala, duma "verdadeira morfosintaxe galego-portuguesa" (sublinhado do autor).

(e) Nesta lexitimación da xusta restitución histórica non entra unicamente a escolla da recuperación léxica e sintáctica a través do portugués [...] (Sanmartín Rei 2011, 197)

(f) É importante notar que, sigamos a estratégia que sigamos, o português implica umha + quando nom umha **x**. Há várias áreas onde isto acontece. No ámbito da castelhanizaçom [...] ajuda a reforçar estruturas gramaticais como o infinitivo flexionado ou o futuro de subjuntivo [...]. (Fagim 2010, *online*; sublinhado do autor)

É certo que esta aproximação do português, ao menos de forma esporádica, também é mencionada como desejável por alguns autonomistas. Porém, apercebemo-nos que, para este último grupo, aparenta ter um papel muito menos proeminente em comparação com outras vias de recuperação dum galego 'autêntico' (cf. infra; o "terceiro [e último] criterio"). Além disso, declarações autonomistas como a seguinte são muito infrequentes:

(g) E [tamén pode ser discutido] como terceiro criterio [da normalización lingüística], o recurso ao português como fonte preferente de materiais lingüísticos (non exclusivamente léxicos) [...]. (Regueira 2012, 196)

As conceptualizações diferentes dum galego 'autêntico' poderiam considerar-se suficientes para explicar as diferenças entre o uso do IC pelos dois grupos, mas mesmo assim julgo que deve existir outro fator oculto, que não se expressa de maneira tão livre em publicações científicas. As seguintes linhas serão dedicadas a esta parte 'escondida' da história.

Como já disse (cf. nota de rodapé n°60), a distinção entre autonomistas e reintegracionistas é, *grosso modo*, uma diferença ideológica a respeito da autonomia do, ou da pertença ao diassistema linguístico português. Porém, há uma segunda diferença, que ainda não mencionei. Em muitos casos (não em todos!), ser autonomista ou reintegracionista é sinónimo de ter biografias linguísticas diferentes. Os autonomistas costumam ser *paleofalantes* do galego, falantes que têm o galego como língua habitual desde o seu nascimento, pelo contrário, entre os reintegracionistas encontram-se, tendencialmente, mais *neofalantes*, isto é, pessoas que, ao longo da sua vida e por razões diversas, optaram por mudar de hábitos linguísticos a favor do galego (para mais informação respetivamente aos neofalantes, veja-se, p. ex., O'Rourke & Ramallo 2015)[83]. A primeira variedade à qual foram expostos

---

83 Não tenho a certeza se todos os reintegracionistas do corpus investigado são neofalantes. Porém, estou seguro que a maior parte dos informantes é neofalante, facto que pude comprovar pessoalmente nalguns casos concretos ou mediante testemunhos explícitos,

os paleofalantes é o basileto do lugar de procedência, normalmente rural, dos pais. Os neofalantes, pelo contrário, frequentemente provêm de vilas ou cidades, isto é, de locais onde o galego está em forte retrocesso ou onde já desapareceu por completo. Daí que muitos dos reintegracionistas (por serem neofalantes) não disponham de competências basiletais, mas somente de variedades aprendidas (e não adquiridas) em contextos mais ou menos formais.

Se refletirmos sobre as possíveis consequências de ter ou não à sua disposição uma variedade basiletal, revela-se algo que me parece muito importante: o uso linguístico das pessoas que se moveram, na sua infância, num âmbito galegofalante (i.e., no nosso caso, tendencialmente os autonomistas) sempre será condicionado pelas experiências vividas nesse âmbito. Uma vez que na vasta maioria desses âmbitos o IC não se usa quase nunca, as pessoas correspondentes não o poderão empregar até o infinito, por muito que as forças normalizadoras o propaguem e por muito bons que sejam os seus argumentos. Seria, simplesmente, uma negação da identidade dum paleofalante, uma traição da sua origem (cf. também as observações sobre o uso excessivo dalguns traços linguísticos pelos neofalantes em Kabatek & Pusch 2011, 402)[84]. Visto em sentido inverso, o contrário também é válido: o facto de muitos reintegracionistas, por serem neofalantes, não terem, na sua própria arquitetura da língua, uma variedade basiletal (i.e., uma variedade com um uso do IC mínimo), junto com a sua 'lusofilia', abre o caminho para um uso do IC como aquele observado no capítulo 3: um uso que até ultrapassa, tanto quantitativa quanto qualitativamente, o uso em textos portugueses do mesmo tipo.

---

escritos pela respetiva pessoa. Pelo contrário, no caso dos autonomistas, conheço pessoalmente 7 dos 8 informantes, razão pela qual estou em condições de afirmar que se trata de paleofalantes.

84 Esta é a razão dos eternos conflitos entre paleo- e neofalantes. O uso linguístico dos neofalantes, por ser tão diferente do seu, é interpretado pelos paleofalantes como menosprezo ativo da sua identidade. Trata-se, no fundo, duma questão de autoridade sobre a língua. A pergunta subjacente é: A quem pertence o galego? Quem tem o direito de dirigir, como representante duma comunidade inteira, a planificação linguística? (cf. também González González 2008 e os comentários em Regueira 2012 vs. p. ex. Freixeiro Mato (2013, 47), que emprega a etiqueta *isolacionismo* para se referir à postura autonomista).

5. Conclusões

Este trabalho investigou o uso do *infinitivo conxugado* galego em textos científicos, diferenciando entre autonomistas e reintegracionistas. Observou-se que ambos os grupos mostram um uso elevado em comparação com a quase-ausência do IC no galego coloquial contemporâneo, mas que o uso dos reintegracionistas se diferencia enormemente daquele dos autonomistas. De um modo geral, o grupo autonomista mostrou um uso quantitativamente inferior ao do corpus de controlo português. No caso dos reintegracionistas, pelo contrário, constatou-se um emprego superior ao do corpus de controlo, com o qual os reintegracionistas se afastam mais do galego coloquial do que os autonomistas. O mesmo é válido, em grande medida, no tocante aos diferentes contextos sintáticos em que se documentou o IC e às percentagens correspondentes.

O uso elevado por todos os filólogos e linguistas galegos em face da quase-ausência do IC no galego coloquial não culto e / ou não académico foi explicado através dum valor indexical adicional do IC, o qual é um dos meios linguísticos mais emblemáticos e importantes para construir e manifestar uma identidade de pertença a uma pequena elite culta e ativista. Mostrei que esta elite se preocupa com a sobrevivência dum galego diferenciado do espanhol, 'autêntico', 'digno' e 'fiel às suas origens', mas que o conceito de autenticidade não significa o mesmo para os dois grupos. Crucialmente, o desejo de tornar o galego mais português está muito mais presente no discurso reintegracionista do que no autonomista. Argumentei que este facto, sempre junto com a importante falta de ancoragem basiletal de muitos reintegracionistas, explica as grandes diferenças de uso entre as duas correntes ideológicas galegas.

Finalmente, também se comprovou que nem todos estes usos divergentes observáveis em textos reintegracionistas encontram um paralelo no corpus de controlo e que, portanto, este grupo galego apresenta uma espécie de 'híper-uso' do fenómeno analisado. Não tratei em detalhe o facto de o híper-uso ser muito maior no caso dos reintegracionistas[1], mas formulei a hipótese de que este pode estar relacionado com o uso da norma ortográfica autonomista, já que esta, normalmente, se associa com objetivos opostos aos dos reintegracionistas.

Bibliografia

ÁLVAREZ, Rosario & XOVE, Xosé. 2002. *Gramática da lingua galega*. Vigo: Xerais.
BUCHOLTZ, Mary & HALL, Kira. 2010. "Locating identity in language", em: Llamas, Carmen & Watt, Dominic. edd. *Language and identities*. Edinburgh: Edinburgh University Press, 18–28.
BÜHLER, Karl. 1934. *Sprachtheorie: die Darstellungsfunktion der Sprache*. Jena: Fischer.
COSERIU, Eugenio. 1952. "Sistema, norma y habla", Montevideo 1952, reimpr. em: Coseriu, Eugenio. 1962. *Teoría del lenguaje y lingüística general. Cinco estudios*. Madrid: Gredos, 11–113.
COSERIU, Eugenio. 1980. "'Historische Sprache' und 'Dialekt'", em: Göschel, Joachim & Ivic, Pavle & Kehr, Kurt. edd. *Dialekt und Dialektologie. Ergebnisse des internationalen Symposiums 'Zur Theorie des Dialekts'*. Wiesbaden: Steiner, 106–115.
DUARTE, Inês. 2003. "Subordinação completiva – as orações completivas", em: Mira Mateus, Maria H. & Brito, Ana M. & Duarte, Inês & Hub Faria, Isabel. edd. *Gramática da língua portuguesa*. 5ª edição revista e aumentada. Lisboa: Caminho, 593–640.
FAGIM, Valentim. 2010. "No nosso imaginário, matemática e língua som entidades contrapostas", [blogue pessoal: https://valentimrfagim.wordpress.com/2010/05/19/697/, acesso 17.12.2014].
FREIXEIRO MATO, Xosé Ramón. 2007. *Estilística da linga galega*. Vigo: Xerais.
GERARDS, David Paul. 2020. *Bare Partitives in Old Spanish and Old Portuguese*, PhD dissertation, University of Zurich.
GERARDS, David Paul & KABATEK, Johannes. 2018. "Grammaticalization and Discourse Traditions: The Case of Portuguese *caso*", em: Loureda Lamas, Oscar & Pons Bordería, Salvador. edd. *Beyond Grammaticalization and Discourse Markers: New Issues in the Study of Language Change*. Leiden / Boston: Brill, 115–159.
GERARDS, David Paul & STARK, Elisabeth. 2020. "Why Partitive Articles don't Exist in (Old) Spanish", em: Ihsane, Tabea. ed. *Disentangling Bare Nouns and Nominals Introduced by a Partitive Article*. Leiden / Boston: Brill, 105–139.
GONDAR, Francisco G. 1978. *O infinitivo conxugado en galego* (= Verba. Anuario Gallego de Filología, Anejo 13). Santiago de Compostela: Universidad de Santiago.
GONZÁLEZ SEOANE, Ernesto X. 2003. "A estandarización do léxico en Galicia: perspectiva histórica", em: Álvarez de la Granja, María & González Seoane, Ernesto X. edd: *A estandarización do léxico*. Santiago de Compostela: Consello da Cultura Galega / Instituto da Lingua Galega, 163–196.
GONZÁLEZ GONZÁLEZ, Manuel. 2008. "O novo galego urbano", em: Brea López, Mercedes & Fernández Rei, Francisco & Regueira Fernández, Xosé L. edd. *Cada palabra pesaba, cada palabra medía. Homenaxe a Antón Santamarina*. Santiago de Compostela: Universidade de Santiago de Compostela, 363–374.
JANSEGERS, Marlies & VANDERSCHUEREN, Clara. 2010. "El infinitivo conjugado gallego: ¿entre portugués y castellano?", em: *Revue de Linguistique Romane* 74 (295 / 296), 415–441.
JOHNSTONE, Barbara. 2010. "Locating language in identity", em: Llamas, Carmen & Watt, Dominic. edd. *Language and identities*. Edinburgh: Edinburgh University Press, 29–36.
KABATEK, Johannes. 1992. "Der Normenstreit in Galicien: Versuch einer Erklärung", em: *Lusorama* 18, 65–83.

KABATEK, Johannes. 1997a. "Strengthening identity: differentiation and change in contemporary Galician", em: Cheshire, Jenny & Stein, Dieter. edd.: *Taming the Vernacular. From dialect to written standard language*, London / New York: Longman, 185–199.
KABATEK, Johannes. 1997b. "Zur Typologie sprachlicher Interferenzen", em: Moelleken, Wolfgang & Weber, Peter. edd. *Neuere Forschungsarbeiten zur Kontaktlinguistik.* [Festschrift für Peter Nelde zum 55. Geburtstag]. Bonn: Dümmler 1997 (Plurilingua XIX), S. 232–241.
KABATEK, Johannes. 2015. "Sobre usos y abusos de la terminología lingüística", em: *Revue de Linguistique Romane* 79 (315 / 316), 331–359.
KABATEK, Johannes. 2018. *Lingüística coseriana, lingüística histórica, tradiciones discursivas.* Frankfurt a. M. / Madrid: Vervuert-Iberoamericana.
KABATEK, Johannes & GERARDS, David Paul. 2019. "Gramaticalização, distância, imediatez e tradições discursivas: o caso do português *caso*", em: Azevedo Maia, Clarinda de & Almeida Santos, Isabel. edd. *Estudos de Linguística Histórica. Mudança e Estandardização.* Coimbra: Imprensa da Universidade de Coimbra, 119–162.
KABATEK, Johannes & PUSCH, Claus Dieter. 2011. "Language contact in Southwestern Europe", em: van der Auwera, Jan & Kortmann, Bernd. edd. *The languages and linguistics of Europe. A comprehensive guide.* Berlin / New York: de Gruyter, 393–408.
KOCH, Peter & OESTERREICHER, Wulf. 1985. "Sprache der Nähe – Sprache der Distanz. Mündlichkeit und Schriftlichkeit im Spannungsfeld von Sprachtheorie und Sprachgeschichte", em: *Romanistisches Jahrbuch* 36, 15–43.
LABOV, William. 1971. "The study of language in its social context", em: Fishman, Joshua A. ed. *Advances in the sociology of language.* Vol 1. The Hague: Mouton, 152–216.
MONTEAGUDO, Henrique. 1999. *Historia social da lingua galega: idioma, sociedade e cultura a través do tempo.* Vigo: Galaxia.
OCHS, Elinor. 1992. "Indexing gender", em: Duranti, Alessandro & Goodwin, Charles. edd. *Rethinking context: language as an interactive phenomenon.* Cambridge: CUP, 335–358.
OCTAVIO DE TOLEDO Y HUERTA, Álvaro. 2014. "Entre gramaticalización, estructura informativa y tradiciones discursivas: algo más sobre *nada*", em: Girón Alconchel, José Luis & Sáez Rivera, Daniel. ed. *Procesos de gramaticalización en la historia del español.* Frankfurt a. M. / Madrid: Vervuert-Iberoamericana, 263–319.
OLIVEIRA, Fátima & MENDES, Amália. 2013. "Modalidade", em: Paiva Raposo, Eduardo B. & Bacelar do Nascimento, Maria F. & Coelho da Mota, Maria A. & Segura, Luísa & Mendes, Amália. edd. *Gramática do português.* Vol 1. Lisboa: Fundação Calouste Gulbenkian, 623–669.
O'ROURKE, Bernadette & RAMALLO, Fernando. 2015. "Neofalantes as an active minority: understanding language practices and motivations for change amongst new speakers of Galician", em: *International Journal of the Sociology of Language* 231, 147–165.
PONS BORDERÍA, Salvador. 2000. "Gramaticalización por tradiciones discursivas: el caso de *esto es*", em: Kabatek, Johannes. ed. *Sintaxis histórica del español y cambio lingüístico: Nuevas perspectivas desde las Tradiciones Discursivas.* Frankfurt a. M. / Madrid: Vervuert-Iberoamericana, 249–274.
REGUEIRA FERNÁNDEZ, Xosé L. 2012. "Autenticidade e calidade da lingua: purismo e planificación lingüística no galego actual", em: *Estudos de Lingüística Galega* 4, 187–201.
SÁNCHEZ REI, Xosé M. 2007. "Algunhas reflexións sobre o variacionismo lingüístico xeracional no galego", em: Méndez López, Iván & Sánchez Pérez, Amelia. edd. *Lingua e*

idade. III Xornadas sobre lingua e usos. A Coruña: Servizo de Publicacións da Universidade da Coruña, 97–131.

SANMARTÍN REI, Goretti. 2009. *Nos camiños do entusiasmo: calidade da lingua e planificación.* Vigo: Xerais.

SANMARTÍN REI, Goretti. 2011. "A sociolingüística sobre o galego antes e despois de 1936. O contributo de Carvalho Calero", em: Sánchez Rei, Xosé M. & Biscainho Fernandes, Carlos C. edd. *Ricardo Carvalho Calero: ciencia, literatura e nación.* A Coruña: Servizo de Publicacións da Universidade da Coruña, 187–200.

SCHLIEBEN-LANGE, Brigitte. 2000. *Idéologie: Zur Rolle von Kategorisierungen im Wissenschaftsprozeß.* Heidelberg: Winter.

SCHULZ VON THUN, Friedemann. 1981. *Miteinander reden: Störungen und Klärungen. Psychologie der zwischenmenschlichen Kommunikation.* Rowohlt: Reinbek.

SILVERSTEIN, Michael. 2003. "Indexical order and the dialectics of sociolingistic life", em: *Language & Communication* 23, 193–229.

A língua portuguesa:
expressão de um projecto político e religioso

António Martins Gomes
(CHAM, FCSH, Universidade Nova de Lisboa)

Segundo reza a história de uma lenda medieval, Portugal estaria destinado a servir como "Porto de abrigo" e recetáculo do mítico cálice sagrado, o supremo símbolo eucarístico do Cristianismo. Esta secreta determinação, por parte de alguns líderes políticos e religiosos, em estabelecer um "Porto do Graal" no ponto mais ocidental da Europa está fundamentada, pelo menos, em dois elementos documentados: o valioso préstimo dado por um grupo de cavaleiros da Ordem do Templo à dinastia de Borgonha, nos seus primórdios, no combate aos muçulmanos para reconquistar a cidade de Lisboa; e, embora de uma forma muito subliminar, o selo oficial de D. Afonso Henriques, o primeiro rei desse lugar remoto onde, segundo o poeta Luís de Camões, "a terra se acaba e o mar começa" (*Os Lusíadas*, III, 20).

É necessariamente à luz desta interpretação esotérica que também nos é permitido entender o modo singular como é alicerçada a fabulosa fundação de um novo reino ibérico cuja liderança cedo procurará obter a sua legitimação por duas vias: a temporal, através do seu reconhecimento como nação por outros reinos europeus; e a espiritual, por desígnio divino, em conformidade com a narrativa do milagre de Ourique.

Logo à nascença, Portugal assiste à dinamização da sua própria língua, cuja extensa fase inicial abrange, em termos genéricos de produção literária, o período da lírica galaico-portuguesa, nos séculos XIII e XIV, e o período dos cronistas e da poesia palaciana, ao longo do século XV.

No século XIII, o Latim é ainda a língua por excelência da corte e das negociações diplomáticas, principalmente ao nível manuscrito. No entanto, esta mesma circunstância não impede que D. Afonso II (1185–1223) redija, a 27 de Junho de 1214, o seu testamento em Português. Por se tratar de um documento régio, é considerado por vários linguistas e historiadores como o registo oficial de um novo idioma na Europa ocidental. Como patrono da língua portuguesa, D. Afonso II principia a sua "manda" com um discurso indiciário de uma cultura de extrema orientação teocêntrica:

> Em o nome de Deus.
>
> Eu, rei Dom Afonso, pela graça de Deus, rei de Portugal, sendo são e salvo, temente o dia de minha morte, a saúde de minha alma e a prol de minha mulher, rainha Dona Urraca, e de meus filhos, e de meus vassalos e de todo meu reino, fiz minha manda, por que depois minha morte, minha mulher, e meus filhos, e meu reino, e meus vassalos e todas aquelas cousas que Deus me deu em poder estejam em paz e em folgança. [...].

Para o final do século XIII, Lisboa começa a ser um importante núcleo produtor de cultura. Ao deslocar, de forma ponderada e estratégica, a corte régia mais para sul da península, distanciando-a da Galiza, D. Dinis institui o Português como língua oficial do reino, antevendo assim o seu uso generalizado como um instrumento determinante para ampliar e fortalecer a unidade política e cultural entre todos os cidadãos.

Além de estimular, tanto em ambiente cortesão como monástico, a tradução de diversas obras para o Português arcaico, o "plantador de naus a haver" – usando aqui a perífrase com que Fernando Pessoa o define em verso – herda a vasta erudição e a veia poética do seu avô Afonso X, rei de Leão e Castela, dando continuidade ao trabalho régio de impulsionar a literatura ibérica; para esse efeito, compõe perto de uma centena e meia de cantigas trovadorescas, variando, na estrutura formal, entre a redondilha maior ou menor, com o velho mote de origem autóctone, e a nova mestria, com o verso decassilábico de importação occitânica.

Como curiosidade, o Pergaminho Sharrer, que congrega fragmentos de sete cantigas de amor dionisianas com a respetiva notação musical, esteve perdido durante sete séculos e foi descoberto apenas em 1990 pelo pesquisador Harvey Sharrer, da Universidade da Califórnia, no Arquivo Nacional da Torre do Tombo. Servia, de forma pouco digna, como forro de um volume de registos notariais do século XVI.

O "rei Lavrador" foi, sem dúvida, o monarca português que mais contribuiu para transmitir musicalidade e ritmo à lírica, tal como o exemplificam as "flores do verde pino" ou a "soidade da senhor". Mas observemos em especial a cantiga de mestria "Proençaes soen mui ben trobar", cujo início se transcreve: "Proençaes soen mui ben trobar / e dizen eles que é con amor; / mais os que troban no tempo da frol / e non en outro, sei eu ben que non / an tan gran coita no seu coraçon / qual m'eu por mha senhor vejo levar."

Apesar de começar por enaltecer, em medida decassilábica, os poetas provençais pela sua incontroversa qualidade trovadoresca, acaba por criticar os mesmos, não só por caracterizarem a sua devoção amorosa de forma artificiosa e convencional, mas também pelo facto de esta ocorrência se confinar ao tempo primaveril; pelo contrário, o sujeito lírico dionisiano – que tem nacionalidade lusa e expõe os seus sentimentos já em português, ainda com algumas interferências galaicas e occitânicas – manifesta sinceridade, perseverança e uma maior capacidade de sofrimento em relação à eleita que o seu coração homenageia e pela qual anseia.

Em 1290, D. Dinis inaugura os estudos universitários com a fundação do *Studium Generale*. Apesar de esta instituição não especializada oferecer ainda um currículo limitado (não tem formação em Teologia ou Medicina) e o mesmo ser ministrado em latim, a língua oficial do universo académico, todas as medidas legislativas e a componente burocrática da sua atividade pedagógica são discutidas e elaboradas em língua portuguesa. O *Livro Verde* da Universidade de Coimbra, exarado em português antigo e publicado em 1309, exemplifica o modo como este documento régio ordena a concessão de uma proteção especial a todos os estudantes que frequentarem o Estudo conimbricense:

> Dom Dinis, pela graça de Deus, rej de Portugal e do Alguarue, a quantos esta carta virem faço saber que eu recebo em mjnha guarda e em mjnha encomenda e so meu defendimento todollos scollares que steuerem no Studo de Cojmbra e os que pera elle vieerem emquamto forem e veerem pera elle, por que mando e defendo que nenhuu nom faça mal a esses scollares nem os feira nem os traga mall [...].

É também D. Dinis que, ao acolher um grupo de cavaleiros templários em fuga do monarca francês Filipe, o Belo, oficializa a criação da Ordem da Cavalaria de Nosso Senhor Jesus Cristo, vulgarmente designada Ordem de Cristo, e lega à nova ordem monástico-militar todo o património dos templários portugueses a fim de que os seus legatários prossigam a sua notável missão de proteger o mundo cristão da ameaça árabe.

No século XV, a dinastia de Avis, que tão bons frutos conseguiu produzir nos seus primórdios através da bem-aventurada aliança matrimonial entre D. João I e

D. Filipa de Lencastre, procura incutir nos cortesãos e cavaleiros o hábito da leitura, como forma de enriquecimento intelectual.

Sob esta nova e mais diversificada orientação cultural, a língua portuguesa adquire uma maior autonomia e versatilidade, originando concludentemente uma maior preferência pelos textos em prosa, como podemos exemplificar com as obras de carácter didático o *Leal Conselheiro* e o *Livro de Ensinança de Bem Cavalgar Toda Sela*, ambas escritas pelo punho do efémero rei Dom Duarte, um dos mais eloquentes e prestigiados membros da Ínclita Geração, ou ainda na imortalização de gestas históricas levada a cabo por dois cronistas oficiais da corte: Fernão Lopes e Gomes Eanes de Zurara.

Por seu turno, o género lírico começa a ter uma conotação pejorativa: entendida como um mero e frívolo divertimento, a poesia áulica é relegada para segundo plano ao nível editorial, como o demonstra a publicação tardia – em 1517 – do *Cancioneiro Geral*, compilado por Garcia de Resende.

Ao longo do século XV, o Português médio é uma língua ainda pouco praticada por estrangeiros, tanto na forma escrita como em conversação. Tirando partido desta sua qualidade vantajosa de meio mais restrito de comunicação, a corte de Avis coloca-o ao serviço dos descobrimentos quatrocentistas, por se enquadrar perfeitamente na política do segredo das navegações.

No período renascentista, as características antropomórficas da Europa fazem surgir a ideia de que os contornos geográficos do velho continente delineiam as formas de uma rainha que traduz o espírito religioso desta época, cujas relações civilizacionais assentam num choque maniqueísta entre o Oriente e o Ocidente: aos seus pés, estende-se o império muçulmano, o principal inimigo da Cristandade; à cabeça, a exemplar e elevada monarquia ibérica olha atentamente para África como que a desejar "olhar por aquele continente", ou seja, cumprir a sua nobre missão de converter todos os povos à fé cristã.

Mas se a cabeça coroada desta rainha europeia circunscreve toda a Península Ibérica, então será o pequeno e retangular Reino Lusitano a ocupar a região específica onde o cérebro está alojado, como justamente sugere a epopeia camoniana: "Eis aqui, quase cume da cabeça / De Europa toda, o Reino Lusitano." (*Os Lusíadas*, III, 20).

A esfera armilar, introduzida inicialmente pela Ordem dos Pobres Cavaleiros de Cristo e do Templo do Rei Salomão, havia sido um instrumento astronómico fundamental para o sucesso das navegações quatrocentistas, comandadas pelo "talent de bien faire" do Infante D. Henrique a partir da sua mítica Escola de Sagres, no sudoeste algarvio. Em sintonia com a interpretação de Portugal como cérebro da Europa e líder ecuménico da Cristandade, o rei D. Manuel incorpora a designada *sphera mundi* na sua divisa, pretendendo simbolizar, com este ato, a sua bem-aventurança no trono por desígnio divino.

Em 1500, Pêro Vaz de Caminha envia ao monarca "Venturoso" uma carta sobre o achamento do Brasil. Como um diário de bordo, a missiva deste escrivão da armada de Pedro Álvares Cabral regista pormenores da viagem, tais como a partida, o desembarque na "ilha de Vera Cruz", os primeiros contactos com o povo indígena, a etnografia, ou o exotismo da fauna e da flora locais. Este documento histórico, integrado na literatura portuguesa de viagens, é considerado como a "certidão de nascimento do Brasil".

Em 1502, D. Manuel dá oportunidade a um desconhecido ourives da corte, Gil Vicente de seu nome, de inaugurar o teatro português com o *Auto da Visitação*. Levado à cena perante a família real, a representação do *Monólogo do Vaqueiro*, título pelo qual esta peça é também conhecida, tinha como propósito principal distrair e acalmar as crescentes dores de gravidez da rainha D. Maria, que estava prestes a conceber o príncipe João, o varão sucessor ao trono manuelino.

A tipografia, inventada por Johannes Gutenberg em meados do século XV, vem contribuir para a crescente aproximação da burguesia europeia a uma cultura mais laicizada. A "arte divina", que chega a Portugal em 1487, em simultâneo com o momento de expulsão dos judeus de Espanha, introduz novos fatores que fazem do livro um objeto de cultura: a produção livreira mecaniza-se; o número de edições e de tiragens aumenta; a caligrafia ("escrita bela") vai-se convertendo em ortografia ("escrita correcta"); e surgem novos profissionais na área da imprensa, como gramáticos, lexicógrafos e tipógrafos, a dar o seu contributo especializado para que o padrão linguístico se consolide.

A valorização dada pelo renascimento quinhentista aos idiomas nacionais, em detrimento das vetustas línguas clássicas, vai permitir que o Português ultrapasse o Latim, tanto em forma escrita como na atividade editorial. Em 1513, o rei D.

Manuel, fortemente empenhado na demanda do mítico Preste João, envia uma embaixada que levava já algumas obras de teor religioso em "imprimissão" portuguesa.

Para alcançar uma maior coesão no agora vasto Império, a dinastia de Avis procura expandir a língua portuguesa através da diáspora lusa que vai povoando as suas três ilhas atlânticas (Madeira, Açores e Cabo Verde), bem como as colónias do Brasil e da Ásia, nomeadamente Goa e Calecute.

Por sua vez, a capital do reino, ao importar uma ampla variedade de produtos oriundos do Oriente ou de África, acaba por introduzir também as suas designações exóticas; ao exportar esses mesmos produtos para os portos da Europa, os seus nomes originais são absorvidos por outros idiomas e culturas, sendo assim conservada a sua etimologia. Temos, no caso da taxinomia, o rinoceronte que, antes da sua jornada "trágico-marítima" com destino a Roma para ser presenteado ao papa Leão X, o artista alemão Albrecht Dürer imortalizará em 1515 (há quinhentos anos), em xilogravura, que atualmente se encontra patente no Museu Britânico, em Londres.

Como herdeiro direto do trono e do resplendor manuelino, D. João III irá revelar-se igualmente um monarca fundamental na afirmação e na consolidação do Renascimento em Portugal, sendo no seu reinado (1521–1557) que desponta o talento de autores como Sá de Miranda, João de Barros e Luís Vaz de Camões, o poeta que responde ao repto lançado em 1517 por Garcia de Resende, no prefácio do Cancioneiro Geral: compõe Os Lusíadas, a obra que perpetua, em canto épico e oitavas decassilábicas, a descoberta do caminho marítimo para a Índia, as ousadas façanhas dos "barões assinalados" de Borgonha e de Avis, e o destino coletivo da gente lusa.

Pela qualidade da obra camoniana, reconhecida no geral como modelo pedagógico de escrita exemplar, não é por mero acaso que continuamos a ouvir o português a ser ainda, em pleno século XXI, metonimicamente designado como "a língua de Camões".

Ao mesmo tempo que se dilata à escala planetária, o Português abraça o modelo italianizante de inspiração petrarquista e introduz mais latinismos; a abertura a estas duas vias aparentemente antagónicas permite-lhe enriquecer a sua adjetivação e redobrar o seu vocabulário. Sendo o idioma nacional objeto de estudo da cultura humanista e seu veículo por excelência, é cada vez mais em Português que se transmite o sentimento desmedido de orgulho patriótico, como se verifica em António Ferreira quando, em versos incluídos na Carta III a Pero de Andrade Caminha, alude à crescente e nociva intrusão do castelhanismo: "Floresça, fale, ouça-se e viva / A Portuguesa língua, e já onde for. / Senhora vá de si, soberba e altiva. / Se téqui esteve baixa e sem louvor, / Culpa é dos que a mal exercitaram, / Esquecimento nosso e desamor."

É também no século XVI que o Português Clássico começa a ser harmonizado e fixado através de algumas cartilhas e gramáticas. Em 1536, Fernão de Oliveira inaugura este propósito normativo com a *Gramatica da Lingoagem Portuguesa*, e em 1540 sai a lume a primeira obra didática ilustrada: a *Gramatica da Lingua Portuguesa com os Mandamentos da Santa Madre Igreja*, de João de Barros.

Esta pedagogia de índole teocêntrica estende-se naturalmente por todo o Império colonial: em Goa, é editada a *Cartilha que contém brevemente o que todo cristão deve aprender para sua salvação* (1554), cujo título revela de forma muito clara e objetiva a importância da fé cristã na educação do povo colonizado, veiculada tanto por via oral como escrita.

Contudo, é ainda sob a égide deste mesmo soberano, ironicamente cognominado "O Piedoso", que se inicia o desempenho contraproducente da Companhia de Jesus, a monopolizar todo os graus de ensino, e o do Tribunal do Santo Ofício, a incrementar uma política de "auto-de-fé" sobre todo o pensamento heterodoxo, tendo esta prática persecutória e inquisitorial ocorrido até à revolução liberal e consequente queda do regime absolutista, em 1820.

Na segunda metade do século XVIII, já com a dinastia de Bragança a vigorar, após seis décadas de domínio filipino, o reinado fulgurante de D. João V vê a atividade editorial ser bastante incentivada. O *Vocabulario Portuguez e Latino*, do padre e teólogo Raphael Bluteau, merece um especial destaque neste âmbito, por se tratar do primeiro dicionário da língua portuguesa, publicado em oito volumes entre 1712 e 1721.

Em 1720, o rei Magnânimo funda a Academia Real da História Portuguesa, cuja atividade, com o patrocínio do próprio monarca, se centraliza no incentivo à criação de obras dedicadas à investigação das gestas ultramarinas. Muitos foram os volumes publicados e custeados por esta notável instituição académica, dotada tanto de numerosos gravadores estrangeiros como de imprensa própria; recordemos, a este propósito, a *História Trágico-Marítima*, uma obra compilada por Bernardo Gomes de Brito em dois volumes (1735 e 1736), nos quais constam os relatos autênticos de sobreviventes de doze naufrágios que ocorreram na costa sul-africana, como corolário disfórico dos descobrimentos.

Por ironia do destino, a titânica obra em pedra-lioz que o tirânico D. João V manda erguer em Mafra, subvencionada com o ouro desbaratado do Brasil, irá servir de mote ao romance *Memorial do Convento*, uma obra-prima da literatura portuguesa escrita pelo punho militante de um Prémio Nobel e editada em 1982.

Em 1822, é promulgada a Constituição Política da Monarquia Portuguesa. Segundo o Artigo 20°, a possessão multicontinental de territórios é o desfecho natural mas transitório de uma antiga ilusão de hegemonia ecuménica e universalidade imperial: na Europa, Portugal continental e as ilhas adjacentes da Madeira, Porto Santo e Açores; em África, Bissau, Angola, Moçambique, Cabo Verde e S. Tomé e Príncipe; na Ásia, Goa, Damão, Diu, Macau e Timor; e na América, o Brasil.

Na verdade, a primeira Constituição Política de Portugal é o único documento jurídico-constitucional que oficializa a presença colonial portuguesa em todos os continentes, sendo promulgado justamente no momento em que, evocando o verso de um poema em que Fernando Pessoa celebra o protagonismo do infante D. Henrique, o Império se começa a desfazer após ter-se cumprido o Mar: com o famoso "Grito do Ipiranga", lançado por D. João VI, o Brasil tinha acabado de declarar a sua independência.

É com o liberalismo que se inicia o longo e revolucionário processo de democratização da língua portuguesa. Ao longo do século XIX, os sucessivos governos fazem uso da língua para melhor insinuar o sentimento patriótico, e substituem um antigo palácio, que alojava o Tribunal da Santa Inquisição, por um novo espaço de liberdade cultural: o Teatro de D. Maria II, uma sala de espetáculos destinada a exibir em palco um repertório genuinamente nacional, perante uma burguesia lisboeta ávida de saber e lazer. Com a dupla liberdade de pensamento (artigo 7°) e de imprensa (artigo 8°), determinada pela Constituição Política de 1822, jornais e revistas crescem em títulos e tiragens, à medida que se adaptam aos tempos da máquina a vapor e à industrialização da imprensa.

O Português moderno começa a assimilar o "Volksgeist" germânico e a dar largas ao devaneio e à imaginação, mergulhando tanto na sua etnografia mais regional como na maior intimidade do coração. A nova literatura romântica nasce num tempo de exílio e é concebida segundo o pensamento laico de dois autores da primeira geração romântica: Almeida Garrett (1799–1854), que inova o teatro com o drama histórico *Frei Luís de Sousa*; reconstitui e compila as errantes lendas populares no *Romanceiro*, dá coloquialidade à narração e ao discurso direto em *Viagens na minha terra*, e renova o conceito do termo "saudade", associando-o definitivamente ao seu pai poético Camões; e Alexandre Herculano (1810–1877), que dá um cunho científico à historiografia para sustentar a sua tese anticlericalista; importa o estilo narrativo de Walter Scott para recriar o misterioso ambiente gótico; e ressuscita a imaginação folclórica das lendas medievais, que retratam alguns momentos determinantes na consolidação da independência nacional, para inculcar a ideia de que "o que é nacional é bom".

Ao longo do século XIX, a língua portuguesa liberta-se dos preceitos cortesãos e do cânone latinizante, aburguesa-se e adquire um tom mais coloquial, sai para a rua e massifica-se, transformando-se também numa poderosa arma de combate ideológico contra as injustiças sociais.

Com a independência política, também a língua portuguesa no Brasil se irá libertando da normatividade europeia. Curiosamente, segundo Sampaio Bruno (1857–1915), a variante do Português do Brasil é uma degenerescência da língua materna por ter sido contaminada por muitos africanismos, uma das consequências mais lastimáveis do regime esclavagista, abolido apenas em 1888, o ano do nascimento de Fernando Pessoa. O monárquico Eça de Queiroz revela, neste caso linguístico, uma tolerância muito maior do que aquele pensador republicano, ao declarar, por esta mesma altura, que os brasileiros falam "o português com açúcar".

Em 1910, a revolução de 5 de Outubro permite implantar a República Portuguesa, cuja bandeira voltará a ostentar a *sphera mundi* manuelina, como prenúncio oficial da manutenção caprichosa dos territórios coloniais.

Como forma de ajudar a diminuir a elevada taxa de analfabetismo em Portugal, a política republicana procura simplificar a língua portuguesa no ensino oficial. Para isso, em 1911, o governo promulga a primeira Reforma Ortográfica, tal como fará em relação aos três Acordos Ortográficos seguintes –1931, 1945 e 1990 –, através dos quais a língua escrita tem vindo a afastar-se cada vez mais da sua raiz etimológica.

Entre 1933, o início da II República, e 1974, o ano do regresso da liberdade, conquistada pela Revolução dos Cravos, vigora a política autoritária do Estado Novo. Norteada pela sacrossanta trilogia "Deus, Pátria e Família", a ditadura salazarista elege António Correia de Oliveira um dos poetas do regime. O poema "Madre Língua Portuguesa", extraído da obra literária *A Fala que Deus nos Deu*, publicada em 1921, é um dos textos selecionados para os manuais oficiais do ensino primário, e os seguintes versos ilustram o modo como a língua portuguesa pode ser convertida num veículo retórico destinado a difundir e a persuadir o amor a Deus e à Pátria: "Ouvi! – A Língua é Bandeira / Da Pátria que reza e canta: / Bendito quem, – entre tanta / De altiva cor estrangeira, – / À luz do Sol a levanta!".

É nas décadas de 50 e 60 do século XX que o fado atinge maior notoriedade e reconhecimento na cultura urbana, sendo através deste género musical que o regime ditatorial, de acordo com o desejo de manter a ordem social e o carácter passivo do povo, consegue propagandear nas consciências a conformação política e o fatalismo por vontade divina. Ao cantar o destino coletivo do povo português, acompanhada pela cadência dolente dos acordes da guitarra lisboeta, a voz de Amália Rodrigues ressoa algumas vezes como uma extensão subliminar do salazarismo: "É meu e vosso este fado / Destino que nos amarra / Por mais que seja negado / Às cordas de uma guitarra. / ... / Ó gente da minha terra / Agora é que eu percebi / Esta tristeza que trago / Foi de vós que recebi."

Em resumo, as reflexões aqui expostas sobre a evolução tripartida da língua portuguesa procuraram incidir sobre os desígnios políticos e religiosos que estiveram na base da sua dinamização, dilatação e democratização, em conformidade com as sucessivas transformações sociais e culturais ocorridas ao longo de oito séculos, tanto sob a égide das quatro dinastias monárquicas, como, mais recentemente, em regime republicano. No início, a fase de dinamização procura consolidar uma nova língua num espaço mitificado a ocidente da Europa; vigora o Português Arcaico, animado por D. Dinis e pelo trovadorismo, e veiculado na política dos descobrimentos. Posteriormente, a língua portuguesa globaliza-se com a expansão marítima, numa fase fortalecida com a mecanização do livro e o crescimento editorial. É o tempo do Português Clássico, do esplendor manuelino, e da censura inquisitorial, praticada até à queda do absolutismo. No século XIX, a política liberal e o ideário romântico iniciam a democratização da língua com o Português Moderno, mais afastado da influência latinista e mais atento à pátria e aos seus valores etnográficos.

O poder, ao longo dos séculos, fez sempre questão de deixar algum vestígio por onde passa, ora assente em pedra monumental ora documentado numa língua oficial, que é verdadeiramente o seu instrumento retórico de eleição. No início do Estado Novo, a mensagem imperialista de que "falta cumprir-se Portugal" é curiosamente pronunciada pelo mesmo ortónimo que declara que "a minha pátria é a língua portuguesa". Procurando sintetizar esta dialética deveras pessoana, podemos enfim concluir que, apesar desse Império terrestre irremediavelmente desfeito, ou até mesmo daquele Quinto Império espiritual que foi apenas um sonho de grandeza messiânica, Portugal nunca deixa de cumprir-se sempre que a língua mais ocidental da Europa for praticada ou debatida em qualquer recanto do mundo. Só assim lhe é prestada, de forma singular ou coletiva, a sua justa e merecida homenagem!

Japaner in Brasilien und Brasilianer in Japan und ihre Identität(en) im Kontext von Arbeitsmigration: Chancen und Herausforderungen für die romanistische Forschung

Anja Hennemann (Potsdam)

1. Einleitung

Vor dem Hintergrund der Globalisierung und der damit einhergehenden Migrationsströme kommt es zu zahlreichen Sprach- und Kulturkontakten und zwischen den verschiedenen Sprach- und Kulturgemeinschaften, die aufeinandertreffen, zu besonderen Dynamiken – sei es auf sprachlicher Ebene, sei es im Bereich des Bildungs- oder Wirtschaftssystems, sei es auf der Ebene des soziokulturellen Zusammenlebens. In diesem Kontext spielen die Frage und die Suche nach der jeweiligen kulturellen und sprachlichen Zugehörigkeit eine wichtige Rolle.

Wenn sehr verschiedene gesellschaftliche und kulturelle Lebensweisen aufeinandertreffen, ist der Anpassungsdruck auf die Migranten besonders hoch, weil die äußerst starken kulturellen und sprachlichen Brüche überwunden werden müssen. Hierzu zählen u.a. die asiatisch-romanischen Sprach- und Kulturkontakte; als konkretes Beispiel ist der Kontakt zwischen Japanern und Brasilianern zu nennen, der vor allem wirtschaftlich bedingt war und stark politisch gesteuert wurde.

Ziel des Beitrags ist es, einerseits den Kontaktverlauf zwischen Brasilien und Japan nachzuzeichnen. Andererseits sollen verschiedene Forschungsdesiderata in den Fokus dieser Studie gerückt werden, da diese Kontakte bislang vor allem nur aus sozialpolitischer und wirtschaftlicher Sicht behandelt werden. Aus romanistischer Perspektive werden diese Kontakte nur sehr marginal betrachtet. Wie zu sehen sein wird, sind zahlreiche Desiderata im Kontext von ‚Identität' festzustellen. Daher sollen Japaner in Brasilien und Brasilianer in Japan und ihre Identität(en) im Kontext von Arbeitsmigration als konkretes Beispiel dienen, um aufzuzeigen, welche Chancen und Herausforderungen bei der system-, sozio- und migrationslinguistischen Analyse dieser Kontakte für die Romanistik bestehen. Romanisten und Linguisten sollen angeregt werden, sich verstärkt mit diesen Kontakten und den daraus entstehenden Dynamiken zu beschäftigen.

2. Asiatisch-romanische Sprachkontakte: Migration zwischen Japan und Brasilien

2.1 Migrationslinguistische Charakteristika

Bei der Untersuchung von Sprachkontakten ist generell der Frage nachzugehen, ob nicht alle Sprachkontakte auch Migrationskontakte sind, da faktisch alle Kontakte als Wechselspiel von Stabilität und Mobilität zu verstehen sind (cf. hierzu Lüdi 2011 oder Schlaak 2011). Auch die Entstehung der romanischen Sprachen – also aus Sicht der Romanistik ein klassischer Sprachkontakt – ist durch Migration bedingt worden, wenn man zum Beispiel an die Romanisierung oder auch an die Völkerwanderung der Germanen denkt (cf. hierzu u.a. Gamillscheg 1970, Kontzi 1978 oder Rohlfs 1984). Gleichwohl muss jedoch festgestellt werden, dass die jeweils spezifischen *Push-* und *Pull-*Faktoren, so auch im Fall des hier zu untersuchenden Sprachkontakts zwischen Japan und Brasilien, die vor allem wirtschaftlicher Natur sind, wahrscheinlich zu anderen Sprachdynamiken als bei den sogenannten „klassischen" Sprachkontakten führ(t)en. In diesem Kontext können auch die *Push-* und *Pull* Faktoren zu einer unterschiedlichen Herausbildung bzw. Ausprägung des jeweiligen Kontakts führen, denn sie bedingen u.a. die Suche nach einer – durch die räumliche Veränderung hervorgerufenen – neuen Identität, den gesellschaftlichen Status, die Entstehung neuer Sprachformen oder auch den Integrationsbedarf aufgrund des wirtschaftlichen und sozialen Drucks.

Asiatisch-romanische Sprach- und Kulturkontakte bestehen seit Jahrhunderten. Es ist zwischen Kontakten zu unterscheiden, die einerseits auf die koloniale Expansion zurückzuführen sind, und andererseits durch Arbeitsmigration[85] entstanden sind. Ab Anfang des 16. Jahrhunderts waren Portugal und Spanien als Kolonialmächte im asiatischen Raum vertreten. Die Präsenz des Portugiesischen,

---

85 Arbeitsmigration entsteht vor allem durch „die weltweite Folge ungleicher Entwicklung" (Tamura 2005, 1).

seiner Varietäten und der Lusokreolsprachen sind bis heute in Indien, Sri Lanka, Malakka, Osttimor, Macao und Hongkong feststellbar (cf. hierzu u.a. Thiele 1991, Campo 2000, Cardona 1994 oder Caudmont 1994); die Präsenz des Spanischen, seiner Varietäten und Kreolsprachen dagegen auf den Marianen oder auf den Philippinen (cf. Pagel 2010). Erst ab dem 19. Jahrhundert ist Frankreich in Südostasien vertreten. Heutzutage sind das Französische und seine Varietäten in Kambodscha, Laos, Vietnam, Neu-Kaledonien, Wallis-et-Futuna und Vanuatu vorzufinden (cf. u.a. Burr 1990 oder Erfurt 2005). Des Weiteren liegen zahlreiche asiatisch-romanische Sprachkontakte, die vor allem arbeitsmigratorischer Natur sind, vor. Als konkretes Beispiel sind etwa die chinesischen Immigranten in Peru (cf. Wilke 2009, 2011) – der Kontakt besteht seit mehr als 160 Jahren – zu nennen, wobei die „Entwicklung und der Integrationsprozess […] sehr komplex [sind], da es innerhalb der chinesischen Gemeinschaft unterschiedliche Gruppen gab, die mehr oder weniger mit bzw. gegeneinander arbeiteten" (Wilke 2011, 129). Ein weiteres Beispiel stellen die japanischen Migranten in Peru dar (cf. u.a. Morimoto 1979, 1999 oder Ardiaca Jové 2010). Zudem ist der portugiesisch-japanische Sprachkontakt in Brasilien zu nennen, der im Folgenden konkret nachgezeichnet werden soll, um dann auf die sich daraus ergebenden Forschungspotenziale eingehen zu können.

2.2 Arbeitsmigration zwischen Japan und Brasilien

Zwischen Japan und Brasilien besteht seit mehreren Jahrzehnten ein intensiver Kontakt (cf. u.a. Maemura 2012, 43–44), auch wenn dieser im Laufe der Zeit auf politischer und gesellschaftlicher Ebene unterschiedlich bewertet wurde. Im Kontext asiatisch-romanischer Sprachkontakte sind die Begriffe *nikkeijin* und *dekasegi* zu nennen. Mit *nikkeijin* sind allgemein japanischstämmige, aber nicht in Japan lebende Personen gemeint („overseas Japanese"; Hamano 2008, 4); mit *dekasegi* wiederum Migranten, die aus Japan kommen, aber emigrieren und vorzugsweise in Lateinamerika leben. Hierzu zählen auch die Personen, die nach einem zeitweisen Aufenthalt im Ausland nach Japan zurückkehren. Außerdem umfasst der Begriff *dekasegi* auch die Personen, die zwar japanischen Ursprungs sind, aber in Brasilien geboren wurden, aus ökonomischen Gründen nach Japan gehen, um dann (möglicherweise) wieder nach Brasilien zurückzukehren. Die

Semantik des Migrierens fand sich schon in der ursprünglichen Bedeutung von *dekasegi* (Mori 2002, 237). So lassen sich folgende Definitionen finden:

> Originally the Japanese term *dekasegi* referred to a farmer who, during the harsh winters in Japan, **migrated from rural to urban areas** in pursuit of temporary work in manufacturing. At the end of winter he returned to the rural area. Over time, however, the meaning of the word has changed. Now it is used to refer to migrant workers in Japan who intend eventually to return to their native land, like **the Brazilian-born Japanese who work in Japan and plan to return later to Brazil** (Mori 2002, 237; Hervorhebung der Verfasserinnen).

> Por *dekasegi* se refieren a japoneses que van al extranjero para trabajar. Usualmente estas familias viajan a **latinoamérica**, y hay comunidades de *dekasegi* especialmente en **Brasil y en Perú**. En años recientes muchos de ellos han regresado a Japón para encontrarse con un *shock* cultural y dificultad para adaptarse. (http://conoce-japon.com/sociedad/ discriminacion-en-japon-nikkei-y-dekasegi/).

Während *dekasegi* sich vor allem auf eine bestimmte Personengruppe bezieht, wird der Begriff *nikkeijin* wesentlich weiter gefasst:

> The term Nikkei has multiple and diverse meanings depending on situations, places, and environments. Nikkei also include people of mixed racial descent who identify themselves as Nikkei. **Native Japanese also use the term Nikkei for the emigrants and their descendants who return to Japan.** Many of these Nikkei live in close communities and retain identities separate from the native Japanese. (http://www.discovernikkei.org/en/about/what-is-nikkei).[86]

> [...] *nikkei* es un término que se utiliza para descendientes de japoneses. Si el padre o la madre son japoneses, entonces se consideran *nikkei*. Hay de primera, segunda, tercera, cuarta y hasta quinta generación. Muchos de ellos han decidido viajar a Japón en busca de la identidad de sus ancestros, y al igual que los *dekasegi*, en ocasiones se enfrentan a dificultades. Las identidades de los *dekasegi* y *nikkei* son problemáticas, pues en Japón y en América son vistos como extranjeros. En el caso de algunos *nikkei*, hay quienes han pensado en establecer una comunidad **pan-nikkei** con gente de todo el mundo –

---

86 Positiv hervorzuheben ist, dass auf der Website http://www.discovernikkei.org/en/about/what-is-nikkei erklärt wird, wie man zur Definition von *nikkeijin* gelang: „Our definition of ‚who are the Nikkei' is based on findings of the International Nikkei Research Project, a three-year collaborative project that involved more than 100 scholars from 10 countries and 14 participating institutions." Die Ergebnisse dieses Forschungsprojekts finden sich in dem Sammelband „*New Worlds, New Lives: Globalization and People of Japanese Descent in the Americas and from Latin America in Japan*" (2002) wieder, aber auch in der Enzyklopädie: „*Encyclopedia of Japanese Descendants in the Americas: An Illustrated History of Nikkei*" (2002). Außerdem sei für den Umgang mit der Thematik aus nicht-linguistischer Sicht auf den Sammelband „*Heritage, Nationhood, and Language. Migrants with Japan Connections*" (2011) verwiesen.

excluyendo a los japoneses. (http://conoce-japon.com/sociedad/discriminacion-en-japon-nikkei-y-dekasegi/).[87]

Dass es auch bei der Definition von *nikkeijin* auf die Perspektive ankommen kann, verdeutlichen Hamanos (2008) Ausführungen. Er erläutert, dass es sich bei *nikkeijin* aus politischer Sicht um Personen handeln muss, die keine japanische Staatsbürgerschaft besitzen:

> The Japanese Government defines the term Nikkei strictly as those who are descendants of Japanese migrants, **without Japanese nationality**. Nevertheless, it can be seen that the concept of Nikkei identity has recently been appropriated into a wider symbolic concept, describing a variety of Japanese diasporas, regardless of the ownership of Japanese nationality [...] (Hamano 2008, 4; Hervorhebung der Verfasserinnen).

Grundsätzlich sind mehrere Etappen des japanisch-portugiesischen Sprachkontakts zu benennen; vor allem wirtschaftliche Gründe bedingten und bedingen diesen Kontakt. So ist die Emigration von Japanern nach Brasilien als eine erste wichtige Etappe festzuhalten: Ende des 19. Jahrhunderts kam es zu einem Abkommen zwischen Brasilien und Japan, so dass es zu einer starken Emigration vieler Japaner nach Brasilien Ende des 19. Jahrhunderts und Anfang des 20. Jahrhunderts kam (de Carvalho 2003, 3; siehe auch Tab. 1). Nach dem Zweiten Weltkrieg erfolgte dann eine weitere wichtige Etappe: die Re-Emigration von japanischstämmigen Brasilianern nach Japan, da sich die Beziehungen zwischen Japan und Brasilien aufgrund der weltpolitischen Ereignisse stark verschlechterten und in Japan ein Wirtschaftsaufschwung zu verzeichnen war, so dass Japan selbst ein großes Interesse an der Re-Emigration hatte (Higuchi 2006, 6–7; Tamura 2005, 34–35). Aufgrund der starken wirtschaftlichen Stellung Japans stieg in der Folge das Ansehen der Japaner in Brasilien, so dass es wieder zu einem verstärkten Kontakt kam (Higuchi 2006, 2). Aktuell kommt es aufgrund der wirtschaftlichen Schwierigkeiten in Japan zu einer Re-Re-Emigration nach Brasilien; von Japan selbst wurden sogar finanzielle Anreize geschaffen, damit die Rückkehrer mit japanischen Wurzeln wieder nach Brasilien aufbrechen (http://www.nytimes.com/2009/04/23/business/global/23immigrant.htm) – diese Maßnahme ist jedoch nur wenig erfolgreich.

---

87 Zu den Migrationsprozessen der *nikkeijin* siehe auch Higuchi (2003).

In diesem Kontext ist festzustellen, dass die Größe der Gemeinschaften japanischer Einwanderer sehr unterschiedlich ausfällt; so ist die japanische Migrantengemeinschaft inbesondere in Brasilien zwischen 1985 und 2004 stark angewachsen, wie folgende Zahlen belegen:

	Argentinien	Bolivien	Brasilien	Paraguay	Peru	Gesamt
1985	329	128	1,955	110	553	850,612
1990	2,656	496	56,429	672	10,279	1,075,317
1995	2,910	2,765	176,440	1,176	36,269	1,362,371
2000	3,072	3,915	254,394	1,678	46,171	1,686,444
2004	3,739	5,655	286,557	2,152	55,750	1,973,747

Tab. 1.: Offiziell gemeldete Ausländer in Japan (Higuchi 2006, 17).

Im Zuge der Finanzkrise 2007 in Japan kam es, wie bereits kurz ausgeführt, zur Forderung nach Re-Re-Emigration. Die japanischen Arbeitskräfte, die aus Lateinamerika stammten, sollten wieder zurückkehren; sie wurden nicht mehr gebraucht. Daher ist auch nicht verwunderlich, dass die einheimische Bevölkerung Japans die Rückkehrer ablehnte, da sie beispielsweise als Konkurrenten auf dem Arbeitsmarkt wahrgenommen wurden.

Der japanisch-brasilianische Sprachkontakt führt – wie sicherlich nachvollziehbar ist – zu verschiedenen interessanten sprachlichen und kulturellen Kontaktphänomenen. So bilden sich beispielsweise spezifische materialsprachliche Charakteristika heraus: Unregelmäßig gebildete Verben im Portugiesischen werden beispielsweise vereinfacht oder *suru* (dt. ‚tun') wird an die portugiesischen Verben angehängt. *Sentar* wird so etwa zu *sentar suru* oder *comer* zu *comer suru*. Neben diesen Veränderungen auf morphologischer Ebene sind auch Auffälligkeiten in der Lexik festzustellen. Dass die Verwendung eines japanischen bzw. portugiesischen Wortes stark kontextabhängig ist, stellt die logische Konsequenz der (sprach-)kulturellen Unterschiede dar. So wird beispielsweise *yuban* für die Bezeichnung einer formellen Mahlzeit gebraucht, während das portugiesische *jantar* für weniger formelle Essen verwendet wird. Auch bei der Analyse von Diskurstraditionen sind spezielle Charakteristika feststellbar, da es im Japanischen z.B.

generell kompliziert ist, eine ablehnende Haltung auszudrücken. In solchen Fällen wird daher eher das Portugiesische verwendet (de Carvalho 2003: 12).

Aus romanistischer Perspektive bietet der japanisch-portugiesische Sprachkontakt sowohl auf systemlinguistischer als auch auf soziolinguistischer Ebene noch großes Forschungspotenzial. Daher sollen im folgenden Abschnitt einige Forschungsdesiderata angesprochen und Anstöße für weitere Studien gegeben werden.

3. Forschungsdesiderata im japanisch-brasilianischen Sprach- und Kulturkontakt

Auch wenn historisch und aktuell zahlreiche Sprachkontakte zwischen asiatischen und romanischen Sprachen bestanden bzw. bestehen, ist generell feststellbar, dass Forschungen hierzu in der deutschen Romanistik nur marginal vorhanden sind. So ist beispielsweise „im Gegensatz zur Mehrzahl der portugiesischlexifizierten Kreolsprachen Westafrikas [...] die linguistische Aufarbeitung der asiatischen Lusokreols [...] noch völlig singulär" (Thiele 1991, 49). Studien zur Identitätsforschung im Kontext von Arbeitsmigration aus kulturwissenschaftlicher und sozial-politischer Sicht sind zwar zahlreich und auch die Kontaktsituation Brasilien-Japan stellt kein unberührtes Forschungsgebiet dar, aber aus sprachwissenschaftlicher Sicht bestehen, auch wenn es vereinzelte Studien gibt, zahlreiche Forschungsdesiderata.

Im Sinne der Kontakt-, Variations- und Migrationslinguistik entstehen gerade aufgrund des besonderen Kontakts – die Sprachen / Kulturen etc. sind sehr verschieden – interessante Phänomene bzw. Forschungsmöglichkeiten, die im Folgenden exemplarisch dargestellt werden sollen. Am Beispiel des Verhältnisses zwischen Japan und Brasilien werden unterschiedliche Forschungsmöglichkeiten vorgestellt, linguistische Probleme aufgezeigt und sprachliche Besonderheiten, die sich durch die spezifischen Sprachdynamiken ergeben, kurz umrissen.

3.1 Probleme innerhalb der Familienkommunikation

Im Sprachkontakt entstehen insbesondere innerhalb der familiären Kommunikation besondere Dynamiken, wie bereits mehrfach in Studien nachgewiesen werden konnte. Während jedoch der Sprachwechsel in der Regel über drei Sprechergenerationen stattfindet, ist beim japanisch-brasilianischen Sprachkontakt auffällig, dass der Wechsel abrupt vonstattengeht. Allein zwischen der Eltern- und Kindergeneration sind erhebliche Kommunikationsschwierigkeiten festzustellen. So konnte zum Beispiel eine Mutter mit ihrem Sohn aufgrund der gesellschaftlichen Umstände – sie musste lange Zeit in Japan arbeiten, sprach aber aufgrund ihrer Geburt in Brasilien nur Portugiesisch; der Sohn erlernte die japanische Sprache im Bildungssystem – nicht mehr kommunizieren:

> "I got freaked out when I realized he doesn't understand our language," the 25-year-old Omura said (http://www.japantimes.co.jp/print/nn20080801fl.html).

Diese Entwicklung ist vor allem auf wirtschaftliche Gründe zurückzuführen, wie auch de Carvalho erläutert:

> Children who were born in Japan or came as babies have in general a very poor command of Portuguese, and in such cases Japanese becomes their main language, since their parents are too busy working to spend much time with them (de Carvalho 2003, 105).

Allein von diesem konkreten Beispiel lassen sich zahlreiche Forschungsfragen ableiten: Beispielsweise wäre zu erörtern, welche Einstellung die Kinder zu ihrer sprachlichen und kulturellen Identität haben. Fühlen sie sich überhaupt einer bestimmten (Sprach-)Gemeinschaft angehörig? Aber auch aus der Perspektive der Eltern stellt sich die Frage, welche Haltung Eltern gegenüber ihren Kindern einnehmen, wenn die Kommunikation in der (elterlichen) Muttersprache scheitert und aufgrund politischer / gesellschaftlicher Umstände seitens der Kinder abgelehnt wird.

3.2 Herausforderungen im Bildungs- und Schulsystem

Im Kontext von Arbeitsmigration nimmt die Bildungssituation eine wichtige Rolle ein. Hierbei stellt sich etwa die Frage, wie Kinder und Jugendliche in der für sie neuen Gesellschaft im Bildungs- und Schulsystem aufgenommen werden, da sie meist noch nicht die lokale Sprache realisieren können. Eine wichtige Forschungsfrage könnte in diesem Zusammenhang lauten: Inwiefern sind spezifische Bildungsprogramme notwendig und zu entwickeln? So heißt es:

> Una de las mayores problemáticas a las que se enfrentan los dekasegi es al sistema educativo para sus niños. El gobierno japonés no ofrece ningún apoyo para los hijos de extranjeros para que puedan asimilar el idioma y puedan integrarse al resto de la comunidad. En muchas ocasiones las escuelas para los hijos de dekasegi eran financiadas por el sector

privado, pero con la disminución de la comunidad muchas han tenido que cerrar (http://conoce-japon.com/sociedad/discriminacion-en-japon-nikkei-y-dekasegi/).

Die Frage nach speziellen Bildungsprogrammen stellt sich insbesondere für die Kinder der *dekasegi*, die nach langer Zeit aus Lateinamerika nach Japan zurückkehren. Die Kinder, deren Eltern mit ihnen im Kleinkindalter Japan verlassen hatten bzw. die gar im Ausland geboren wurden, könnten dabei eine besondere Rolle einnehmen. Sie hätten nämlich die japanische (Sprach-)Kultur bis zur Rückkehr ihrer Eltern nach Japan ausschließlich durch diese kennengelernt und nicht gleichzeitig auch durch Bildungseinrichtungen. Diese Konstellation ist sonst sehr selten. In diesem Falle bedürfte es einer Integration im besonderen Maße. Wie könnte so etwas auf theoretischer (Modell-)Ebene aussehen? Wie könnte eine praktische Umsetzung gewährleistet werden? Untersucht werden könnte in diesem Zusammenhang auch retro- und prospektiv, was Japan in dieser Hinsicht bislang geleistet hat oder in Zukunft leisten müsste.

3.3 Probleme bei der Herausbildung der (sprachlichen) Identität

Wenn verschiedene Gemeinschaften in Kontakt treten, stellt sich grundsätzlich die Frage, welche Identität die Sprecher dabei herausbilden. Dies wurde bereits mehrfach in der Romania untersucht (cf. Schlaak 2014). Bei einer sehr kurzfristigen und schnell ablaufenden Emigration, Re-Emigration und Re-Re-Emigration sind jedoch andere Dynamiken zu erkennen, denn der Ortswechsel wirkt ganz entscheidend auf die Herausbildung der Identität. So erläutert ein Arbeitsmigrant:

I feel Brazilian because I went to a Portuguese school. If I'd gone to a Japanese school, maybe I'd feel differently. But Japan is also my country; I grew up here. Brazil, I think, is a dangerous country. I mean, I'd feel afraid to carry around an iPod or wear a designer T-shirt over there. Japan's safe (http://www.nytimes.com/2008/11/02/world/asia/02japan.html?_r=2&p&).[88]

Vor diesem Hintergrund ergeben sich verschiedene Forschungsfragen aus unterschiedlichen Perspektiven; es gilt sowohl die Perspektive des Kindes als auch die der Eltern zu berücksichtigen. Kinder könnten in den Fokus von Studien gerückt werden, um herauszufinden, was für sie ihre Identität ausmacht. Warum fühlen sie sich X, *aber nicht* Y bzw. X *und* Y? Aus der Perspektive der Eltern könnte

---

88 Zur ‚identitären Neufindung' siehe auch Linger (2001). Zur Identitätsfrage bei den *nikkeijin* siehe insbesondere Lesser (1999, 170–173).

hinterfragt werden, ob sie eher eine aktive oder passive Rolle bei der Identitätsbildung des Kindes einnehmen. Nehmen sie bewusst oder unbewusst Einfluss auf ihr Kind, damit es sich X *oder* Y bzw. X *und* Y fühlt? Welche Sprache(n) wird / werden einerseits im familiären Umfeld, andererseits in den öffentlichen Einrichtungen, wo die Kinder möglicherweise Zeit verbringen, gesprochen und welche Einflüsse ergeben sich daraus?

Bei einer tiefergehenden Analyse der identitären Situation sollte sich bei diesen spezifischen asiatisch-romanischen Sprachkontakten auch speziell mit der sprachlichen Identität beschäftigt werden. Hat Sprachkenntnis Einfluss auf die eigene Identitätswahrnehmung bzw. -beschreibung? Inwiefern hat sich eine sprachliche (aber auch kulturelle) Identität bei weit auseinanderliegenden Sprachsystemen entwickelt?

> Japanese immigrants used to consider that teaching Japanese to their children was the „raison d'etre" of the Japanese. However, as assimilation progressed, new generations are losing Japanese. The third generation rarely speaks Japanese. It is natural that the fourth generation cannot speak any Japanese. How should we understand the phenomenon in which the children of Brazilian workers in Japan are losing Portuguese or are reluctant to learn their own language. These Brazilian students will go back to Brazil in a few years. If, then, they can speak only in Japanese and cannot communicate in Portuguese, it will be a great concern to the Nikkei society (http://www.janm.org/projects/inrp/english/sc_nino.htm).

In diesem Zusammenhang wäre auch die Nachzeichnung eines Sprachverlustes ein Forschungsdesiderat, welches mit Hilfe von generationenübergreifenden Leitfrageninterviews, Fragebögen etc. untersucht werden könnte.

3.4 Einfluss der Binnen- und Außenwahrnehmung auf die Identität

In Studien zur Identität konnte bereits festgestellt werden, dass die Binnen- und auch Außenperspektive[89] einen wichtigen Einfluss auf die Herausbildung bzw.

---

89 Bei der Bestimmung bzw. Analyse der regionalen Identität führt das Einnehmen einer speziellen Perspektive zu unterschiedlichen Ergebnissen: In der Regel unterscheidet sich die Binnenperspektive eines in einem bestimmten Raum lebenden Individuums von der Außenperspektive von Individuen, die außerhalb dieses Raumes leben bzw. nicht Teil dieser Gruppe sind (cf. hierzu Schlaak 2014, 101–103).

Bestimmung von Identität haben (Schlaak 2014). Dies ist auch beim japanisch-brasilianischen Kontakt offensichtlich:

> „Before, I didn't think much about Japan, but since my brother went, I thought of going and seeing our roots, I began to be more interested in the language, the history, and customs," says Sonia Maria Yamamoto, who hopes to meet and marry a Japanese man. [...] Today about 10 percent of the 1.2 million Japanese-Brazilians (the largest community outside Japan) are working in Japan. Brazilian officials won't say how much money they send home, but Japanese-Brazilians familiar with the dekasegi phenomenon say they probably remit about $2 billion a year to Brazil, almost twice what the country earns exporting coffee (http://www.csmonitor.com/1992/0227/27051.html).

Das obenstehende Zitat verdeutlicht, dass das japanisch-brasilianische Kontaktverhältnis auch aus wirtschaftlicher Sicht Konfliktpotenzial bietet. So hält auch Mori (2002) z.B. für die 1980er / 1990er Jahre fest:

> The contribution of the Japanese-Brazilians to the Brazilian economy has been tremendous during the fifteen years of the *dekasegi* migration phenomenon (1985–99). The figures are impressive. Every year during this period, Brazilians of Japanese descent working in Japan have sent back home an average of $2 billion U.S. dollars. In terms of their income, Brazilian *dekasegi* in Japan represent one of Brazil's top three export items [...] (Mori 2002, 237).

> The main objectives of the majority of the more than 200,000 Japanese-Brazilians temporarily working in Japan include supplementing the income of relatives back home, buying a house, and opening their own business (Mori 2002, 237).

Dies führt in Japan mitunter zu einem negativen Bild von japanischstämmigen, in Japan arbeitenden Brasilianern. Für eine erfolgreiche Integration sollte daher auch untersucht werden, wie sich die Migrantengemeinschaft selbst wahrnimmt (Binnenperspektive), aber auch wie sie wahrgenommen wird (Außenperspektive).[90]

Mit „*Japanese Brazilians' Attitude Toward Japan and Japanese Co-Workers: A Case Study of Company D in Hiroshima*" (Maemura 2012) liegt eine interessante Fallstudie zur Einstellung von japanischstämmigen Brasilianern gegenüber Japan vor. Es wurde hier also nicht die Einstellung von Japanern gegenüber brasilianischen *dekasegi*, die in Japan arbeiten, untersucht, sondern umgekehrt die Einstellung japanischstämmiger Brasilianer zum Arbeitgeberland Japan. Es wurden Umfragen zum Japanbild vorgenommen, die sich auf die Einstellung zum Land vor und nach der tatsächlichen Einreise beziehen. Die Studie führte zu folgendem Ergebnis:

---

90 Hierzu auch Roth (2002) und Sasaki (2013).

Japanese Brazilians came to Japan with ambitions to work, earn money, and have a more comfortable life when they go back to Brazil in the future. Quantitative data showed their image of ‚Japan' was positive until they came to Japan. Unfortunately, their somewhat dreamy image changed negatively after coming to Japan, because of difficulties they experienced in Japan, especially in the workplace (Maemura 2012, 50).

Maemura (2012, 50–51) konnte in diesem Kontext zwei Feststellungen machen: Erstens, Sprachschwierigkeiten stellen das größte Problem für japanischstämmige Brasilianer dar, die im Kontext von Arbeitsmigration nach Japan gehen. Zweitens, bessere Japanischkenntnisse korrelieren interessanterweise mit einem negative(re)n Japanbild:

> Japanese language ability and attitude toward Japanese people were correlated negatively; individuals with a better command of Japanese tended to have a more negative attitude toward Japanese people than those with less ability (Maemura 2012, 51).

Damit wird ein weiterer Untersuchungsbereich angeschnitten, der großes Forschungspotenzial bietet.

3.5 Sprechereinstellung

Mit der Untersuchung der Einstellung zu Sprachen bei Arbeitsmigranten liegt ein weiteres Forschungsdesiderat vor. Schließlich sind Arbeitsmigranten (meist) darauf angewiesen, die lokalen Sprachen möglichst schnell realisieren zu können. Allgemein ist daher zu erforschen, welche Sprechereinstellungen zu den jeweiligen Fremdsprachen vorliegen, um zu erörtern, welche Auslöser den Erwerb einer Fremdsprache konkret bedingen. Dabei sollte insbesondere die Einstellung von Japanern zum Japanischen der *dekasegi*, aber auch zum Portugiesischen untersucht werden:

> For other people, who are not in the teaching business, the situation is much more complicated. Especially complicated, I think, is the situation of thousands of Brazilians of the „dekasegi" generation, the „nisei" (second generation born in Brazil) or „sansei" (third generation). The highest degree these Japanese Brazilians obtained in Brazil doesn't matter to Japan: when they arrive here they suffer double discrimination.[91] And here tragedy starts. And it affects all of us Brazilians. (http://www.brazzil.com/2003/html/articles/sep03/p130sep03.htm).

---

91 Siehe auch die Ausführungen in Mori (2002, 241) zu den unterschiedlich hohen Löhnen als einen Bereich der Diskriminierung: „[…] the salaries of dekasegi were lower than those of Japanese […]".

Im Kontext von Arbeitsmigration ist auffällig, dass Migranten entweder die jeweilige Fremdsprache sehr gut beherrschen oder, wie auch in Kapitel 3.1 erläutert, nur bedingt realisieren können. Welche Voraussetzungen müssen geschaffen werden, damit eine erfolgreiche (sprachliche) Integration möglich ist? Der Erwerb der jeweiligen Sprache der lokalen Gemeinschaft nimmt in diesem Zusammenhang eine zentrale Rolle ein.

4. Fazit

Dieser Beitrag hatte zum Ziel, ausgewählte Forschungsdesiderata aufzuzeigen, die sich aus dem asiatisch-romanischen (Sprach-)Kontakt – insbesondere aus dem japanisch-brasilianischen – ergeben.

Bei dem Entstehen von spezifischen Dynamiken durch Sprachkontakt und Kulturtransfer kommt es für gewöhnlich zu kulturellen Brüchen und Konflikten. Anhand des vorliegenden Kontakts ist festzustellen, dass Sprache, wenn auch ein wichtiger, doch nicht alleiniger Faktor für eine erfolgreiche Integration ist. Die politische Ebene spielt ebenfalls eine immens wichtige Rolle und im Mittelpunkt steht hierbei die Frage, wie Migrantengemeinschaften in der ankommenden Gesellschaft aufgenommen und wahrgenommen werden.

Wie zu sehen ist, ergeben sich vor allem Fragestellungen im Hinblick auf die Herausbildung der Identität der Migrantengemeinschaften, sei es durch die Bewertung der jeweiligen lokalen Gemeinschaft (Außenperspektive), sei es durch die eigene Wahrnehmung innerhalb der Migrantengemeinschaft (Binnenperspektive). Anhand des konkreten Beispiels der familiären Kommunikation ist zudem zu erkennen, dass sich aufgrund von Emigration, Re-Emigration und Re-Re-Emigration ganz spezifische Sprachdynamiken ergeben, so dass es gar zu einem Abbruch der Kommunikation innerhalb von zwei Generationen kommen kann. Diese sprachlichen Entwicklungen sind in dem Sinne in der Kontakt- und Variationslinguistik von besonderer Bedeutung, da dies dem Normalfall in einem vertikalen Kontakt, in dem sich dominante und dominierte Sprachen gegenüberstehen, vollkommen widerspricht. Es ist daher fraglich, warum diesem speziellen Phänomen des japanisch-brasilianischen Sprachkontakts bisher in der linguistischen Romanistik nur wenig Beachtung geschenkt wurde. Denkbar wäre, dass diese Kontakte – aufgrund der extrem verschiedenen Sprachfamilien – zu speziell, komplex oder einzigartig sind, so dass dieses Forschungsfeld bisher nur sehr zögerlich betreten wurde. Wie anhand der einzelnen Forschungsbereiche (Kapitel 3.1 bis 3.5) deutlich wurde, wären weitere Untersuchungen sehr interessant und hätten durchaus Potenzial der Übertragbarkeit auf andere Kontaktsituationen.

Bibliografie

ARDIACA JOVÉ, Mercè. 2010. *La lengua de la inmigración peruana en Japón: Estudio sobre la variación lingüística hispano-japonesa*. Universität Potsdam (unveröffentl. Masterarbeit).

BURR, Isolde. 1990. „Frankophonie V. Regionale Varianten des Französischen außerhalb Europas II. b) Asien, Indischer Ozean und Pazifik / Asie, océan Indien et océan Pacifique", in: Holtus, Günter & Metzeltin, Michael & Schmitt, Christian. edd. *Lexikon der Romanistischen Linguistik, Bd. V, 1: Französisch*. Tübingen: Niemeyer, 788–816.

CAMPO, José Luís de Azevedo do. 2000: *Portugiesisch-basierte Kreolsprachen in Westafrika und Ostasien – ein Überblick*. Universität Rostock: Inst. für Romanistik.

CARDONA, Giorgio Raimondo. 1994. „Portugiesisch in Asien / A língua portuguesa na Ásia. a) Ausdehnung und Verbreitung des Portugiesischen / Espansione e diffusione del portoghese", in: Holtus, Günter & Metzeltin, Michael & Schmitt, Christian. edd. *Lexikon der Romanistischen Linguistik, Bd. VI, 2: Galegisch, Portugiesisch*. Tübingen: Niemeyer, 591–596.

CAUDMONT, Jean. 1994. „Portugiesisch in Asien / A língua portuguesa na Ásia. b) Portugiesisch in Südostasien / Le portugais dans le sud-est de l'Asie", in: Holtus, Günter & Metzeltin, Michael & Schmitt, Christian. edd. *Lexikon der Romanistischen Linguistik, Bd. VI, 2: Galegisch, Portugiesisch*. Tübingen: Niemeyer, 597–609.

DE CARVALHO, Daniela. 2003. *Migrants and Identity in Japan and Brazil. The Nikkeijin*. London: RoutledgeCurzon.

DOERR, Neriko Musha, ed. 2011. *Heritage, Nationhood, and Language. Migrants with Japan Connections*. London: Routledge, Taylor & Francis Group.

ERFURT, Jürgen. 2005. *Frankophonie. Sprache – Diskurs – Politik*, Tübingen: Francke.

GAMILLSCHEG, Ernst. ³1970. *Romania Germanica, Sprach- und Siedlungsgeschichte der Germanen auf dem Boden des alten Römerreiches*, Bd. 1. Berlin: de Gruyter.

HAMANO, Takeshi (2008): „Authorising Nikkei (Overseas Japanese) identity in two different times, different manners and different contexts: The porosity of diasporic Japanese identity in Australia within the locale", *Online Proceedings of ‚Sustaining Culture'. Annual Conference of the Cultural Studies Association of Australia (CSAA) UniSA*, Adelaide December 6–8, 2007: 1–13. http://unisa.edu.au/com/csaa/onlineproceedings.htm, Zugriff: 01.03.2015.

HIGUCHI, Naoto. 2003. „The Migration process of Nikkei Brazilians", in: *Emigración Latinoamericana: Comparación Interregional entre América del Norte, Europa y Japón*. Osaka: Japan CENTER FOR AREA STUDIES, 379–406.

HIGUCHI, Naoto. 2006. *Brazilian migration to Japan. Trends, Modalities und Impact*, http://www.un.org/esa/population/meetings/IttMigLAC/P11_Higuchi.pdf, Zugriff: 15.09.2012.

KIKUMURA-YANO, Akemi, ed. 2002. *Encyclopedia of Japanese Descendants in the Americas: An Illustrated History of Nikkei*. Walnut Creek, CA: AltaMira Press.

KONTZI, Reinhold. ed. 1978. *Zur Entstehung der romanischen Sprachen*. Darmstadt: Wissenschaftliche Buchgesellschaft.

LESSER, Jeffrey. 1999. *Negotiating National Identity. Immigrants, Minorities, and the Struggle for Ethnicity in Brazil*. Durham / London: Duke University Press.
LINGER, Daniel T. 2001. *No One Home: Brazilian Selves Remade in Japan*. Stanford, CA: Stanford University Press.
LÜDI, Georges. 2011. „Neue Herausforderungen an eine Migrationslinguistik im Zeichen der Globalisierung", in: Thomas Stehl. ed. *Sprachen in mobilisierten Kulturen: Aspekte der Migrationslinguistik*. Potsdam: Universitätsverlag Potsdam, 15–38.
MAEMURA, Naoka. 2012. „Japanese Brazilians' Attitude Toward Japan and Japanese Co-Workers: A Case Study of Company D in Hiroshima", *Immigration Studies* 8: 43–56.
MORI, Edson. 2002. „The Japanese-Brazilian Dekasegi Phenomenon. An Economic Perspective", in: Hirabayashi, Lane Ryo & Kikumura-Yano, Akemi & Hirabayashi, James A. edd. *New Worlds, New Lives: Globalization and People of Japanese Descent in the Americas and from Latin America in Japan*. Stanford, CA: Stanford University Press, 237–248.
MORIMOTO, Amelia. 1979. *Los inmigrantes japoneses en el perú*. Lima: Taller de Estudios Andinos.
MORIMOTO, Amelia. 1999. *Los japoneses y sus descendientes en el Perú*. Lima: Congreso de la República del Perú.
PAGEL, Steve. 2010. *Spanisch in Asien und Ozeanien*. Frankfurt am Main: Lang.
ROHLFS, Gerhard. 1984. *Von Rom zur Romania. Aspekte und Probleme romanischer Sprachgeschichte*. Tübingen: Narr.
ROTH, Joshua Hotaka. 2002. *Brokered Homeland: Japanese Brazilian Migrants in Japan*. Ithaca: Cornell University Press.
SASAKI, Koji. 2013. „To Return or Not to Return: The Changing Meanings of Mobility among Japanese Brazilians, 1908–2010", in: Xiang, Biao & Yeoh, Brenda S. A. & Toyota, Mika. edd. *Return: Nationalizing Transnational Mobility in Asia*. Durham, NC: Duke University Press, 30–47.
SCHLAAK, Claudia. 2011. „Mobile vs. lokale Sprachgemeinschaften: Der *lunfardo* und das *euskara*", in: Stehl, Thomas. ed. *Sprachen in mobilisierten Kulturen: Aspekte der Migrationslinguistik*. Potsdam: Universitätsverlag, 259–275.
SCHLAAK, Claudia. 2014. *Das zweigeteilte Baskenland: Sprachkontakt, Sprachvariation und regionale Identität in Frankreich und Spanien*. Berlin: de Gruyter.
TAMURA, Claudia. 2005. *Arbeitsmigration und gesellschaftliche Entwicklung in Japan: unter besonderer Berücksichtigung der Integrationsperspektiven von brasilianischen Arbeitnehmern in der Kleinstadt Mitsukaido*. Bonn: Bier'sche Verlagsanstalt.
THIELE, Petra. 1991. „Situation und Perspektiven der asiatischen Lusokreolsprachen", in: Perl, Matthias & Schönberger, Axel. edd. *Studien zum Portugiesischen in Afrika und Asien*. Frankfurt am Main: TFM, 49–68.
WILKE, Maria. 2009. *La integración lingüística de la comunidad china en el Perú. Una investigación empírica*. Universität Potsdam (unveröffentl. Masterarbeit).
WILKE, Maria. 2011. „Die sinoperuanische Gemeinschaft in Peru. Eine empirische Untersuchung zur Dynamik ihrer sprachlichen Integration", in: Stehl, Thomas. ed. *Sprachen in mobilisierten Kulturen: Aspekte der Migrationslinguistik*. Potsdam: Universitätsverlag, 127–149.

Quellen:
http://www.brazzil.com/2003/html/articles/sep03/p130sep03.htm (Zugriff: 24.07.12).
http://www.csmonitor.com/1992/0227/27051.html (Zugriff: 24.07.12).
http://www.discovernikkei.org/ en/about/what-is-nikkei (Zugriff: 11.12.15).
http://www1.folha.uol.com.br/fsp/mais/fs2004200804.htm (Zugriff: 24.07.12).
http://www.nytimes.com/2009/04/23/business/global/23immigrant.htm (Zugriff: 24.07.12).
http://www.nytimes.com/2008/11/02/world/asia/02japan.html?pagewanted=all (Zugriff: 24.07.12).
http://www.janm.org/projects/inrp/english/sc_nino.htm (Zugriff: 24.07.12).
http://www.japantimes.co.jp/print/nn20080801f1.html (Zugriff: 24.07.12).

O papel das línguas na (re)construção identitária de angolanos na diáspora

Fabienne Loureiro-Galmbacher (Bona)

1. Introdução

Existe uma vasta literatura sociológica e sociolinguística sobre portugueses na diáspora (p.ex. Arroteia 1983, 1985 e Sinner 2005) e publicações sobre portugueses na Alemanha (p.ex. Pinheiro 2010, Loureiro-Galmbacher no prelo), mas em relação às comunidades angolanas que vivem fora de Angola, verifica-se uma certa lacuna, que só há pouco tempo está a ser trabalhada e apresentada em publicações que visam geralmente a comunidade angolana em Lisboa (Øien 2007). Talvez se deva ao aparente desinteresse generalizado para com temas africanos[92], possivelmente ao reduzido número de angolanos na Alemanha em comparação com outros grupos migratórios[93] ou ainda ao facto de não se tratar de um fenómeno atual[94]. O presente artigo não vai preencher essa lacuna mas pretende abrir uma pista posicionada dentro da Antropologia Linguística, o que nos parece importante para compreender as atitudes e ideologias linguísticas que estão relacionadas com a construção identitária de grupos. Cada caso de migração com as suas condições específicas é complexo e único e tem seguramente relevância para ser estudado. No presente artigo não podemos abordar, nem a história complexa, nem as razões da emigração angolana, mas restringimo-nos a um aspeto: a ligação entre língua e construção identitária de angolanos que imigraram para a Alemanha. Pressupostamente eles veem-se confrontados com o desafio de aprender uma nova língua, a língua do país de chegada e com o desafio de escolher (consciente ou

---

[92] De acordo com dados dos *Médicos sem fronteiras*, a migração desencadeada pelas guerras civis deslocou à volta de 5 milhões de angolanos mas a migração permaneceu interna e para os Estados vizinhos, uma migração africana que, em comparação, quase não atingiu a Europa.
[93] Angola não faz parte dos 25 países mais importantes em termos de proveniência de refugiados, nem antes nem durante os conflitos mais violentos entre 1998 e 2002.
[94] Desde 2004 a situação em Angola é avaliada como estável.

inconscientemente) entre a manutenção de uma língua africana e / ou da língua portuguesa (que resulta no bi- ou multilinguismo) e da perda dessas línguas em favor do alemão. Qual será a língua mais importante para eles no seu dia a dia? E para a sua identificação? Podemos verificar uma lealdade linguística ou atitudes positivas / negativas para com uma das línguas? Será possível ligar essas atitudes com as ideologias linguísticas que prevalecem nos países de partida e de chegada? E podemos estabelecer uma ligação entre língua e etnia ou entre língua e nacionalidade angolanas? Para poder responder a essas perguntas, fizemos quinze entrevistas a angolanos em janeiro e fevereiro de 2015. Antes de apresentar os resultados dessa pequena pesquisa preliminar vamos introduzir o tema da construção identitária, em geral, e em relação às línguas, e abordar a ligação com atitudes linguísticas no sentido de "crenças ou sentimentos acerca de línguas" (Woolard & Schieffelin 1994, trad. própria) e ideologias linguísticas como *cluster concept* (Kroskrity 2004, 511), conceito mais abstrato ao nível das sociedades envolvidas[95]. Para revelar possíveis inter-relações entre as atitudes e as ideologias na sociedade de partida e chegada, é necessário esboçar a situação sociolinguística e as ideologias linguísticas observadas em Angola e na Alemanha. Assim esperamos propor uma interpretação sucinta do papel das línguas para a construção identitária dos angolanos entrevistados.

2. A construção identitária

A construção identitária de indivíduos e grupos é um processo complexo em desenvolvimento permanente. Esse processo começa com a socialização primária que envolve o modelo da família e o modelo da língua materna e termina provisoriamente com o final da puberdade. O indivíduo desenvolve certas atitudes e normas na interação com os outros[96]. Mesmo que o indivíduo nunca deixe de interagir com a sociedade, também depois da fase crucial que é a socialização primária, a construção identitária continua conforme às experiências e, sobretudo,

---

95 A Sociolinguística (cognitiva) investiga atitudes linguísticas no indivíduo e as suas consequências para os usos linguísticos, enquanto a Antropologia Linguística investiga a construção discursiva do conceito mais abstrato, a ideologia linguística, na sociedade. Os termos *atitude* e *ideologia linguística* são às vezes utilizados como sinónimos.
96 Segundo Mead (1934), a interação entre o individual e o social forma a identidade.

conforme às mudanças na pertença a grupos. Porque a identidade em si pode ser percebida como um conjunto de identidades parciais, que estão ligadas ao sentido de pertencimento a um determinado grupo. Assim, por exemplo, a pertença a um ou vários grupos sociais ou étnicos determina a identidade social ou étnica, a pertença a um ou vários grupos linguísticos está ligada à identidade linguística e cada uma dessas identidades parciais está relacionada uma com a outra.

Em casos migratórios, em que o indivíduo é confrontado com uma sociedade diferente da sociedade de socialização primária, ele está perante mudanças ou até ruturas seguido de reconstruções na sua identidade[97]. Enquanto a maioria dos estudos sobre língua e identidade investigam o papel da língua na construção de identidades nacionais ou étnicas (Heller 2008, 1582), no caso das migrações já existe uma determinada identidade linguística que muitas vezes está estreitamente relacionada com uma identidade étnica e / ou nacional. Essas identidades parciais vêm a ser questionadas e possivelmente reconstruídas ao entrarem em contacto com outra sociedade, com língua e ideologias linguísticas diferentes. Como mostraram os sociolinguistas interacionais (p. ex. Gumperz 1982) a escolha do código e o seu uso distintivo é um sinal para as "relações sociais baseadas na condição de membro de um determinado grupo compartilhada ou não-compartilhada" (trad. própria, Heller 1982, 5, apud Heller 2008, 1582). Ao contrário do que acontece na construção identitária de jovens no *peergroup* pela diferenciação voluntária do resto da sociedade, que se manifesta também por mudanças linguísticas (pelo uso da linguagem dos jovens), os grupos migratórios não se diferenciam voluntariamente das normas (sociais e linguísticas) da sociedade de chegada. Ao mesmo tempo que nem sempre conseguem aderir facilmente a identidades novas (p. ex. à identidade nacional do país de chegada), perdem a pertença aos grupos de origem.

O laço entre língua e identidade é constituído por experiências, emoções e atitudes, pelo confronto da própria língua em relação a outras línguas, dialetos, socioletos e ideoletos. É através desse confronto que formamos atitudes acerca da fala dos outros e que construímos a nossa identidade linguística. As atitudes, que

---

97 O termo *reconstrução identitária* aqui não se refere a casos de lesões cerebrais, mas a um processo de reavaliação de antigos valores e normas (sociais e linguísticos) no indivíduo, desencadeado pelo contacto intensivo entre uma cultura e outra.

estão ligadas a experiências individuais, são influenciadas pelas ideologias linguísticas predominantes na sociedade. Irvine (1989, 255) define o termo ideologia linguística como o "sistema cultural (ou subcultural) de ideias sobre relações sociais e linguísticas, juntamente com o seu peso moral e interesse político" (tradução própria). Exemplos de ideologias linguísticas são as conceções de língua como recurso ou direito, ou a conceção de uma norma linguística como a variante correta. Para compreender as atitudes de um grupo migratório que estão na base da construção identitária, é necessário compreender a situação sociolinguística da sociedade de partida com as suas próprias ideologias linguísticas e também da sociedade de chegada, com outra ecologia e ideologias linguísticas.

3. Situação sociolinguística e ideologias linguísticas na sociedade de partida e na sociedade de chegada

Angola, o país de partida, é multilíngue com 38 línguas vivas (cf. *Ethnologue*), a larga maioria delas da família bantu. Enquanto o português é a língua mais falada e a única língua oficial do país, sobretudo falada nas cidades e que serve como língua escrita e língua de ensino, as seis línguas bantu mais faladas e com ortografias[98], o kikongo, o kimbundo, o umbundu, o chokwe, o oshiwambo (oshikwanyama) e o nganguela são chamadas de línguas nacionais e faladas dentro de delimitadas zonas (rurais), podendo, assim, ser consideradas como línguas regionais. Os resultados preliminares do "Recenseamento Geral da População e da Habitação de Angola 2014" revelam que dos quase 25 milhões de habitantes, 62 % da população mora nas zonas urbanas e está assim exposta à língua portuguesa. Mas ainda há uma parte considerável da população que fala o português como L2 e não o domina suficientemente para um sucesso escolar.

A Alemanha em contrapartida, é um país aparentemente monolíngue com a língua alemã como única língua oficial. Porém existem várias línguas minoritárias, tais como o dinamarquês e dialetos como o *kölsch* (considerados línguas pelos autores do *Ethnologue*, que enumera 24 línguas individuais para a Alemanha) e, além disso, 46 línguas de origem na sequência de imigração. Uma

---

98 Estabelecidas pelo *Instituto de Línguas Nacionais de Angola* e aprovadas (a título provisório) pelo *Conselho de Ministro* em 1987.

dessas línguas é o português com 78.000 falantes (das 104.886 pessoas de nacionalidade portuguesa na Alemanha, 75% falam português). O número de pessoas que não domina o alemão é baixo: baseando-se em dados da Comissão Europeia de 2012, o "*Ethnologue*" considera que dos 81 milhões de habitantes, quase 70 milhões falam alemão padrão e 8 milhões falam-no como L2.

Voltando para Angola, ao que parece, se olharmos para o gráfico adaptado do "Instituto de Geodesia e Cartografia de Angola" (apud Fernandes, Ntondo 2002, 57)[99], existe um vínculo estreito entre língua e etnia:

Mapa Etnolinguístico de Angola

O gráfico mostra as áreas das etnias[100] (letras maiúsculas) e as línguas faladas por essas etnias como se fosse uma relação 1:1. Num país tradicionalmente multilingue em que casamentos interétnicos são comuns, essa ligação não convence tanto como em países cujo caráter plurilingue não é tão marcado. De fato, comparando

---

99 Este gráfico é apresentado em várias publicações recentes que tematizam as línguas e etnias em Angola e está disponível para consulta em: http://www.triplov.com/letras/ americo_correia_oliveira/literatura_angolana/anexo3.htm, consultado em 26.01.2016.
100 Seguimos a definição de Max Weber (1972, 237) para o termo *etnia* como sendo "um grupo humano que acredita numa origem comum, somente à base de semelhanças nos costumes, ou de memórias comuns, de maneira que essa crença se torna importante para a propagação da comunidade e sem haver necessidade de parentesco real" (trad. própria).

algumas fontes que incluem números sobre os membros dos grupos étnicos e outros sobre os falantes das várias línguas regionais em Angola[101], podemos concluir que etnia e língua estão longe de coincidir cem por cento.

Etnia / Língua	Grupos étnicos[102]	Falantes em 2012[103]
Bakongo – Kikongo	2.500.000 (13%)	2.000.000 (9,3%)
Ambundu – Kimbundu	4.800.000 (25%) 6.000.000 (24%)[104]	4.000.000 (18,6%) 1.700.000 (7%)[105]
Ovimbundu – Umbundu	7.000.000 (37%)	6.000.000 (28%)

Em cada um dos grupos étnicos verifica-se que uma parte considerável não fala a língua tradicionalmente ligada à etnia. Além da tradição de casamentos interétnicos, isso deve-se certamente ao fenómeno da substituição e perda linguística em curso: a língua portuguesa ganha cada vez mais falantes, fenómeno que é principalmente visível no caso do povo ambundu do qual menos que um terço (segundo Jordan 2015, apud Lewis & Simons & Fennig 2016) ainda fala a língua kimbundu. Esse facto podia resultar numa forte desvinculação entre língua e etnia. Mas o contrário parece ser verdade quando aprendemos que a denominação 'ambundu' para o grupo étnico já não parece ser muito comum e é frequentemente substituído pelo nome da língua kimbundu. Tal pode ser uma indicação para a forte ligação entre língua e povo, ideologia tipicamente europeia e presumivelmente imposta na sociedade com o colonialismo português.

Em relação às ideologias linguísticas que prevalecem em Angola, podemos constatar o seguinte: de um lado, a língua portuguesa é língua de prestígio, língua de unidade nacional e símbolo da modernidade, enquanto as línguas nacionais são estigmatizadas como rurais e apoiantes do tribalismo. A ideologia 'língua é capital' é bastante comum; ela valoriza as línguas internacionais e o português e desvaloriza as línguas "apenas faladas" e de pouco valor económico. A designação

---

101 Ter em conta que os números não são fiáveis, tratando-se apenas de aproximações.
102 Fonte: World Factbook, 2008; de 19.000.000 habitantes
103 Fonte: The Ethnologue, 2012; de 21.500.000 habitantes
104 Fonte: Jordan 2015, apud Lewis & Simons & Fennig 2016
105 Fonte: Jordan 2015, apud Lewis & Simons & Fennig 2016

'dialetos' para as línguas nacionais também revela a carga negativa que prevalece desde o tempo colonial em que estudantes apanhados na escola a falar uma língua bantu tinham que colocar uma placa de madeira com a inscrição "burro". Por outro lado existe uma atitude reservada e meramente pragmática para com a língua portuguesa, enquanto as línguas nacionais assumem o papel de identificação. Essa ideologia pode ser ilustrada pelas palavras de Victorino Reis acerca dos conceitos língua oficial – língua nacional:

> [...] Eu digo que a língua portuguesa é língua oficial e língua veicular, mas nunca digo que a língua portuguesa seja língua nacional. Não é uma questão pelo fato dela ser língua de outra origem, ser língua do colonizador. Eu sou apologista da tese que é defendida por um linguista que diz que a língua nacional é aquela que nós temos um sentimento de pertencimento ou um sentimento de posse mais marcado; independentemente dela ser uma língua oficial ou não. Então é nessa perspectiva que Angola separou-se dos conceitos de língua oficial e língua nacional. Portanto, o português eu digo sim que é a língua oficial, a língua de todos nós, mas não é a língua nacional (Victorino Reis, em: Fonseca 2008, 85 apud Fonseca 2012).

Há várias línguas consideradas línguas nacionais, mas segundo o *"Ethnologue"*, somente há duas línguas de identidade nacional "de facto language of national identity": o kikongo e o oshiwambo. Essa afirmação surpreende: ter duas línguas de identidade nacional parece pouco convincente no caso de um país onde os usos linguísticos são muito variados, desde o monolinguismo na língua portuguesa ou noutra língua, até ao multilinguismo com várias línguas autóctones e o português. Vemos a explicação para a opinião dos autores no papel importante que assumem as duas línguas na história da região: a língua kikongo é a língua do antigo e poderoso reino do Congo e o oshiwambo é a língua do antigo e poderoso reino Kwanyama. Porém, em termos de números de falantes e de distribuição geográfica, essa avaliação é questionável, porque com menos de meio milhão no caso do oshiwambo e dois milhões de falantes no caso do kikongo, elas são apenas línguas regionais, a primeira do sul, e a segunda do norte do país. Do nosso ponto de vista a designação 'língua nacional' não é apropriada para as línguas angolanas, porque todas são apenas regionais. A única língua que está intimamente relacionada com a identidade nacional é de facto a língua portuguesa, que, com a independência, passou de língua do colonizador à língua da unidade nacional, assumindo assim um duplo papel na construção identitária dos angolanos. Uma atitude positiva para com as línguas autóctones angolanas também é defendida por Chicumba (2013), que enfatiza a função identificadora 'língua é cultura' mas acrescenta uma ideologia a que podemos chamar de 'língua é resistência':

> As Línguas nacionais constituem, irrefragavelmente a base fundamental da identidade cultural do povo Angolano. Elas resistiram ao longo dos tempos ao processo da glotofagia em que estavam sujeitas enquanto prevaleceu o regime colonial e se fortaleceram na unidade dos seus povos (Chicumba 2013, 6).

A atribuição de tamanha importância à identidade angolana leva à ideia da preservação de línguas, um projeto programado pelo Estado angolano já depois da Independência, mas apenas recentemente empreendido com a introdução das línguas nacionais angolanas no sistema oficial de ensino a partir do ano letivo de 2006. A urgência dessa medida manifesta-se por exemplo no número cada vez decrescente de falantes do kimbundu como destaca Fonseca (2008, 48 apud Fonseca 2012):

> Jovens kaluandas (naturais étnicos de Luanda) não conhecem nenhuma das línguas nativas de Angola, nem mesmo a sua – o Kimbundu.

Em relação à Alemanha o que é relevante para o presente estudo é a ideologia em relação às línguas migrantes. Como já foi dito, a auto-identidade do país é claramente monolíngue, apesar das várias línguas minoritárias existentes. A relação entre língua e identidade nacional é forte, comparável aos outros países europeus. Atribui-se pouca importância às línguas migrantes mesmo que o ensino das línguas de herança pareça contrariar essa afirmação[106]. Em contrapartida, o bilinguismo elitista, isto é, a competência no alemão e numa ou várias línguas de prestígio, tais como o inglês ou o espanhol, é muito apreciado e apoiado pelo Estado e revela uma visão económica das línguas. Em relação às línguas migrantes, existem várias atitudes na sociedade, dependendo da imagem e dos estereótipos acerca de um determinado grupo migratório e da sua língua. A língua portuguesa, que é conhecida na Alemanha pelos grupos migratórios vindos de Portugal desde a década de 60 não é do nosso ponto de vista nem prestigiosa nem estigmatizada[107]. Desta forma, os falantes do português angolano provavelmente não são

---

106 O interesse político atrás do ensino das línguas de herança não é a manutenção das mesmas (Loureiro-Galmbacher, no prelo).
107 Desconhecemos estudos que investigam atitudes linguísticas em relação à língua portuguesa na Alemanha.

confrontados com uma atitude negativa em relação à sua língua. Porém, seguindo a ideologia 'língua é capital', a já mencionada perspetiva económica em relação às línguas, temos que constatar que também não terão vantagens só por dominarem essa língua.

Na diáspora lusófona, em comparação, estamos perante uma situação completamente diferente, porque existe uma história e uma língua comum. Essa língua comum oferece vantagens no mercado do trabalho para os angolanos, mas também problemas em relação a possíveis atitudes negativas e estigmatizações[108] que resultam da ideologia que existe uma norma que é correta ou "mais bonita". No caso dos malianos, por exemplo, (falantes de francês e bambara) que migraram para França é o bambara que se torna a língua de identificação, entre outras razões, porque a sua variante de francês é estigmatizada (Van den Avenne 2001).

4. Usos e atitudes linguísticas de angolanos na Alemanha

Os seguintes resultados do presente estudo preliminar foram tirados de quinze entrevistas sociolinguísticas de aproximadamente 20 minutos cada, feitas em janeiro e fevereiro de 2015[109]. O grupo de entrevistados é constituído por oito mulheres e sete homens com idades compreendidas entre 21 e 50 anos de idade. Os informantes chegaram à Alemanha entre 1990 e 2013, por conseguinte a estadia na Alemanha é de entre 2 e 25 anos. Quatro dos entrevistados chegaram com idade superior a 16, portanto já passaram pela socialização primária na sociedade de partida. Seis entrevistados chegaram antes dos cinco anos de idade, tendo assim recebido uma grande parte da socialização primária na sociedade de chegada. Em relação ao nível escolar, o grupo é heterogéneo: contem sete pessoas que concluíram o ensino básico, enquanto três fizeram o *Abitur*[110]. Quatro informantes têm filhos, facto que permite a inclusão de perguntas que visam a transmissão intergeracional das línguas.

---

108 Ilustradas pela infeliz designação *pretoguês*.
109 Sobre as possibilidades de utilizar entrevistas para analisar ideologias linguísticas dentro da abordagem da Análise Conversacional vd. Laihonen 2008.
110 O exame final do ensino secundário na Alemanha.

As perguntas das entrevistas tematizam diretamente as atitudes em relação às línguas envolvidas, mas também incluem perguntas que visam os usos linguísticos dos informantes, porque do uso de uma língua podemos concluir à atitude em relação a ela. Existem três possibilidades para avaliar atitudes linguísticas: pela observação direta do comportamento linguístico, pelo relato do comportamento linguístico e pelo relato das atitudes linguísticas dos falantes (Vandermeeren 2008, 1321). Como o nosso estudo é baseado em entrevistas, limita-se a relatos. Os relatos sobre o próprio comportamento linguístico e também sobre as atitudes nem sempre coincidem com a realidade, porque os informantes podem ter uma visão diferente de si mesmos ou porque têm receio de falar abertamente à frente de pessoas estranhas. O primeiro obstáculo contém a possibilidade de tornar visível uma atitude linguística dos falantes: quando comportamento e relato sobre comportamento não coincidem, estamos possivelmente perante uma atitude normativa do falante. Atitudes normativas são o resultado de uma ideologia normativa: existe uma única variante "correta", "pura" ou "bonita" de uma língua. Em relação ao segundo obstáculo podemos enfrentá-lo com a escolha do entrevistador: todas as entrevistas foram realizadas por pessoas conhecidas, minimizando assim o efeito acima descrito.

Seguem-se os resultados das entrevistas, começando com os relatos sobre os comportamentos linguísticos, ligando-os aos relatos sobre as atitudes:
A maioria (doze dos quinze) relata que utiliza o alemão no dia a dia mais frequentemente que o português e que o uso do português é restrito à comunicação familiar ou à comunicação entre amigos. Em relação à pergunta sobre a língua materna, duas pessoas responderam que é o português e nenhuma que é o alemão, a maioria respondeu que as duas línguas são consideradas línguas maternas, descrevendo-se como bilingues. Uma única informante afirmou que o kimbundu é a sua língua materna. Algumas respostas acerca da língua materna podem ser interpretadas como uma atitude positiva acerca das línguas em questão. Formalmente é a primeira língua adquirida, mas também é uma língua emocionalmente importante. Quatro informantes que consideram o alemão juntamente com o português como língua materna chegaram à Alemanha depois dos cinco anos de idade e dois com idade superior a 16 anos, portanto chegaram muitos anos depois de terem adquirido o português. Além disso, a informante que considera o kimbundu como língua

materna na realidade fala português. A entrevista infelizmente não revelou se tinha aprendido o kimbundu na infância ou se é apenas a língua da mãe. O conceito de língua materna tem uma conotação emocional e revela uma atitude positiva e íntima em relação a uma língua com a qual o falante se identifica, mesmo tratando-se de uma língua adquirida mais tarde.

Todos os informantes afirmam que o *code-switching*, a alternância de códigos por um falante dentro de uma situação linguística[111] com o alemão e o português, é comum na família e com amigos. Alguns citam exemplos como "tenho que ir ao ausländeramt" (inserção da palavra alemã para *serviço de estrangeiros* na frase portuguesa) e "bestellar" (combinação da raiz do verbo *encomendar* em alemão *bestell-* com o sufixo português do infinitivo *-ar*), outros sublinham uma função de identificação desse *code-switching*. O relato sobre o comportamento linguístico revela que existe uma identificação dos indivíduos com o grupo "angolanos na Alemanha" e que reforçam o seu sentimento de pertença com o uso alternante dos dois códigos, português e alemão. Em contraste, treze dos entrevistados não dominam nenhuma língua angolana: "eu percebo um pouco mas falar já não". Por conseguinte, não fazem uso de *code-switching* entre essas línguas e o alemão ou o português. Porém um informante afirma que o *code-switching* entre o português e as línguas angolanas, nomeadamente o kimbundu e o umbundu, é bastante comum em Luanda. Ele alega: "é uma nova forma de identificação cultural, eles querem livrar-se do passado e procuram uma nova identidade". Essa afirmação sublinha a atitude do informante de que há uma diferença entre ele e eles, os angolanos que vivem em Luanda. A identificação desse grupo pelo uso alternado das línguas angolanas e o português parece não estar relacionada com a sua identidade. Em contraste está o *code-switching* português-alemão que faz parte da sua identidade linguística, e que é um sinal da identidade do grupo "angolanos na Alemanha" ou do grupo "falantes do português na Alemanha".

Em relação à identificação com outros grupos há um facto interessante que é o domínio de uma outra língua africana por três informantes: o lingala. Essa língua é falada no Congo e hoje em dia também em Angola, porque os bakongo angolanos, originalmente falantes do kikongo, que se exilaram na República

---

111 Para uma discussão atual do conceito vd. Poplack 2015.

Democrática do Congo, retornaram a Angola e trouxeram essa língua. Em contraste com o kikongo, que é uma das chamadas línguas nacionais de Angola e que foi a língua mais importante durante o reino do Congo, o lingala era tradicionalmente apenas falado no Congo onde está em concorrência com o francês e o suaíli. Espalhou-se pelos países vizinhos e tem cada vez mais falantes em África e também na diáspora, sendo uma língua simplificada e por isso de fácil aprendizagem. Os contatos pessoais com naturais do Congo na diáspora parecem ser importantes para alguns dos informantes, mais importantes que contatos com outros grupos que falam português (p.ex. brasileiros e cabo-verdianos). Esses casos sugerem que a semelhança cultural das etnias constitui um fator de identificação mais forte que a identificação pela língua.

Quanto à transmissão intergeracional não há um único caso em que uma língua africana tenha algum papel. Um informante afirma: "os meus filhos não precisam de aprender uma língua nacional". Isso revela um ponto de vista pragmático acerca das línguas, que deixam de ter o seu direito de ser no momento em que já não ocupam nenhuma função na sociedade. Uma atitude que também é demostrada pelo comportamento linguístico em relação à transmissão da língua portuguesa: dois informantes afirmam que falam português com os filhos e que esses percebem o português, mas respondem sempre em alemão e os outros dois já só falam alemão com os filhos. Esses relatos encontram-se documentados numa das entrevistas em que a mãe entrevistada responde às perguntas em português e se dirige em alemão à filha que também responde em alemão. Apenas um dos informantes acha lamentável que alguns membros da família não falem português. Logo, podemos constatar uma substituição linguística em curso na geração refugiada, que usa mais o alemão do que o português no dia a dia e uma perda linguística na geração seguinte que já não adota o português, embora exista uma atitude tendencialmente positiva acerca da língua portuguesa, principalmente acerca do português como é falado pelos angolanos. Todos os informantes afirmam que o português angolano (a seguir PA) é particular, referindo-se maioritariamente ao léxico que é enriquecido pelo léxico das línguas angolanas, nomeadamente de palavras do kimbundu, kikongo e umbundu. Além de exemplos tirados daquelas línguas, é o uso do chamado 'calão' que é apercebido como caraterístico do PA. Três informantes também se referem à pronúncia e à melodia do PA que é considerado "mais fluido, mais leve, mais fácil de falar".

Com treze votos, a esmagadora maioria também acha que o PA é uma variante própria. Um informante afirma: "claro que é" enquanto um outro relativiza "só na rua, na escola aprendem o português europeu, por isso não é uma variante própria". A geração mais velha com um nível de educação alto, pelo contrário, não reconhece uma certa autonomia da variante angolana. Muitos estudaram em Portugal ou em França e têm uma atitude normativa acerca da língua portuguesa, defendendo a ideia de que é o português europeu que se devia falar em Angola. Os mais novos já não têm essa atitude normativa e aceitam que o PA é diferente. Essa abertura também se demostra nas publicações mais recentes sobre o PA (Mingas 2000, Ndele Nzau 2011) e em citações como o seguinte: "An African, Bantuïzed form of Portuguese is slowly making inroads." (Jordan 2015, apud Lewis & Simons & Fennig 2016).

Questionados diretamente sobre a relevância da língua portuguesa para a identidade angolana, doze informantes afirmam que a língua portuguesa é importante para a sua própria identidade "porque fomos criados com ela". Mas também há vozes que mostram emoções negativas acerca da língua portuguesa: acham que "infelizmente" falam português e formulam uma visão sobre um esperado declínio da língua portuguesa, julgando que "atualmente" e "ainda é" importante para a identidade angolana, mas que não vai ficar assim. Uma atitude que é caraterizada pela ideia que o português é a língua do colonizador, mesmo se nenhum dos informantes lhe dá essa designação.

Em contraste, existe uma forte valorização das línguas nacionais, o que se demostra no facto de que todos menos um gostariam de saber ou aprender uma língua angolana. Um informante lamenta que não fale nenhuma delas: "gostaria imenso, é uma pena …". Quatorze também acham que as línguas nacionais são importantes para a identidade angolana porque "são línguas antigas, vêm dos nossos antepassados, nos identificam". Há uma consciência sobre a importância dessas línguas e uma forte identificação com a própria história e os antepassados. Também para os informantes que já não vivem em Angola há mais de 10 anos e que não falam nenhuma língua angolana elas "são aquilo que são as raízes". Apesar dessa atitude positiva, existe uma visão pragmática acerca dessas línguas, que se exprime na declaração de um informante: "as línguas nacionais não são necessárias para a comunicação" porque "todos falam português".

5. Conclusão e perspetivas

Quais são as atitudes linguísticas relevantes para a (re)construção identitária dos angolanos e como estão relacionadas às ideologias que prevalecem em Angola e na Alemanha? Não se pode negar que as línguas tenham uma certa importância para o desenvolvimento da nossa identidade, mas estamos longe de poder fazer generalizações. Trata-se de um processo complexo e diversificado que tentámos analisar à base de entrevistas com angolanos na Alemanha. A maioria dos entrevistados segue uma atitude pragmática e mostra pouca lealdade linguística, nem com a língua portuguesa, nem com as outras línguas angolanas. A variante angolana da língua portuguesa ainda assume um papel de identificação importante entre os entrevistados, mas a língua com maior importância para a vida diária parece ser cada vez mais a língua alemã. Visto que as crianças dos informantes já não falam português, podemos falar de uma perda linguística dentro de uma única geração. A atitude para com a língua alemã é positiva, a maioria reconhece-a como língua materna, o que testemunha uma ligação emocional.

Um fator importante para a construção (no caso dos informantes chegados antes dos 5 anos de idade) ou reconstrução (no caso do resto dos informantes) da identidade, é um comportamento linguístico típico das comunidades bilingues: a alternância de códigos entre o português e o alemão. É por esse *code-switching*, que os informantes se distinguem dos alemães e dos angolanos de Angola ao mesmo tempo, formando assim um grupo social importante.

Visto o exemplo dos angolanos que falam lingala em vez das suas próprias línguas 'étnicas' e se identificam mais com os congoleses do que com outros falantes do português, a ligação entre língua e etnia ou entre língua e nação não parece ter tanta relevância. Ela coincide com a realidade linguística em Angola, porque primeiro as línguas não estão cem por cento relacionadas às etnias pois existe o costume de mudança linguística nos casamentos interétnicos resultando numa abertura e atitude positiva em relação a multilinguismo. Apesar disso, a identificação pela cultura comum pode ter um impacto muito maior que a língua comum e possibilita a construção de uma identidade africana. Segundo, há uma relação ambivalente entre os conceitos de língua e nação pela história violenta em que os angolanos foram quase forçados a mudar a língua. A resultante perda das línguas angolanas não implica necessariamente a perda da identidade étnica:

> More often than not language in an African context appears to be like a piece of cloth which can be taken off and be replaced (Dimmendaal 2010, 261).

Por outro lado, o colonialismo também trouxe uma política de monolinguismo, de desvalorização das línguas bantu como línguas étnicas que estão representadas como sendo opostas à ideia da nação: "[...] the colonial period probably stimulated the construction of social identities along language barriers" (ibid., 262). Essa ideia reflete-se na ideologia que a língua (portuguesa) é um fator importante para a unidade nacional (em Angola). E isso também se torna visível nas atitudes e usos linguísticos dos informantes que se identificam maioritariamente com a língua portuguesa e não usam as línguas angolanas. Mesmo assim, há uma grande estima por essas línguas, seguindo a ideologia 'língua é cultura', uma ideologia também atual no país de partida, mas sem grandes implicações para o uso dessas línguas. A ideologia pragmática 'língua é capital' parece ter um impacto maior, talvez porque se trata de uma ideologia divulgada tanto em Angola como na Alemanha e que se encaixa bem no nosso mundo globalizado.

Bibliografia
ARROTEIA, Jorge C. 1985. *Atlas da emigração portuguesa*. Porto: Secretaria de Estado da Emigração, Centro de Estudos.
ARROTEIA, Jorge C. 1983. *A emigração portuguesa: suas origens e distribuição*. Lisboa: Instituto de Cultura e Língua Portuguesa (Biblioteca Breve 79).
CHICUMBA, Mateus Segunda. 2013. "A educação bilingue em Angola e o lugar das línguas nacionais". IV Colóquio Internacional de Doutorandos / as do CES, 6–7 Dezembro 2013. https://cabodostrabalhos.ces.uc.pt/n10/documentos/11.1.2_Mateus_Segunda_Chicumba.pdf, consultado em 02.01.2016.
DIMMENDAAL, Gerrit J. 2011. *Historical Linguistics and the Comparative Study of African Languages*. Amsterdam / Philadelphia: John Benjamins.
FERNANDES, João & NTONDO, Zavoni. 2002. *Angola: Povos e Línguas,* Luanda: Editorial Nzila.
FONSECA, Dagoberto José. 2012. "As línguas nacionais e o prestigioso português em Angola", in: *Anais do SIELP* 2 / 1. Versão online: http://www.ileel.ufu.br/anaisdosielp/wp-content/uploads/2014/06/volume_2_artigo_083.pdf, consultado em 15.02.2016.
FONSECA, Dagoberto José. 2008. *Nas marolas do Atlântico: interpretações de Angola, da África, do Brasil e de Portugal*. Relatório científico de pós-doutoramento. Campinas: UNICAMP.

GUMPERZ, John J. 1982. *Discourse Strategies*. Cambridge: Cambridge University Press.
HELLER, Monica. 2008. "Language and Identity", in: Ammon, Ulrich & Dittmar, Norbert & Mattheier, Klaus edd. *Handbook of Sociolinguistics*, volume 2. Berlin / New York: Mouton de Gruyter, 1582–1586.
HELLER, Monica. 1982. *Le processus de francisation dans une entreprise montréalaise: une analyse sociolinguistique*. Québec: l'Éditeur officiel.
IRVINE, Judith T. 1989. "When talk isn't cheap: Language and political economy", in: *American Ethnologist* 16, 248–267.
KROSKRITY, Paul. 2004. "Language ideology", in: Duranti, Alessandro. ed. *Companion to linguistic anthropology*. Oxford: Blackwell, 496–517.
LAIHONEN, Petteri. 2008. "Language ideologies in interviews: a conversation analysis approach", in: *Journal of Sociolinguistics* 12 / 5, 668–693.
LEWIS, M. Paul & SIMONS, Gary F. & FENNIG, Charles D. edd. 2016. *Ethnologue: Languages of the World, Nineteenth edition*. Dallas: SIL International. Versão online: http://www.ethnologue.com, consultado em 18.02.2016.
LOUREIRO-GALMBACHER, Fabienne (no prelo). "Comunidades portuguesas na Alemanha entre bilinguismo e perda línguística", in: Hendrich, Yvonne & Pereira Martins, Alexandre. edd. *Identidades portuguesas / Portugiesische Identitäten*. Congresso international em Colónia 2014.
MEAD, George Herbert. 1934. *Mind, Self, and Society*. Chicago. University of Chicago Press.
MINGAS, Amélia. 2000. *Interferência do Kimbundu no Português falado em Lwanda*. Porto: Campo das Letras.
NZAU, Domingos Gabriel Ndele. 2011. *A língua portuguesa em Angola: um contributo para o estudo da sua nacionalização*. Tese de doutoramento. Universidade da Beira Interior: Covilhã.
ØIEN, Cecilie. 2007. "The Angolan diáspora in Lisbon: An introduction". *Economia Global e Gestão* 12 / 3, 23–33, http://www.scielo.mec.pt/pdf/egg/v12n3/v12n3a03.pdf, consultado em 26.01.2016.
PINHEIRO, Teresa. ed. 2010. *Portugiesische Migrationen. Geschichte, Repräsentation und Erinnerungskulturen*. Wiesbaden: VS-Verlag.
POPLACK, Shana. 2015. "Code switching: Linguistic", in: *International Encyclopedia of the Social & Behavioral Sciences*, Second Edition, 918–925. Versão online: http://www.sociolinguistics.uottawa.ca/shanapoplack/pubs/articles/Poplack2015CSElsevier.pdf, consultado em 15.02.2016.
SINNER, Carsten. 2005. "El estudio de las consecuencias lingüísticas de la emigración y de la emigración de retorno", in: *Analecta Malacitana* 28 / 1, 141–161.
VAN DEN AVENNE, Cécile. 2001. "De l'experience plurilingue à l'expérience diglossique: Migrants maliens en France", in: *Cahiers d'études africaines* 163–164, 619–636.
VANDERMEEREN, Sonja. 2008. "Research on Language attitudes research / Spracheinstellungsforschung", in: Ammon, Ulrich & Dittmar, Norbert & Mattheier, Klaus edd. *Handbook of Sociolinguistics*, volume 2. Berlin / New York: Mouton de Gruyter, 1318–1332.
WEBER, Max. ⁵1980 [1921]. *Wirtschaft und Gesellschaft. Grundriss der verstehenden Soziologie*. Tübingen: Mohr Siebeck.
WOOLARD, Kathryn A. & SCHIEFFELIN, Bambi B. 1994. "Language Ideology", in: *Annual Review of Anthropology* 23 / 1, 55–82.

# Sprache und Identität: eine vergleichende Betrachtung des angolanischen und des mosambikanischen Portugiesisch

Benjamin Meisnitzer (Leipzig)

1. Einleitung

Die Anwesenheit der Portugiesen in Afrika geht bereits auf das 15. Jahrhundert zurück, als die Entdeckung des afrikanischen Kontinents auf dem Seeweg beginnt. Bis zur Berliner Konferenz (1884–1885) hielten sich Besatzung und Besiedelung eher in Grenzen und waren im Wesentlichen auf Küstenregionen und Inseln beschränkt, die als militärische und Handelsstützpunkte dienten (Hagemeijer 2016: 43). Erst im 19. Jahrhundert beginnt die effektive Kolonialisierung Afrikas durch die Portugiesen.

Durch diese Kolonialisierung und den damit einhergehenden stärkeren Einfluss des Portugiesischen und den entstehenden Sprachkontakt bilden sich sukzessive neue Varietäten des Portugiesischen heraus, die sich im postkolonialen Kontext im 20. Jahrhundert zu eigenen Standardvarietäten emanzipieren. Mit der effektiven Kolonialisierung koexistiert das Portugiesische als von der offiziellen Sprachpolitik geförderte Sprache mit den unterschiedlichen Muttersprachen (L1) der autochthonen Bevölkerung (Hagemeijer 2016: 44), was Sprachkontakt und Sprachwandel begünstigt. Bis zur Unabhängigkeit der afrikanischen portugiesischsprachigen Länder (PALOP – *países africanos de língua oficial portuguesa*) 1975 war Portugiesisch vorwiegend eine L2 und wurde nur wenig von breiten Teilen der Bevölkerung gesprochen oder auch beherrscht. Diese Situation hat sich in den letzten Jahrzehnten stark verändert (Gonçalves 2013: 157).

In unserem Beitrag wollen wir die Varietäten des Portugiesischen in Angola (PA) und in Mosambik (PM) jeweils genauer betrachten und das Konzept eines ‚Afrikanischen Portugiesisch', welches in der Regel wenig differenziert beschrieben wird, angesichts sehr unterschiedlicher Sprachkontakte und Sprechergemeinschaften in Frage stellen. Angola und Mosambik zählen zu den lusophonen Ländern Afrikas, in denen das Portugiesische eine steigende Zahl an L1-Sprecherinnen und -Sprechern aufweist (Hagemeijer 2016: 45).

2. Portugiesisch in Angola (PA)

Das Portugiesische in Angola ist, wie es typisch für die PALOP-Länder ist, die offizielle Sprache und *lingua franca* in einer mehrsprachigen Gesellschaft (vgl. Mingas 2000: 55), Symbol des nationalen Zusammenhalts (Castro 2006: 33) und das wichtigste Kommunikationsmittel in der öffentlichen Verwaltung, im schulischen Unterricht, in den Massenmedien (Undolo 2014: 90), in der Vermittlung von wissenschaftlichem Wissen und in der internationalen Kommunikation (Gonçalves 2013: 157). Angola ist jedoch das Land mit den meisten Portugiesischsprecherinnen und -sprechern (25,7 Millionen bei der Volkszählung 2014), was 71,15 Prozent der Bevölkerung entspricht. Damit liegt es weit vor der meistgesprochenen Bantusprache, dem Umbundu, die von 22,96 Prozent der Bevölkerung gesprochen wird (Hagemeijer 2016: 46). Das Portugiesische hat hier enorm an Bedeutung gewonnen, denn noch 1975 sprachen lediglich 1 bis 2 Prozent der Bevölkerung Portugiesisch als L1 und 15 bis 20 Prozent Portugiesisch als Fremdsprache (Endruschat 1990 & 2008: 87). Der hohe Anstieg der Sprecherzahlen lässt sich durch eine zögerliche Sprachpolitik zur Förderung der autochthonen *línguas nacionais*, die erhöhte gesellschaftliche Mobilität, die Spaltung der autochthonen Sprachen und den Bürgerkrieg zwischen 1975 und 2003 erklären (Hagemeijer 2016: 47). Besonders letzterer führte dazu, dass Sprecherinnen und Sprecher unterschiedlicher Bantusprachen (vor allem Umbundu, Kikongo und Kimbundu) (Carvalho / Lucchesi 2016: 45) in die Küstenregionen und vor allem in die Hauptstadt Luanda flohen – vor allem die jüngere Bevölkerung (Arden / Meisnitzer 2013: 39). Die Generalisierung des Portugiesischen als L1 geht mit einer *language attrition* und einer sprachlichen Erosion einher.

Das Portugiesische in Angola wurde stark durch Sprachkontakt und die Tatsachen geprägt, dass es in der Regel keine L1 war und zumeist defizitär und prekär erworben und beherrscht wurde (Carvalho / Lucchesi 2016: 45) und die Sprecherinnen und Sprecher zudem keinerlei Kontakt zur exogenen Norm des europäischen Portugiesisch hatten (Gonçalves 2013: 161), was zu Sprachvariation und

Wandel führt. Die Tatsache, dass das Portugiesische eine L2 darstellt, erklärt auch die höhere Variabilität grammatikalischer Merkmale gegenüber Fällen, wo eine Sprache im monolingualen Kontext angewendet und erworben wird. Der Anstieg der Sprecherzahlen begünstigt wiederum die Nativisierung der Sprache, was eine Regularisierung und Systematisierung der sprachlichen Innovationen gegenüber der europäischen Varietät fördert.

3. Das Portugiesische in Mosambik (PM)

Im Vergleich zu Angola sind die Zahlen der L1-Sprecherinnen und -Sprecher des Portugiesischen in Mosambik auch heutzutage deutlich niedriger. Nur 10,7 Prozent der Bevölkerung sprechen 2007 Portugiesisch als L1 (Gonçalves 2013: 160) und dennoch ist die Zahl durchaus bemerkenswert, wenn man bedenkt, dass noch 1980 nur 1,2 Prozent der Bevölkerung Portugiesisch als L1 gesprochen haben (ebd.: 160). Angesichts der immer noch vergleichsweise niedrigen Zahl an L1-Sprecherinnen und -Sprechern wird die Sprachproduktion in Mosambik nicht nur von den Regeln einer neu aufkommenden Norm des PM und entsprechender Grammatikregeln geprägt, sondern eben auch von einer unterschiedlich konsolidierten Grammatik des Portugiesischen als Fremdsprache (vgl. Gonçalves 2013: 161). Viele Ähnlichkeiten in der Entwicklung zwischen dem PA und dem PM sind der Tatsache geschuldet, dass in beiden Ländern das Portugiesische mit Bantusprachen in Kontakt tritt.

Angesichts der geringeren Zahl an L1-Sprecherinnen und -Sprechern des Portugiesischen überrascht es nicht, dass die Variabilität der Formen noch stärker ist als im Fall von Angola (vgl. Gonçalves 2010: 37). Eine mögliche endogene Standardvarietät ist hier noch deutlich mehr in ihren Kinderschuhen als in Angola und in beiden Fällen kann deren Genese nicht im Ansatz mit der deutlich stärker konsolidierten Standardvarietät des brasilianischen Portugiesisch verglichen werden (vgl. Arden / Meisnitzer 2013).

4. Varietätenvergleich: PA versus PM

Im Folgenden geht es darum zu klären, ob sich die sich herausbildenden Standardvarietäten des PA und des PM stark unterscheiden oder doch weitestgehend homogen sind.

4.1 Phonischer Bereich

Alle Bantusprachen, mit denen das Portugiesische in Angola und Mosambik in Kontakt tritt, weisen die Silbenstruktur *CVCV* auf, was sich auf die Sprachproduktion der Sprecherinnen und Sprecher im Portugiesischen auswirkt. So kann man in beiden Varietäten die Tendenz beobachten, in Silben, die auf Konsonanten enden, einen Vokal einzufügen. Während es jedoch im PA tendenziell eher ein [e] (1) ist, ist es im PM eher ein [i] (2), wie man am Beispiel der Aussprache von *querido* beobachten kann (EP: ['kɾidu]):

(1) [ke'ɾidu]
(2) [ki'ɾidu]　　　　　　　　　　　　　　　　　　　　(Gonçalves 2013: 163)

Unbetonte Vokale des EP werden offen oder halboffen realisiert ([**ma**'kaku] oder [ko'lɛga], Gonçalves 2010: 41). Die Auflösung von Konsonantenclustern ist eine weitere Folge in diastratisch niedrig markierten Varietäten, wobei man hier meistens eine Doppelung des betonten Vokals beobachten kann:

(3) *flor* [fo'loɾi]　　　　　　　　　　　　　　　　　(Gonçalves 2013: 163)

Eine weitere Folge der artikulatorischen Gewohnheit der Sprecherinnen und Sprecher, die Silbenstruktur *CVCV* anzuwenden, wirkt sich auf das Wortende aus. Während im EP eine Tendenz zur Apokope in Wörtern auf <e> zu beobachten ist, wie in *disse*, haben wir hier im PA und im PM eine Tendenz zur Paragoge.

(4) ['disi]　　　　　　　　　　　　　　　　　　　　　(Gonçalves 2013: 163)

Ein weiteres phonisches Merkmal, welches wir in beiden Varietäten finden, ist die Aussprache von <e> als [e] in Kontexten, wo es im EP (besonders aus Lissabon) als [ɐ] realisiert werden würde, zum Beispiel in *cerveja* (5).

(5) [ser'veʒa]　　　　　　　　　　　　　　　　　　　(Gonçalves 2013: 164)

Auch diatopische Variation innerhalb der Varietäten ist oft von Sprachkontakt geprägt. Zum Beispiel kennt das Makua im Norden Mosambiks keine stimmhaften Okklusivlaute, sodass diese stimmlos realisiert werden, beispielsweise in *gado* ['katu]. Und das Shangani kennt nur einen multiplen Vibranten, sodass das <r> im Portugiesischen, zum Beispiel in *herói*, als [r] anstatt als [ɾ] ausgesprochen wird (Gonçalves 2013: 164). Der Kontakt mit unterschiedlichen Sprachen prägt somit nicht nur die Aussprache des Portugiesischen in den jeweiligen Ländern, sondern trägt auch zu dialektalen Gliederungen bei.

4.2 Lexikalischer Bereich

Auf lexikalischer Ebene finden wir zahlreiche Lehnwörter dort, wo das Portugiesische über keine eigenen Bezeichnungen verfügt (z.b. die Frucht *maçala* (PM)). Neuere und neueste Entlehnungen werden oft noch nicht als Teil des portugiesischen Lexikons empfunden und folglich mit doppelten Anführungszeichen oder durch Kursivierung in schriftlichen Texten gekennzeichnet, zum Beispiel die Bezeichnung für den informellen Markt in (6):

(6) *Nos „dumba-nengue" também se vendem eletrodomésticos.*

(Gonçalves 2013: 165)

Auf morphologischer Ebene gibt es einige produktive Suffigierungsverfahren, die zur Bildung neuer lexikalischer Einheiten, die dem EP fremd sind, genutzt werden. Deren Systematizität ist bei einer aktuell noch dünnen Datenlage jedoch schwer zu beurteilen. Beispiele:

(7) *confusão > confusionar* ‚Chaos verursachen' (PM)
(8) *churrasco > churrascar* ‚grillen' (PA)

(Gonçalves 2013: 165)

Das Suffix *-ar* tritt in beiden Varietäten sehr häufig auf, um denominale Substantive zu bilden. Teils bilden sich auch neue Substantive durch deverbale Ableitungen, die in Konkurrenz mit bereits bestehenden Formen treten und diese ersetzen, wie zum Beispiel *cabelaria* im PM neben *cabeleireiro* (EP) (Gonçalves 2013: 165). Neben Neologismen finden wir auch zahlreiche Lexeme, die eine Veränderung ihrer Semantik erleben (9), (10) & (11), und lexikalische Einheiten, die andere Bedeutungen entfalten, häufig auf der Basis von Metaphern (12).

(9) *eu não sou boa **historiadora***
 ‚Geschichtenerzählerin' (PM)
(10) *aquela família era **possessa** da pulseira*
 ‚Besitzerin' (PA)

(11) *aqui **tem** muitas, muitas senhoras que vendem e são do sul.*
,Es gibt' (PA)

(12) *as crianças estavam bem **inundadas** com o vício.*
,süchtig sein' (PA)

(Gonçalves 2013: 166)

Im lexikalischen Bereich fallen viele endogene Entwicklungen auf, besonders bei den semantischen Veränderungen, die das PA und das PM differenzieren. Der Grund hierfür sind soziokulturelle und historische Aspekte des jeweiligen Landes und unterschiedliche lexikalisch-semantische Wandelprozesse, die auf der Ebene der *parole* stattfinden und sukzessive die jeweilige Norm erobern.

4.3 Syntaktische Ebene

Im syntaktischen Bereich haben vor allem abweichende Verwendungen und Weglassungen von Präpositionen bzw. andere Verwendungen tiefgründige Auswirkungen. So fällt die Präposition sowohl beim indirekten Objekt (IO) als auch beim präpositionalen Objekt (PO) in beiden Varietäten weg, was einen formalen Synkretismus mit dem direkten Objekt verursacht.

(13) *chegou na sala, entregou **o emissário** a carta* (PM) (IO)

(14) *depois dos resultados do recurso que dá razão **o clube encarnado*** (PA) (IO)

(15) *estão sempre a conversar **a mesma coisa*** (PA) (PO) (EP – <u>sobre a mesma coisa</u>)

(Gonçalves 2013: 167)

Die analoge syntaktische Entwicklung ist hier vermutlich in strukturellen Eigenschaften der Bantusprachen zu suchen (vgl. Hegemeijer 2016: 59–60). Des Weiteren werden Verben, die im EP intransitiv sind, transitiv verwendet, was zu einer substanziellen Erhöhung der transitiven Strukturen sowohl in der angolanischen als auch in der mosambikanischen Varietät führt.

(16) *tu também podes **nascer** um filho como eu* (PA)

(Gonçalves 2013: 168)

An der Schnittstelle zwischen Syntax und Semantik weisen die Präpositionen einen teils stark abweichenden Gebrauch mit Auswirkungen auf die Verbvalenz auf. So wird die Präposition *a* typischerweise mit Argumenten verwendet, die die Eigenschaft [+MENSCHLICH] (17) aufweisen, während *em* einheitlich mit direktionalen Angaben (18) und mit direkten Objekten mit semantischer Funktion eines Lokativs zum Einsatz kommt.

(17) *a filha do imperador amou* ***ao Manuel*** (PM)

(Gonçalves 2013: 168)

(18) *e desde oitenta e cinco nunca mais voltou lá **no Huambo*** (PA)

(Gonçalves 2013: 169)

Besonders auffällig sind auf syntaktischer Ebene noch die Relativierungsstrategien, bei denen wir im PA wie auch im PM, ähnlich wie im BP, eine Abweichung von den kanonischen Relativsatzstrukturen zugunsten von resumptiven Relativsätzen wie in (19) beobachten können.

(19) *Havia rapazes que nós não brincávamos **com eles*** (PM)

(Chimbutane 1996: 245)

Daneben finden wir auch *relativas cortadoras* und zahlreiche Belege für *dequeísmo* besonders bei bildungsferneren Sprecherinnen und Sprechern sowie in der gesprochenen Sprache. Die Präposition *de* wird bei deklarativen, perzeptiven und Verben der mentalen Aktivität (20) eingefügt.

(20) *acho **de que** esses alunos não conhecem o paradeiro dos seus familiares* (PM)

(21) *conseguimos constatar **de que** das dezoito províncias, quinze províncias são endémicas* (PA)

(Gonçalves 2013: 169)

Diese Tendenzen verlaufen analog zu anderen Varietäten des Portugiesischen. Ein weiterer mit den Präpositionen verbundener erwähnenswerter Aspekt betrifft den Wegfall im Inneren von Verbalperiphrasen wie *continuar a* im PM oder *estar a estudar* im PA. Der Beibehalt der Präpositionen in manchen Fällen und der

Wegfall in anderen sind Ergebnisse einer Reanalyse der Semantik der jeweiligen Präposition durch die Sprecherinnen und Sprecher (vgl. Gonçalves 2013: 170). Im Bereich der Reflexivpronomen kann die Agentivität des Verbs in unterschiedlichen Varietäten einer historischen Sprache unterschiedlich ausgelegt sein, wie Müller (in diesem Band) zeigt. Während psychologisch-kognitive oder physische Erfahrungen oft reflexiv versprachlicht werden, obwohl die entsprechenden Verben im EP nicht reflexiv sind (22), wird die Mehrheit der reflexiven Verben unreflexiv verwendet, wie im BP (23).

(22) *uma pessoa já não se aguenta a jogar* (PM)
(23) *aquilo passou não Ø prolongou* (PM)

(Gonçalves 2013: 171)

Die Verwendung der Reflexivpronomen wurde bisher für Angola nicht ausreichend empirisch überprüft und stellt daher ein wichtiges Forschungsdesiderat dar. Letzte wichtige syntaktische Aspekte, in denen sich das PM und das PA unterscheiden, sind die Verallgemeinerung der Präposition *em* vor allem mit indirektem Objekt und mit Bewegungsverben (Chavagne 2005: 225) und die Verwendung der Klitika.

(24) *Vamos em casa.*

(Chavagne 2005: 225)

Während sowohl im PM als auch im PA das Dativ-Klitikon *lhe* für direkte Objekte verwendet wird (Hegemeijer 2016: 58)[112], tendiert das PM zur Enklise – selbst in Kontexten, wo das EP eine Enklise verlangt (24) – und das PA zur Proklise. Im PA weisen die unbetonten Pronomen besonders in der gesprochenen Sprache noch eine große Instabilität bezüglich ihrer syntaktischen Stellung auf, dennoch treten sie sogar in proklitischer Stellung auf, wenn keine entsprechenden Trigger vorhanden sind (25) (siehe: Gonçalves 2013: 171). Die Tendenz zur Proklise im PA untermauert auch eine Korpusstudie von Gerards (2022).

(25) *há pessoas que opõem-se à religião* (PM)
(26) *te vi ontem no Roque* (PA)

(Gonçalves 2013: 171)

---

112 Teils werden die Objektklitika auch durch die starken Pronomina der 3. Person ersetzt (*ele, ela*): *Deixa ele falar.* (Inverno 2009: 101).

Die unterschiedliche Stellung der Klitika deutet daraufhin, dass sich das PM analoger zu dem EP-Stellungsmuster verhält, während das PA sich analoger zu dem BP-Stellungsmuster verhält (Meisnitzer 2020: 62).

Im Bereich der Verbalkategorien ist abschließend noch die Vereinfachung des Verbalparadigmas zur erwähnen, und zwar vor allem der ersten Person Singular und der dritten Person Plural, die einen Formsynkretismus mit der dritten Person Singular aufweisen, und eine Vereinfachung der Höflichkeitsformen. Hier sind sowohl im PA als auch im PM eine Tendenz zur Übergeneralisierung von *você* auf alle Personen und die Verwendung des Konjunktivs für die 2. Person Singular (27) auffällig (vgl. Gonçalves 2013: 176–177).

(27) *Jovem universitário, **procure** o **teu** lugar nas seis semanas de eleições.*

(Gonçalves 2013: 177)

Insgesamt konnte gezeigt werden, dass vor allem im Bereich der Lexik signifikante Unterschiede zwischen den beiden Varietäten PM und PA bestehen, was durch Sprecherentscheidungen bedingt ist. Im Bereich der Syntax weisen beide Varietäten Analogien auf, was jedoch im Wesentlichen auf den Kontakt mit zwar unterschiedlichen, aber dennoch in beiden Fällen Bantusprachen zurückzuführen ist und auch Auswirkungen auf den phonischen Bereich hat. Dennoch gibt es durchaus auch unterschiedliche Entwicklungen, wie im Bereich der Selektion von Präpositionen und der Valenz der Verben. Gar gegenläufige Tendenzen wie im Bereich der Stellung der Klitika sind vereinzelt zu erkennen, weshalb ein wichtiges Forschungsdesiderat weitere empirische Studien zum Sprachgebrauch sowohl in der Nähe- als auch in der Distanzsprache, geschrieben und gesprochen, sind, die einerseits die Entwicklungen in Mosambik und andererseits vor allem das PA beschreiben, zu dem bisher nur sehr punktuell Daten vorliegen. Wir betrachten hier unabhängige Länder mit eigenen historisch-kulturellen Identitäten – da sind Wandelprozesse im Rahmen der flächenübergreifenden Verallgemeinerung des Portugiesischen und der Nativisierung der Sprache erwartbar.

5. Zusammenfassung der Ergebnisse

Die vorgenommene kontrastive Studie zwischen dem PA und dem PM hat gezeigt, dass das Portugiesische in seinem Prozess der Herausbildung einer endogenen Norm in Angola fortgeschrittener ist als in Mosambik. Grund dafür ist nicht, dass mehr Normierungsinstrumente entwickelt worden wären, die unabdingbar sind, um eine Standardvarietät vermitteln zu können (Grammatiken, Wörterbücher, u.a.), sondern dass eine höhere Zahl an L1-Sprecherinnen und -Sprechern einen Rückgang der *línguas nacionais* zur Folge hat und das Portugiesische somit immer mehr Funktionsdomänen sowohl im nähesprachlichen als auch im distanzsprachlichen Bereich erobert und dass dadurch eine Stabilisierung der Variation entsteht und sich neue sprachliche Merkmale innerhalb der Sprachgemeinschaft etablieren können.

Gleichzeitig konnte gezeigt werden, dass Sprache und Identität eng miteinander verbunden sind. Denn die portugiesische Sprache verbindet die Länder, gleichzeitig zeichnen sich aber durchaus auch Unterschiede ab, die durch unterschiedliche Kontaktsprachen – innerhalb der Bantusprachen – und unterschiedliche Kompetenzen der Sprecherinnen und Sprecher bedingt sind – im Rahmen des Konsolidierungsprozesses einer endogenen Norm – in einem Kontext, in dem der Bezug zur (exogenen) Norm des europäischen Portugiesisch gänzlich fehlt.

Es wird noch einige Zeit dauern, bis diese beiden nicht dominanten Standardvarietäten sich entfalten, und möglicherweise werden die Varietäten, wenn sie stärker etabliert sind, in der Sprechergemeinschaft auch stärker kennzeichnende eigene Charakteristika entwickeln. Entscheidend wird hierbei auch sein, wie stark die Beziehungen zwischen den beiden Ländern künftig sein werden und wie groß der Abgrenzungsdruck ist.

Bibliografie
ARDEN, Mathias / MEISNITZER, Benjamin. 2013. „Plurizentrik und massenmediale Normen: der Fall des Portugiesischen", in: Merlan, Aurelia / Schmidt-Radefeldt, Jürgen edd. *Portugiesisch als Diasystem. O Português como Diassistema*. Frankfurt: Peter Lang (Rostocker Romanistische Arbeiten; 17), 19–52.
CARVALHO, Ana Maria / LUCCHESI, Dante. 2016. „Portuguese in Contact", in: Wetzels, W. Leo / Costa, João / Menuzzi, Sérgio eed. *The Handbook of Portuguese Linguistics*. West Sussex: Wiley Blackwell, 41–55.
CASTRO, Ivo. [2]2006. *Introdução à História do Português*. Lisboa: Colibri.

CHAVAGNE, Jean-Pierre. 2005. *La langue portugaise d'Angola: étude des écarts par rapport à la norme européenne du portugais*. Inauguraldissertation. Lyon, Université Lumière. Ms.
CHIMBUTANE, Feliciano. 1996. „A estratégia de pronome resumptivo na formação de orações relativas de OD e de OBL do português de Moçambique", in: *Actas do XI Encontro Nacional da APL*, Band 3. Lisboa: Colibri, 225–248.
ENDRUSCHAT, Annette. 1990. *Studien zur portugiesischen Sprache in Angola (unter besonderer Berücksichtigung lexikalischer und soziolinguistischer Aspekte*. Frankfurt am Main: TFM.
ENDRUSCHAT, Annette. 2008. „Linguagem dos musseques – Die Stadtsprache Luandas", in: Krefeld, Thomas ed. *Sprachen und Sprechen im städtischen Raum*. Frankfurt am Main: Lang (*Spazi comunicativi* – Kommunikative Räume; 2), 77–102.
GERARDS, David Paul. 2022, *im Druck*. „Clitics in informal written sources of Angolan Portuguese and their similarity to informal Brazilian Portuguese", in: Hennemann, Anja / Meisnitzer, Benjamin edd. *Linguistic Hybridity. Contact-induced and cognitively motivated grammaticalization and lexicalization processes in Romance Languages*. Heidelberg: Winter.
GONÇALVES, Perpétua. 2010. *A Génese do Português de Moçambique*. Lisboa: IN-CM.
GONÇALVES, Perpétua. 2013. „O Português em África", in: Raposo, Eduardo Buzaglo Paiva et al. edd. *Gramática do Português*. Band I. Lisboa: Fundação Calouste de Gulbenkian, 157–178.
HAGEMEIJER, Tjerk. 2016. „O português em contacto em África", in: Martins, Ana Maria / Carrilho, Ernestina edd. *Manual de Linguística Portuguesa*. Berlin, New York: de Gruyter (Manual of Romance Linguistics; 16), 43–67.
INVERNO, Liliana. 2009. „A transição de Angola para o português vernáculo: estudo morfossintáctico do sintagma nominal", in: Carvalho, Ana M. ed. *Português em contato*. Madrid, Frankfurt: Iberoamericana, Editorial Vervuert, 87–106.
MEISNITZER, Benjamin. 2020. „Sprachkontakt und die Genese eines endogenen Standards des angolanischen Portugiesisch", in: Haßler, Gerda / Schäfer-Prieß, Barbara edd. *Contactos linguísticos na sequência da expansão portuguesa*. Berlin, Bern u.a.: Lang (Iberolinguistica; 5), 49–70.
MINGAS, Amélia. 2000. *Interferência do Kimbundu no Português Falado em Lwanda*. Luanda: Edições Chá Cachinde.
UNDOLO, Márcio Edu da Silva. 2014. *Caracterização da Norma do Português em Angola*. Évora: Universidade de Évora.

"Qual é a minha e a tua língua?[113]": do *code-switching* ao *translanguaging und zurück* nas narrativas visuais de crianças lusodescendentes na Alemanha

Sílvia Melo-Pfeifer (Hamburgo)

1. Introdução

A gestão dos repertórios linguísticos de crianças plurilingues reveste-se de grande complexidade, quer se observe da perspetiva da Linguística, quer da perspetiva da Didática de Línguas (Flores & Melo-Pfeifer 2014). Se até há pouco tempo os conceitos de *code-switching*, *code-mixing* ou de alternância códica, com as suas divergências e mat(r)izes conceptuais, pareciam suficientes para explicar, descrever e analisar os discursos plurilingues destas crianças, a complexificação das biografias linguísticas e a hiper-diversificação dos contactos linguísticos fez emergir novos conceitos que se pretendem aproximar, de forma mais apurada, a estas práticas discursivas: por exemplo, *crossing*, *polylingualism*, *metrolingualism* ou *translanguaging* (conceito que será abordado mais detalhadamente nesta contribuição).

Para analisarmos a complexidade das práticas transglóssicas de crianças lusodescendentes na Alemanha, recorreremos à análise multimodal de diferentes "narrativas visuais" (Kalaja & Dufva & Alanen 2013) deste público-alvo, produzidas de acordo com a instrução "desenha-te a falar as línguas que conheces". Nesses desenhos é visível a coexistência de diferentes práticas de gestão do plurilinguismo individual, práticas essas que vão de um suposto monolinguismo, até geometrias variáveis de gestão do plurilinguismo na interação: intercompreensão plurilingue (em que cada um fala as suas línguas, mas compreende as línguas dos outros) e interação plurilingue com recurso a *translanguaging* (uso de um código plurilingue 'de base').

---

113 Título de uma coletânea de poemas de Jorge Sousa Braga.

Sem recorrer a uma contabilização das situações de uso representadas ou defender as vantagens de umas em relação a outras, o nosso objetivo será mostrar que cada uma daquelas práticas de gestão da interação plurilingue está ancorada num saber-fazer pragmático, 'de experiência feito', acompanhado da capacidade de refletir sobre as línguas e as suas dinâmicas sociais.

2. Code-switching ou translanguaging? Is that the question?

A literatura em disciplinas como a Linguística Aplicada (LA) ou a Didática de Línguas (DL) tem vindo a debater-se com diferentes teorias e conceitos relativos à organização das línguas nos repertórios plurais dos sujeitos. Faremos, com base em Garcia & Wei (2014), uma breve apresentação de três teorias sobre o plurilinguismo e dos conceitos que lhes dão forma heurística e investigativa.

A primeira das teorias é designada por "bilinguismo tradicional" e refere-se ao pressuposto de que sistemas linguísticos independentes (L1, L2 ...), com caraterísticas distintivas, se justapõem, criando aquilo a que se convencionou dois (ou mais) "monolinguismos paralelos" ou, na bela metáfora de Cummins, a co-existência de "duas solidões". A definição de língua subjacente a esta perspetiva é, conforme criticado por Blommaert, a de "language as a bounded, nameable and countable unit, often reduced to grammatical structures and vocabulary, and called by names such as 'English', 'French' and so on" (2010, 4). De acordo com este modelo, seria considerado bilingue quem tivesse o mesmo grau de proficiência em duas línguas. Os estudos sobre transferência, por exemplo, vieram colocar esta teoria em cheque, embora esteja ainda muito difundida nos discursos sociais.

A segunda teoria, até hoje bastante influente, é a da interdependência linguística, de Cummins (por exemplo, 2008), que vê os diferentes sistemas linguísticos como estando claramente próximos e interrelacionados. Os fenómenos de transferência ou as marcas transcódicas seriam, com base neste modelo, a prova de que existe uma *Common Underlying Proficiency* onde se processam e se gerem os recursos e as competências interlinguísticos. Todavia, de acordo com Garcia & Wei (2014), esta teoria continua a entender os diferentes recursos linguísticos como entidades separadas e com caraterísticas distintivas, de que o conceito de *code-switching* faz eco, ao colocar a tónica no processo de mudança do código linguístico (geralmente em termos de léxico ou sintaxe, de acordo com regras a que se convenciou, em alguns momentos, chamar "gramática do *code-switching*"), designadamente na forma como se analisam as marcas transcódicas do discurso dos sujeitos plurilingues.

A estes dois modelos, Garcia & Wei contrapõem um sistema mais dinâmico e integrado do plurilinguismo, também ele mais apto a dar conta das dinâmicas sociais do mundo hiper-complexo (Blommaert 2010). De acordo com este terceiro modelo, "there is one linguistic system [...] with features that are integrated throughout. [...] These linguistic features are then [...] often used in ways that conform to societal constructions of 'a language', and other times used differently" (Garcia & Wei 2014, 15). Para ilustrar a forma como se integram os diferentes recursos linguísticos, os autores defendem a substituição de termos heurísticos como *code-switching* pelo de *translanguaging*. Este conceito é usado para referir o uso integrado e interdependente de todos os repertórios semióticos (designadamente as línguas, mas não só) para co-construir sentido na comunicação plurilingue e intercultural (García 2014; García & Wei 2014). Trata-se de um conceito, na nossa perspetiva, capaz de dar conta da natureza multisemiótica (ou mesmo transsemiótica) e complexa da comunicação humana, em que os designados ou percebidos códigos linguísticos são concebidos apenas como um dos possíveis *sense makers* e *sense containers* (Jewitt 2009) no processo de co-construção do sentido comunicativo. Neste sentido, cremos que o conceito de *translanguaging* pode ser um instrumento heurístico capaz de descrever, de forma mais apurada, "the structure of people's repertoires and the patters of multilingual language use, [which] become less predictable and significantly more complex" (Blommaert 2010, 5).

De acordo com a literatura que tem surgido e que vai ganhando legitimidade como referência na área do *translanguaging* (Blackledge & Creese 2014; Canagarajah 2013; García 2014; García & Flores & Woodley 2012; García & Wei 2014), este conceito distingue-se do fenómeno comunicativo do *code-switching* porque:

- coloca a ênfase nos sujeitos e nas suas trajetórias biográficas e não nos códigos;
- analisa o uso dos recursos semióticos de forma integrada;

- perspetiva o uso desses recursos, nomeadamente linguísticos, como uma co-construção *hic et nunc*;
- não é só uma estratégia de comunicação, mas também uma teoria sobre como as línguas são processadas;
- adota uma perspetiva de teor socioconstrutivista, baseada na co-elaboração, e menos cognitivista;

Não é ainda consensual, nem parece que o venha a ser rapidamente, a existência de um único sistema linguístico, em que todas línguas desagúem para formar o caudal dos diferentes recursos linguísticos. O entendimento unificado do sistema linguístico coloca em causa as definições de línguas, as suas demarcações e designações e é ainda considerado problemático do ponto de vista praxiológico:

> In this debate, Aronin and Singleton (2012) assume that there is an important interaction and interplay among the multilingual's languages but they take issue with the idea of a strict unitary linguistic system. Some arguments they put forward are: formal differences among languages, language selection according to their interlocutor, code-switching not as a counter-example to the idea of language separation, and selective recovery of language due to aphasia which affects only one of the multiple languages or as a result of neglect in favour of another language (Ruiz de Zarobe & Ruiz de Zarobe 2015, 399).

Independentemente do trajeto e da vitalidade que uma conceção unitária dos sistemas linguísticos e que o conceito de *translanguaging* venham a ter, não há dúvida de que ambos concorrem para a atual viragem multilingue (May 2014) vivido nas áreas da LA e da DL. Ambos concorrem para a atual perspetiva de "integration rather than separation of the languages at the bi / multilingual's disposal" (Ruiz de Zarobe & Ruiz de Zarobe 2015, 399) e do entendimento de que os sujeitos dispõem, não de línguas imóveis, mas de recursos dinâmicos (Blommaert 2010, 102). Não obstante, as visões monolingues e monoglóssicas da organização e do funcionamento da mente bilingue parecem continuar a ser preponderantes nos discursos sociais (Melo-Pfeifer 2017).

3. Estudo empírico
3.1 O projeto "Imagens do (ensino) português no estrangeiro"
Os dados recolhidos para o presente estudo fazem parte de um projeto mais alargado, intitulado "Imagens do (ensino) português no estrangeiro", desenvolvido

entre 2010 e 2013, pela Coordenação de Ensino Português na Alemanha (coordenadora: Sílvia Melo-Pfeifer), junto da Embaixada de Portugal em Berlim. O projeto contou com a colaboração do Camões – Instituto da Cooperação e da Língua e dos seus professores de Português no território alemão.

A fim de se conhecerem as representações acerca da Língua Portuguesa, foram recolhidos dados por questionário eletrónico junto de encarregados de educação e membros das Comunidades Portuguesas (não só na Alemanha), de professores de Português e de estudantes do ensino secundário e universitário (ver Melo-Pfeifer & Schmidt 2014a, para uma análise já disponível dos resultados obtidos). De modo a recolher aquelas representações junto de um público escolar infantil e pré-adolescente, foram recolhidas narrativas visuais, que constituem o objeto de análise da presente contribuição (ver Melo-Pfeifer 2015 e Melo-Pfeifer & Schmidt 2014b para análises complementares deste *corpus*).

3.2 *Corpus* e metodologia

Com vista à recolha das narrativas visuais, a coordenadora de ensino solicitou aos docentes responsáveis pelas aulas de PLH que desenvolvessem uma atividade baseada no desenho, com crianças dos 6 aos 12 anos. A instrução comum dada a todos os alunos foi "Desenha-te a falar as línguas que conheces". Os 984 desenhos foram recolhidos em contexto de sala de aula, geralmente durante o espaço não-curricular atribuído ao Português, em diferentes Estados Federados alemães, no ano letivo 2011 / 2012, com a ajuda de 35 professores.

Como "le dessin de l'enfant ne peut être isolé du contexte dans lequel il s'est situé" (Wallon 2001, 83), poderemos aferir que o facto de os desenhos terem sido recolhidos na aula de Português, na presença do professor, pode ter um impacto sobre as produções recolhidas (assim como o teriam qualquer outras circunstâncias contextuais!). De forma a termos em conta o possível impacto do contexto dos desenhos recolhidos, devemos referir as seguintes características das aulas em que o *corpus* foi produzido:
- as aulas de Português, frequentemente com o estatuto de Língua de Herança (ver Flores & Melo-Pfeifer 2014 para a definição deste conceito), são um espaço social de transição, de mediação e de coordenação de escola, família e sociedade (de socialização primária e secundária);

- aquelas aulas são um espaço linguístico de interceção e de desenvolvimento de: i) representações sociais acerca do Alemão e do PLH; ii) práticas linguístico-comunicativas naquelas duas línguas.

3.2.1 Sobre o uso de narrativas visuais

De acordo com Kress & Leeuwen, o desenho é uma paisagem semiótica com uma gramática visual particular (2006). Os desenhos têm sido usados para analisar a relação das crianças com as suas línguas, mais precisamente as representações das crianças acerca (Melo-Pfeifer 2015):
- da diversidade linguística e cultural;
- de fenómenos linguísticos;
- da aprendizagem de línguas;
- do bilinguismo e do plurilinguismo individual.

Embora se trate de uma metodologia ainda pouco (re)conhecida em DL, área disciplinar em que nos situamos, o seu uso tem ganho legitimidade para estudar os repertórios plurilingues de públicos infantis. Como desenho com uma gramática própria, podemos dizer que se trata de narrativas de construção e de reconstrução identitária, em que a composição ganha sentido não só através das línguas escritas e representadas, mas também de todos os símbolos, cores, posições, configurações e estrutura do desenho. Daqui a importância de uma análise multimodal e plurilingue do nosso *corpus*. Nos nossos desenhos, em particular, a que poderíamos chamar narrativas visuais identitárias plurilingues, assistimos a uma construção imaginativa do 'eu' através de ilustração de práticas plurilingues.

4. Resultados

Nos desenhos recolhidos é notória a preponderância de uma perspetiva monoglóssica das línguas no repertório plurilingue (Melo-Pfeifer 2017). Com efeito, a maioria dos desenhos encena o repertório plurilingue e a sua mobilização discursiva como um conjunto de línguas justapostas, separáveis e com fronteiras bem definidas, independentemente das famílias de línguas, dos estatutos dessas línguas para os sujeitos e da ordem de aquisição.

Não obstante aquela preponderância, visível, por exemplo na forma como as línguas são identificadas com um nome ou associadas a uma bandeira, as crianças reconhecem a sua participação em interações em que diferentes estratégias de gestão dos repertórios plurilingues são utilizadas. Assim, pode observar-se a coexistência de diferentes práticas de gestão do plurilinguismo individual, práticas essas que vão de um suposto monolinguismo, até geometrias variáveis de gestão do plurilinguismo na interação.

Uma situação observada de gestão dos repertórios plurilingues refere-se a práticas monolingues em contextos diferenciados (imagem 1), em que as crianças representam visualmente contextos de comunicação em que cada língua é usada separadamente.

Imagem 1. Representação visual de práticas monolingues em contextos diferenciados (M., s / id., Renningen).

Nesta situação, as línguas são distribuídas de acordo com os contextos e com os interlocutores que habitam esses contextos: família, amigos ou professores. Conforme podemos ver, o desenho representa três contextos de uso das línguas do repertório da criança: a vida familiar, associada à Língua Portuguesa; a socialização secundária, no círculo de amigos, associada à Língua Alemã; e a aprendizagem de uma língua estrangeira no espaço escolar – o Inglês – associada a rituais comunicativos nessa língua. Os três espaços, ainda que sem o desenho de linhas separadoras, são espaços separados e autónomos, a que a presença da criança atribui coerência e continuidade. A criança é o elemento de mediação entre os três espaços sociais linguísticos.

Outra das práticas de gestão dos repertórios plurilingues poderia designar-se por intercompreensão plurilingue (imagem 2), em que cada interlocutor fala uma língua, mas compreende a língua do outro. Nos desenhos recolhidos, essa situação é observável não ao nível de línguas da mesma família linguística, contexto linguístico frequentemente associado ao conceito "intercompreensão" (Doyé & Meissner 2010), mas a situações de comunicação bi / plurilingues em que se usam o Português (língua de herança, LH) e o Alemão (língua do país de acolhimento) e ainda outras línguas de comunidades imigrantes presentes no mesmo território.

Imagem 2. Intercompreensão plurilingue (L.R., 10 anos, Ulm).

Na imagem 2 reconhecem-se fragmentos das línguas designadas por Turco, Alemão e Português. Dois pares de interlocutores comunicam, num quadro colorido e de grande harmonia, em Turco e Alemão e em Alemão e Português. O esquema de comunicação, sobretudo no segundo par, é bastante comum em situações de imigração (designadamente em famílias), em que os sujeitos comunicam com recurso, simultaneamente, à LH e à língua de escolarização.

O recurso ao *code-switching* é frequentemente representado, havendo uma clara alternância de códigos, de acordo com a performatividade requerida em cada contexto. Este recurso parece mesmo fazer parte dos traços identitários de base, já que, numa grande parte dos desenhos recolhidos, as crianças se representam, pelo menos, como bilingues (imagem 3), em que o domínio, ainda que parcial, de outras línguas, não se descura e é valorizado (imagem 4):

"Qual é a minha e a tua língua?" 203

| Imagem 3. Representação do bilinguismo individual (K., s / id., Baiersbronn). | Imagem 4. Representação do plurilinguismo individual (D.F., 7 anos, Appenweiser). |

Em termos de reconhecimento do que poderia ser identificado com recurso ao termo *translanguaging*, encontramos raros momentos de uso de um código plurilingue 'de base' (imagem 5).

Imagem 5. Representação de uma situação de *translanguaging*? (T.P., 11 anos, Osnabrück).

Na situação representada, embora as línguas ainda apareçam associadas a espaços nacionais, elas são utilizadas de forma coordenada para construir a sequenciação e o sentido dos atos de fala (saudação, convite, …). O parceiro de interação será, pelos indícios de contextualização aferíveis pelo recurso às três línguas representadas, também uma criança plurilingue. Isto significará, possivelmente, que uma ideologia ainda dominante de representação monoglóssica dos códigos linguísticos concorre com uma versão fluída e dinâmica da sua gestão comunicativa, marcadamente heteroglóssica.

Assim, conforme observámos, a gestão dos repertórios plurilingues pelas crianças não é arbitrária, antes dependendo:
- de uma complexa orquestração dos diferentes ingredientes do contexto (situação, interlocutores, línguas em contacto, objetivos, …) e da interpretação dessa orquestração pela criança;
- das representações deste público acerca desses ingredientes, evidenciando uma apurada consciência plurilingue e social das crianças lusodescendentes na Alemanha.

5. Síntese e perspetivas didáticas

Analisámos, nesta contribuição, algumas das geometrias variáveis da gestão dos repertórios plurilingues, tais como são visualmente representadas por crianças lusodescendentes na Alemanha. Três configurações mereceram a nossa atenção: a seleção monolingue das línguas de comunicação de acordo com a situação, a intercompreensão plurilingue e a interação plurilingue com (potencial) recurso a *translanguaging*.

Em termos de impacto do estudo realizado, poder-se-á aferir que, em determinadas situações, a categoria analítica 'língua' pode deixar de ter relevância, quando o uso e a gestão dos repertórios semióticos são analisados de uma perspetiva 'émica' (que coloca o sujeito no centro do processo analítico, como 'co-etnógrafo'): "qual é a minha ou a tua língua?". Embora não tenhamos usado as crianças deste estudo como co-etnógrafas, o que poderia ajudar a compreender, em detalhe, cada uma das produções, podemos, no entanto, afirmar que é mais produtivo falar de dinâmicas do plurilinguismo ou de configurações de geometria variável dos repertórios semióticos do que de bilinguismo *tout court*, quando analisamos os repertórios de crianças e jovens lusodescendentes. De facto, uma análise exclusiva do recurso apenas ao Português e ao Alemão por parte destas crianças é insuficiente para descrever a miríade de práticas que elas testemunham e habitam. Ou, dito de outra forma, é necessário ver a criança plurilingue que está para lá da criança bilingue. Os dados parecem apontar ainda para a necessidade de relativizar conceções ancoradas em perspetivas monoglóssicas das línguas. O que é ser fluente numa língua? O que é dominar uma língua? O que é UMA língua materna? O que significa ser bi / plurilingue? A partir de que conhecimentos se pode representar uma determinada língua e incluí-la no repertório linguístico?

Este estudo abre perspetivas didáticas ao nível do ensino-aprendizagem de línguas em geral, e de línguas estrangeiras e de LH, em particular:

- ao nível do ensino-aprendizagem de línguas: a sala de aula poderá ser espaço de desenvolvimento de uma consciência social plurilingue, que coloque em evidência o caráter simultaneamente normativo, arbitrário e potencialmente segregador do que se designa por 'língua' e por 'estrangeira'; de facto, perspetivas pós-estruturalistas tendem a entender a formação e distribuição das línguas como frutos de vários acasos (religiosos, demográficos, políticos, económicos, ...), em que o humano foi preponderante face ao 'linguístico' (sendo todo o 'facto linguístico' e a sua elevação a objeto de análise construções humanas).

- ao nível do ensino-aprendizagem de línguas estrangeiras: na sequência do corolário anterior, torna-se premente, num mundo hiper-complexo, colocar em evidência a heterogeneidade, criatividade e flexibilidade das interações sociais; neste sentido, os alunos devem compreender que há outros modelos de comunicação para além do endolingue monolingue (e, no melhor dos casos, exolingue monolingue) típico da aula de línguas e dos manuais escolares. Romper com este "monolinguismo instalado", designadamente nos manuais de línguas, torna-se necessário para romper conceções monoglóssicas do ensino-aprendizagem e do uso das línguas estrangeiras (Ferreira & Melo-Pfeifer 2015).

- ao nível do ensino-aprendizagem da LH: o espaço da LH poderá ser utilizado como espaço de normalização e de legitimização de práticas plurilingues já (re)conhecidas pelos falantes bilingues; estas práticas são muitas vezes silenciadas ou monolingualizadas, designadamente pelo professor, para se tornarem conformes a uma norma e a uma gramática específicas. Esses atos de silenciamento ou de monolingualização, que se podem entender como "atos de policiamento linguístico" (Blommaert et al 2009), concorrem para tornar ilegítimas as práticas sociais dos sujeitos bi / plurilingues, considerando-as transgressões que evidenciam falta de competências em várias línguas, designadamente na LH (com tudo o que essa avaliação negativa acarreta em termos identitários).

Uma última palavra prende-se com o título desta contribuição, que estamos agora em posição de comentar. O título da coletânea de poemas de Jorge Sousa Braga refere-se a poemas de amor escritos em diferentes línguas (o subtítulo é "Cem poemas de amor de outras línguas"), claramente identificadas. O que pretendemos demonstrar, ao contrário, com recurso àquele título, é que, em circunstâncias marcadas pela multiplicidade de línguas e de outros recursos semióticos, a questão de saber quem usa que língua pode não fazer sentido para os sujeitos, devido ao caráter fortemente intricado dos repertórios linguísticos e à ancoragem de todas as situações de comunicação num tempo e num espaço que concorrem para a inteligibilidade dos enunciados. Em relação ao sub-título ("do *code-switching* ao *translanguaging und zurück*"): não pretendemos desenvolver nesta contribuição um *playdoyer* por um ou por outro conceito (*code-switching versus translanguaging*), embora a nossa preferência recaia sobre o segundo. Importante, como pretendemos dar conta, é, antes de mais, reconhecer que o discurso plurilingue é um ato de performance do sujeito e da identidade plurilingues, possuindo, por isso, marcas transcódicas que o distinguem do discurso monolingue. O que quisemos demonstrar é que os sujeitos bi / plurilingues são capazes de distinguir as situações de uso e de adaptar, de forma criativa e pragmaticamente relevante, os seus repertórios.

Bibliografia
BLACKLEDGE, Adrian & CREESE, Angela. 2014. edd. *Heteroglossia as Practice and Pedagogy*. London: Springer.
BLOMMAERT, Jan. 2010. *The Sociolinguistics of Globalization*. Cambridge: Cambridge University Press.

BLOMMAERT, Jan & KELLY-HOLMES, Helen & LANE, Pia & PEPPÄNEN, Sirpa & MORIARTY, Máiréad & PIETIKÄINEN, Sari & PIIRAINEN-MARSH, Arja. 2009. "Media, multilingualism and language policing: an introduction", in: *Language Policy* 8, 203–207.
BONO, Mariana & MELO-PFEIFER, Sílvia. 2012. "Language negotiation in multilingual learning environments", in: *International Journal of Bilingualism* 15 / 3, 291–309.
CANAGARAJAH, Sue. 2013. *Translingual Practice: Global Englishes and Cosmopolitan Relations*. Oxon: Routledge.
COSTE, Daniel & MOORE, Danièle & ZARATE, Geneviève. 2009. Compétence plurilingue et pluriculturelle: langues vivantes. Strasbourg: Conseil de l'Europe (édition révisée).
CUMMINS, Jim. 2008. "Teaching for transfer: Challenging the two solitudes assumption in bilingual education", in: Cummins, Jim & Hornberger, Nancy. edd. *Encyclopedia of Language and Education* 5, 66–75.
DOYÉ, Peter & MEISSNER, Franz-Joseph. 2010. ed. *Lernerautonomie durch Interkomprehension: Projekte und Perspektiven*. Tübingen: Narr Verlag.
FERREIRA, Teresa & MELO-PFEIFER, Sílvia. 2015. "Desenvolvimento da competência plurilingue: quebrar o *habitus* monolingue dos manuais escolares", in: Araújo e Sá, Maria Helena & Pinho, Ana Sofia. edd. *Intercompreensão em contexto educativo*. Aveiro: Universidade de Aveiro.
FLORES, Cristina & MELO-PFEIFER, Sílvia. 2014. "O conceito 'Língua de Herança' na perspetiva da Linguística e da Didática de Línguas: considerações pluridisciplinares em torno do perfil linguístico das crianças lusodescendentes na Alemanha", in: *Domínios de Lingu@gem* 28 / 3, 16–45 (http://www.seer.ufu.br/index.php/dominiosdelinguagem, consultado em 05.01.2017.)
GARCÍA, Ofelia. 2014. "Countering the dual: transglossia, dynamic bilingualism and translanguaging in education", in: Rubdy, Rani & Alsagoff, Lubna. edd. *The Global-Local Interface, Language Choice and Hybridity*. Bristol: Multilingual Matters, 100–118.
GARCÍA, Ofelia & FLORES, Nelson & WOODLEY, Heather. 2012. "Transgressing monolingualism and bilingual dualities: translanguaging pedagogies", in: Yiakoumetti, Androula. ed. *Harnessing linguistic variation to improve education*. Bern: Peter Lang, 45–75.
GARCÍA, Ofélia & WEI, Li. 2014. *Translanguaging. Language, Bilingualism and Education*. Hampshire: Palgrave MacMillan.
JEWITT, Carey. 2009. "An introduction to multimodality", in: Jewitt, Carey. ed. *The Routledge Handbook of Multimodal Analysis*. Oxon: Routledge, 14–27.
KALAJA, Paula & DUFVA, Hannele & ALANEN, Riikka. 2013. "Experimenting with visual narratives", in: Barkhuizen, Gary. ed. *Narrative Research in Applied Linguistics*. Cambridge: Cambridge University Press, 105–131.
KRESS, Gunther & VAN LEEUWEN, Theo. 2006. *Reading Images. The Grammar of Visual Design*. London: Routledge.
MAY, Stephan. 2014. ed. *The Multilingual Turn*. Oxon: Routledge.
MELO-PFEIFER, Sílvia. 2017. "Drawing the plurilingual self: how children portray their multilingual resources", in: *IRAL*-International Review of Applied Linguistics in Language Teaching. De Gruyter Mouton. DOI: https://doi.org/10.1515/iral-2017-0006, consultado em 09.03.2017.
MELO-PFEIFER, Sílvia. 2015. "Multilingual Awareness and Heritage Language Education: children's multimodal representations of their multilingualism", in: *Language Awareness* 24 / 3, 197–215.

MELO-PFEIFER, Sílvia & SCHMIDT, Alexandra. 2014a. "Représentations croisées de la communauté portugaise, des enseignants et des apprenants de portugais langue d'origine en Allemagne. Enjeux et perspectives didactiques", in: Aguilar, José & Brudermann, Cédric & Leclère, Malory. edd. *Langues, cultures et pratiques en contexte: interrogations didactiques.* Paris: Riveneuve, 125–148.

MELO-PFEIFER, Sílvia & SCHMIDT, Alexandra. 2014b. "'Desenha-te a falar as línguas que conheces': imagens de crianças luso(fono)descendentes na Alemanha acerca da sua Competência Plurilingue", in: Ana Isabel Andrade et al. edd. *A diversidade linguística nos discursos e nas práticas de educação e formação.* Aveiro: Universidade de Aveiro, 159–182.

MOLINIE, Muriel. 2009. ed. *Le dessin réflexif. Élément pour une herméneutique du sujet plurilingue.* Cergy-Pontoise: Université de Cergy-Pontoise.

RUIZ DE ZAROBE, Leyre & RUIZ DE ZAROBE, Yolanda. 2015. "New perspectives on multilingualism and L2 acquisition: an introduction", in: *International Journal of Multilingualism* 12 / 4, 393–403.

WALLON, Philippe. 2001. *Le dessin d'enfant.* Paris: PUF.

Algumas Reflexões sobre as Mudanças Introduzidas pelo Acordo Ortográfico de 1990

Telmo Móia (CLUL, Universidade de Lisboa)

1. Introdução

Neste trabalho, farei uma breve reflexão sobre as principais mudanças introduzidas pelo Acordo Ortográfico de 1990, procurando fundamentar a tese de que estas não constituem um rutura – antes estão em sintonia – com a tendência geral das mudanças gráficas após 1911, as quais constituem, na essência, um sacrifício da clareza em prol da simplicidade. Como tal, a generalidade de tais mudanças pode justificar-se na lógica interna do sistema, sem invocar argumentos de aproximação linguística entre os diversos países lusófonos. Esta questão, central, será desenvolvida ao longo da secção 2.

Na secção 1, introdutória, mostrarei – reiterando essencialmente aspetos discutidos e desenvolvidos em Móia (2011) – que o Acordo Ortográfico de 1990 mantém a existência de dois subsistemas gráficos distintos – um português e um brasileiro – isto é, mantém no essencial o *statu quo* à data da sua elaboração.

Na secção final 3, muito breve, sublinharei de forma esquemática – e retomando aspetos explorados mais minuciosamente em Móia (2008) – (i) que as mudanças introduzidas pelo Acordo trazem alguns problemas novos ao sistema ortográfico do português e (ii) que o Acordo deixa importantes questões gráficas em aberto, as quais podem ser assumidas como desafios para o futuro (e sobre as quais importará, em algum momento, tentar concertar normas).

2. Manutenção de dois sistemas gráficos distintos: o português e o brasileiro (Móia 2011)

Como discuti com algum pormenor no trabalho acima referido, podemos considerar que o Acordo Ortográfico de 1990 mantém o *statu quo* existente à data da sua criação, isto é, conserva a existência de dois (sub)sistemas gráficos distintos: um português e um brasileiro. Por outras palavras, não há uma "unificação ortográfica absoluta", apenas uma maior aproximação dos dois subsistemas, que se mantêm diferentes. A novidade relativamente à situação anterior é que eles passam a estar subordinados a um texto normativo único (o Acordo de 1990), que admite variação gráfica dentro de determinados limites. A Nota Explicativa do Acordo de 1990 reconhece esta situação – cf. (1) – e indica as razões de fundo – a saber, diferenças inconciliáveis de pronúncia – para não se ter atingido a plena unificação – cf. (2).

(1) "[...] o novo texto de unificação ortográfica [...] representa uma *versão menos forte* do que as que foram conseguidas em 1945 e 1986." (Acordo Ortográfico de 1990, Nota Explicativa, 2, itálico meu)

(2) "[...] não é possível unificar por via administrativa divergências que assentam em claras *diferenças de pronúncia*, um dos critérios, aliás, em que se baseia o sistema ortográfico da língua portuguesa." (*ibid.*)

Em suma, certas diferenças de pronúncia entre Portugal e o Brasil correspondem necessariamente a diferenças gráficas, não sendo elimináveis num sistema de base fonética, como o nosso.

A forma de integrar a possibilidade de duas grafias (a portuguesa e a brasileira) num texto normativo único foi – aliás, de forma potenciadora de erros de interpretação, porque demasiado vaga – recorrendo ao conceito de facultatividade e, consequentemente, de grafias alternativas. Entre os exemplos de afirmações vagas do Acordo, refiram-se, por exemplo: "[o *c* e o *p*] conservam-se ou eliminam-se facultativamente" (Base IV, 1.º); "é facultativo assinalar com acento" (Base IX, 4.º) ou "levam acento agudo ou acento circunflexo" (Base IX, 3.º). Como é evidente, uma interpretação incondicional e irrestrita desta facultatividade resultaria em situações absurdas (ou pelo menos, indesejadas), como a possibilidade de coexistência de variantes num mesmo texto:

(3)   Criaram-se *expectativas*, mas essas *expetativas* foram defraudadas.

Assim, parece razoável assumir que uma aplicação de bom senso do Acordo implica regulamentar alguns casos mais genéricos, como as diferenças sistemáticas relevantes entre Portugal e o Brasil. A importância de salvaguardar o princípio de

Algumas Reflexões sobre as Mudanças Introduzidas pelo Acordo Ortográfico de 1990   211

que os cidadãos de um país não devem escrever de forma dissonante da sua pronúncia – e que, portanto, as formas alternativas não estão em variação totalmente livre – está subjacente à seguinte recomendação do *Plano de Ação de Brasília para a Promoção, a Difusão e a Projeção da Língua Portuguesa*, proposto para adoção pelo Conselho de Ministros da CPLP, em 31 de março de 2010:

> (4) "Nos pontos em que o Acordo admite grafias facultativas, é recomendável que a opção por uma delas [...] *siga a tradição ortográfica vigente em cada Estado Membro*, a qual deve ser reconhecida e considerada válida em todos os contextos de utilização da língua, em particular nos sistemas educativos." (Plano de Acção de Brasília, 2010, III – 5, itálico meu)

Considerando todos estes aspetos, podemos concluir que o Acordo Ortográfico de 1990 estatui a manutenção *de facto* de um sistema gráfico em Portugal distinto daquele que vigora no Brasil. As principais diferenças (pós-1990) estão sintetizadas no quadro seguinte:

Diferenças (após 1990)		Portugal (exemplos)	Brasil (exemplos)
Diferenças no **uso de consoantes**	*c, p*	deteção	dete**c**ção
		receção	rece**p**ção
		fa**c**to	fato (var. preferencial)
		sum**p**tuoso	suntuoso (var. preferencial)
	outras (e.g. *b, g, m*)	su**b**tileza	sutileza (var. preferencial)
		amí**g**dala	amídala (var. não preferencial)
		a**m**nistia	anistia
Diferenças na **acentuação**	antes de consoantes nasais (*m, n*)	pr**é**mio	pr**ê**mio
		x**é**non	x**ê**non
		c**ó**mico	c**ô**mico
	outras (menos sistemáticas)	pur**é**	pur**ê**
		v**ó**lei	v**ô**lei
Diferenças na **pluralização de palavras terminadas em *n***		hife**nes**	hife**nes** ou hife**ns**
		cólo**nes**	cólo**nes** ou cólo**ns** (NB: às formas plurais em -*ns* não correspondem formas singulares – que seriam em princípio de esperar – em -*m*, *hifem* ou *cólom*)

Diferenças **estritamente gráficas** (ignoradas no Acordo e, portanto, não eliminadas)	**h**úmido porque (in- terr.)	úmido por que (interrogativo)
Outras diferenças (menos sistemáticas)	metr**o** ím**an**	metr**ô** ím**ã**

Quadro 1. Súmula simplificada das principais diferenças gráficas entre Portugal e o Brasil após o Acordo Ortográfico de 1990
(com diferenças novas nas células sombreadas)

Quando se comparam os sistemas gráficos português e brasileiro que resultaram da aplicação do Acordo de 1990, há pois pelo menos quatro situações distintas que importa destacar:

A. Identidades que se mantêm, mas com mudanças nos dois países (casos que podemos classificar de "reforma" mais do que propriamente "acordo"); é o que acontece, por exemplo, com as formas resultantes da aplicação das novas normas de uso do hífen ou de maiúsculas / minúsculas – e.g. *neorrealismo, autoestrada*; *sobre-excitar*; *setembro*;

B. Identidades novas, por e.g. supressão de consoantes mudas, acentos ou trema, num dos países – e.g. *ação, batizar*; *voo, ideia*; *delinquente*; o estabelecimento destas identidades novas é a razão última da elaboração do Acordo e a situação que ele mais procurou potenciar;

C. Diferenças antigas que se mantêm, por corresponderem – tipicamente – a diferenças inconciliáveis de pronúncia que têm de ter uma expressão gráfica no nosso sistema ortográfico de base fonética – e.g. *facto / fato, amnistia / anistia*; *fenómeno / fenômeno* (cf. Quadro 1, acima); incluem situações que só revisões mais radicais da ortografia (como as propostas em 1987 e posteriormente rejeitadas) poderiam eliminar;

D. Diferenças novas que são introduzidas, ao arrepio do que era a intenção geral (unificadora) do Acordo; trata-se de um efeito possivelmente indesejado, mas que decorre necessariamente do princípio de que a manutenção das consoantes *c* e *p* tem de ter exclusivamente uma justificação fonética; assim, por exemplo, todas as palavras que contêm consoantes *c* e *p* sempre (ou preferencialmente) pronunciadas no Brasil, onde se mantêm, e sempre (ou preferencialmente) mudas em Portugal, onde caem, como *recepção / receção*, passam ter duas grafias distintas no Brasil e em Portugal em consequência da entrada em vigor do Acordo de 1990.

Exploremos com um pouco mais de pormenor as mudanças realizadas. Entre as identidades novas introduzidas pelo Acordo de 1990, sobrelevam:

– formas unificadas por mudanças portuguesas; e.g. todas as palavras com as consoantes mudas *c* e *p*, que já não se escreviam no Brasil e deixam de se escrever em Portugal

(5) ator, coleção, projeto, noturno [perda de *c*]

(6) batismo, exceção; otimismo (pref. no Brasil[114]) [perda de *p*]

– formas unificadas por mudanças brasileiras; e.g. todas as palavras que perderam o acento ou o trema no Brasil, passando a escrever-se como atualmente se escrevem em Portugal

(7) enjoo, voo; assembleia, ideia, epopeico [perda de acento]

(8) delinquente, linguística, arguido [perda de trema]

Entre as diferenças novas introduzidas pelo Acordo de 1990, destacam-se:

– formas inexistentes no Brasil que passam a ser as únicas válidas em Portugal [cf. VABL 2009, Houaiss 2001; VPLP 2010]

(9) deteção, prospeção; cato, defetivo [manutenção de *c* no Brasil]

(10) aceção, conceção, contraceção, deceção, perceção, receção; intercetar, perentório, rutura [manutenção de *p* no Brasil]

– formas não preferenciais no Brasil que passam a ser as únicas válidas em Portugal[115] [cf. VABL 2009, Houaiss 2001; VPLP 2010]

(11) circunspeção, fação, infeção, introspeção; aspeto, conjetura, detetar, fletir, perspetiva, retrospetiva [manutenção preferencial de *c* no Brasil]

(12) ótica [manutenção preferencial de *p* no Brasil]

---

114   O VABL 2009 regista as formas *otimismo* e *optimismo*. Segundo HOUAISS 2001, a forma *otimismo* é preferencial (sendo a alternativa, *optimismo*, registada num verbete que contém apenas remissão para a forma sem *p*).

115   O VABL 2009 regista as formas com e sem consoante (com exceção de *ótica*, que só ocorre na forma *óptica*; HOUAISS 2011, porém, regista também *ótica*, como sinónimo [brasileiro] de *óptica*). Segundo HOUAISS 2001, as formas sem consoante são preferenciais (sendo as alternativas registadas em verbetes que contêm apenas remissão para essas formas).

As diferenças introduzidas, em conjunção com as diferenças antigas que se mantêm, impedem – como já foi dito – uma "unificação ortográfica" plena dos dois sistemas. Não impedem, no entanto, que haja uma maior aproximação entre eles, a qual se verifica, de facto, e resulta do peso das "identidades novas" (exemplificadas em (5)–(8) acima).

Dado que a aproximação entre subsistemas gráficos – potencialmente vantajosa em situações de relativa formalidade (como a redação de tratados internacionais ou a publicação de obras de caráter científico e didático) – é frequentemente invocada como o argumento principal de defesa do Acordo Ortográfico de 1990, parece interessante tentar quantificar essa aproximação para textos de tipo relevante. Tal tarefa permitirá perceber melhor as eventuais vantagens obtidas com o Acordo (em termos de convergência de práticas de escrita). No *excursus* que se segue, proponho um pequeno contributo para esta avaliação, fazendo um exercício de análise comparativa com um texto publicado no Brasil em conformidade com o Acordo de 1990.

Excursus. **Medida da aproximação gráfica Portugal-Brasil (através da análise de um texto)**
– Texto considerado: Richard Dawkins, *The Greatest Show on Earth*, 2009; tradução brasileira (*O Espetáculo da Vida*), Companhia das Letras, 2009, com menção "grafia atualizada segundo o Acordo Ortográfico da Língua Portuguesa de 1990". Segmento analisado: 1.º capítulo, 15 páginas, 476 linhas, ± 6000 palavras. Tipo de registo: tradução, texto de divulgação científica, registo neutro / formal (onde se espera uma variação gráfica próxima do mínimo permitido pelo sistema).
– Expectativa: grande aproximação gráfica potenciada pelo Acordo de 1990 (face à grafia em vigor anteriormente).
– Resultados verificados (comentados abaixo): aproximação de 25%, tendo em conta aspetos estritamente gráficos (0,6%, considerando a totalidade de ± 6000 palavras do segmento analisado).

Observando a tradução do primeiro capítulo da obra referida acima, e tendo em conta apenas aspetos de variação gráfica, relativamente ao que seria a grafia portuguesa pós-1990, contabilizam-se:

Algumas Reflexões sobre as Mudanças Introduzidas pelo Acordo Ortográfico de 1990 215

A. Identidades novas: 65 instâncias, envolvendo 26 itens distintos (número de ocorrências superiores a 1 indicadas entre parênteses retos)

– 57 devido a mudanças portuguesas (88%): *ação, afetar, ativo / ativamente* [3], *atual / atualmente* [5], *caráter* [2], *coletivo* [2], *corretamente, detetive* [4], *dialeto, didático, direção, (in)direto* [6], *distração, efetivo / efetivamente* [7], *exatidão* [2], *exato, exceção* [4], *exceto, ótimo, reação, retaguarda, reto* [2], *seleção* [8];

– 8 devido a mudanças brasileiras (12%): *europeia, ideia* [6]; *tranquilidade.*

B. Diferenças mantidas: 54 instâncias, envolvendo 7 itens / regras distintos

– 43 diferenças na grafia de consoantes mudas: *contato, fato* [42];

– 10 diferenças de acento: *atônito, fenômeno* [4], *prêmio*; pretéritos perfeitos com terminação -*amos* [4];

– 1 diferença na grafia de *por que* interrogativo.

C. Diferenças introduzidas: 28 instâncias, envolvendo 4 itens distintos

– 28 diferenças na grafia de consoantes mudas: *acepção* [16], *conjectura / conjectural* [9], *perspectiva, respectiva* [2].

Assim, para adequar a tradução brasileira à grafia esperada em Portugal, é relevante considerar 147 (= 65 + 54 + 28) instâncias gráficas. Antes do Acordo de 1990, seria necessário mudar 119 dessas instâncias (81% de 147 ou 2% do total de ± 6000 palavras), referidas em A e B; as restantes 28 (respeitantes a diferenças agora introduzidas, referidas em C) não precisariam de ser mudadas. Após o Acordo de 1990, seria necessário mudar 82 dessas instâncias (56% de 147 ou 1,4% do total de ± 6000 palavras), referidas em B e C; só as restantes 65 (respeitantes a identidades agora introduzidas, referidas em A) não precisariam de modificação. Assim, os ganhos comparativos são de 37 itens (119–82), ou seja, 25% de 147 ou 0,6% de 6000[116]. É perante números deste tipo que faz sentido perguntar: compensam eles os custos da mudança ortográfica?

---

116 Naturalmente, para adequar plenamente o texto brasileiro à variante portuguesa, importaria considerar a variação gramatical (que no tipo de registo em apreço tem, possivelmente, uma dimensão próxima do mínimo possível). No capítulo analisado, foram identificadas pelo menos 94 diferenças gramaticais (morfológicas, lexicais, sintáticas) que careceriam de adaptação na versão portuguesa, a saber, diferenças: (i) em contrações gráficas (*em uma* vs. *numa*) [4]; (ii) no uso de definido antes de

3. Mudanças de 1990 justificadas na lógica interna do sistema

Independentemente da maior ou menor aproximação dos sistemas gráficos português e brasileiro, importa sublinhar que as mudanças consagradas no Acordo de 1990 estão em sintonia com o sentido das mudanças realizadas na ortografia portuguesa a partir de 1911, e não vão ao arrepio destas, por algum tipo de concessão injustificável, ao contrário do que alguns detratores do Acordo pretendem fazer crer.

Com efeito, a Reforma Ortográfica de 1911 – momento fundador da ortografia oficial portuguesa –, estatuía a clareza (da leitura) como pilar essencial do sistema ortográfico (de base fonética) que estava a ser proposto:

(13) "A Comissão nem por um momento perdeu de vista que a primacial vantagem de uma ortografia oficial é *favorecer o ensino fácil da leitura e da escrita* [...].»; «Um bom sistema de acentuação deve ser tal que, ou a sílaba predominante se assinale na escrita ou não, *quem lê nenhuma hesitação possa ter* sôbre qual seja essa sílaba. Com o sistema proposto pela Comissão é satisfeito *este preceito fundamental* [...]."
(Reforma Ortográfica de 1911, Relatório da Comissão, itálicos meus)

A clareza – que se procurou maximizar em 1911 – encontra-se obviamente num delicado jogo de equilíbrio com a simplicidade. Maior clareza (por exemplo, através do uso de diacríticos) implica menor simplicidade, na medida em que aumenta o número de símbolos a usar. Os reflexos do primado da clareza na ortografia podem ser detetados em múltiplos aspetos da ortografia, de que destacarei aqui cinco:

---

possessivo (e.g. *em seus* vs. *nos seus*) [38]; (iii) na ordem dos clíticos (e.g. *se recusam* vs. *recusam-se*) [12]; (iv) no uso do gerúndio (e.g. *estão brincando* vs. *estão a brincar*) [7]; (v) no uso de *bare plurals* (e.g. *humanos conviveram com dinossauros* vs. *os humanos conviveram com os dinossauros*) [2]; (vi) em itens lexicais (e.g. *experimento, hádron, porcentagem, câmera, basquete, classe* [PE *turma*], *quicar, registrar, em cores* [19, envolvendo 15 itens distintos], (vii) na flexão verbal / particípios passados (e.g. *aceito* vs. *aceite* [3]; (viii) de outros tipos [9 (pelo menos)]. Se adicionarmos 94 aos números referidos no parágrafo anterior, obtemos os seguintes valores (para uma adequação da tradução brasileira à gramática+grafia em Portugal pós-1990): 241 (147 + 94) instâncias relevantes; antes de 1990, seria necessário mudar 213 (88% de 241); após 1990, seria necessário mudar 176 (73% de 241), com ganhos comparativos de 15%.

A. sinalização gráfica da diferença hiato-ditongo;
B. sinalização gráfica da nasalidade de vogais antes de *m* e *n*;
C. sinalização gráfica da leitura de *u* nas sequências *gue, gui, que, qui*;
D. sinalização gráfica das diferenças de altura de vogais orais em homófonos heterofónicos: *a* ([a] / [ɐ]), *e* ([ɛ] / [e] / [ɨ]), *o* ([ɔ] / [o]);
E. sinalização gráfica do acento (em sílabas tónicas ou subtónicas).

Podem ainda ser detetados no uso de consoantes mudas, que são utilizadas polifuncionalmente (entre 1911 e 1990), em especial: (i) para sinalização da abertura de vogal precedente (*a, e, o*), geralmente em sílaba não tónica, onde se pode considerar que têm um valor diacrítico (comparável ao que já tiveram os acentos graves) – e.g. *activo, baptismo; director, excepção; nocturno*; (ii) para harmonizar palavras etimologicamente relacionadas, mostrando que o sistema desenhado em 1911 (e mantido, neste aspeto, em 1945), apesar de ser de base fonética, integra também aspetos não funcionais – e.g. *abstracto* (como *abstracção*), *arquitecto* (como *arquitectura*); *Egipto* (como *egípcio*); *árctico* (como *Arcturo*); *caquéctico* (como *caquexia*).

Todos os momentos de mudança ortográfica posteriores a 1911 implicaram simplificações (i.e. abandono da sinalização gráfica de diferenças fonéticas), sacrificando-se a clareza em prol da simplicidade. Isto aconteceu, desde logo, em 1931, com o primeiro Acordo Ortográfico Portugal-Brasil (que consistiu essencialmente, na adoção pelos brasileiros da ortografia criada em Portugal em 1911, ligeiramente alterada em 1920), em 1945, com o segundo Acordo Ortográfico Portugal-Brasil, em 1971 / 1973, com as ligeiras mudanças unilaterais realizadas no Brasil e em Portugal (que permitiram uma aproximação dos dois subsistemas gráficos), e, finalmente, em 1990, com o terceiro Acordo Ortográfico (entre Portugal, Brasil e restantes países soberanos de língua oficial portuguesa). 1990 não é assim exceção, antes segue a tendência simplificadora geral da ortografia portuguesa do último século. Importa sublinhar que, geralmente, as simplificações realizadas tiveram custos (mais ou menos pesados): e.g. dificuldades de leitura resultantes da ambivalência das grafias ou eventuais efeitos – sempre indesejados – de retorno do escrito sobre o oral. 1990 também não é exceção neste aspeto: as mudanças estão a ter custos, tal como os tiveram as anteriores simplificações, em 1931, em 1945 ou em 1973.

Considerarei seguidamente – de forma esquemática – algumas das principais modificações que ilustram o sacrifício da clareza em prol da simplicidade, nas várias datas-chave referidas, nos aspetos gráficos listados acima. Chamarei a atenção para alguns custos relevantes dessas alterações (dificuldades de leitura, efeitos sobre o oral), que demonstram que 1990 não tem um caráter excecional.

A. Sinalização gráfica da diferença hiato-ditongo

1911: a diferença era marcada em posição tónica e não tónica

    (14)   tónica: *balaústre, país, cafeína; paúl, atribuíu* (pré-1945)

    (15)   não tónica: *balaüstrada, païsagem, descafeïnado* (pré-1945)

1945: eliminou-se a distinção em posição não tónica

    (16)   não tónica: *balaustrada, paisagem, descafeinado* (pós-1945)

1945: eliminou-se a marcação redundante em posição tónica, que acontecia, por exemplo antes de *l* final de sílaba (que nunca é precedido de ditongo) ou *iu* precedido de *u* (já que nunca se pode fazer a divisão silábica *ui-u*)

    (17)   tónica: *paul, atribuiu*

Consequências: (i) dificuldades de leitura (em palavras pouco comuns) – *cauaçu* vs. *agauchar-se* (no primeiro caso *au* representa um ditongo e no segundo um hiato, situação anteriormente distinguida com trema, *aü*); (ii) possível correlação com mudança fonética de hiato para ditongo ocorrida em algumas palavras – cf. transcrições fonéticas do DACL 2001 para e.g. *balaustrada* ou *paisagem* (unicamente com ditongo).

B. Sinalização gráfica da nasalidade de vogais antes de *m* e *n*

1911: a diferença era sempre marcada, através da consoante *m* ou *n* (que surgia, assim, duplicada)

    (18)   *immergir, innovação; emmagrecer, ennegrecer* (pré-1945)

    (19)   *connosco* [PE]

1945: eliminou-se a marcação da nasalidade nos prefixos *em / en* e *im / in*

    (20)   *imergir, inovação; emagrecer, enegrecer* (pós-1945)

Consequências: possível correlação com a perda de nasalidade dos prefixos em causa nas palavras do tipo de (20) – cf. Castro & Duarte (1987: 46–47).

Algumas Reflexões sobre as Mudanças Introduzidas pelo Acordo Ortográfico de 1990

C. Sinalização gráfica da leitura de *u* nas sequências *gue, gui, que, qui*

1911: a leitura de *u* era sempre sinalizada

(21)   tónica: *adeqúe, (tu) argúis* (pré-1990)

(22)   não tónica: *adeqüemos, lingüista, qüinqüénio* (pré-1945)

1945: eliminou-se a marca de leitura em posição não tónica

(23)   não tónica: *adequemos, linguista, quinquénio* (pós-1945)

Consequências: (i) dificuldades de leitura (em palavras pouco comuns) – e.g. etnónimo *Caboquenas* vs. topónimo *Aquisgrano* (no primeiro caso o *u* não é pronunciado e no segundo é, situação anteriormente distinguida com trema, *qüis*); (ii) possível correlação com mudança fonética (emudecimento de *u*) ocorrida em algumas palavras – cf. transcrições fonéticas do DACL 2001 para e.g. *quinquénio* ou *quinquagésimo* (unicamente sem leitura de *u* antes de *e* / *i*).

1990: eliminou-se a marca de leitura em posição tónica

(24)   *adeque, (tu) arguis* (pós-1990)

Esta última mudança está em sintonia com o sentido das mudanças já ocorridas!

D. Sinalização gráfica da diferença de abertura de vogais orais em homófonos heterofónicos: *a* ([a] / [ɐ]), *e* ([ɛ] / [e] / [i]), *o* ([ɔ] / [o])

1911: a diferença era sinalizada em todos os pares de palavras

(25)   pares sem palavras átonas: *este* / *êste, sede* / *sêde; corte* / *côrte, tola* / *tôla* [mas *tolo*] (pré-1945)

(26)   pares ou trios com uma das palavras átona: *para* / *pára, pelo* / *pêlo* / *pélo, polo* [ant.] / *pôlo* / *pólo; por* / *pôr* (pré-1990)

1945: eliminou-se a distinção para pares sem palavras átonas (no Brasil, por mudança unilateral nos anos 1970)

(27)   *este* / *este, sede* / *sede, corte* / *corte, tola* / *tola* (pós-1945)

Consequências: (i) (fortíssimo) aumento da homografia; (ii) dificuldades de leitura (em palavras pouco comuns) – e.g. etnónimo *Medos* (com *e* semiaberto, [ɛ], anteriormente distinguível de *mêdos*).

1990: eliminou-se a distinção nos restantes casos (com exceção de *pôr*)

(28)   *para* / *para, pelo* / *pelo* / *pelo, polo* [ant.] / *polo* / *polo* (pós-1990)

Consequências: (i) (ligeiro) aumento da homografia; (ii) possíveis vantagens didáticas na harmonização de formas (*pera* / *peras*, em vez de *pêra* / *peras*).

Esta última mudança está em sintonia com o sentido das mudanças já ocorridas!

E. Sinalização gráfica do acento (em sílabas tónicas ou subtónicas)

1911: as sílabas tónicas (e bem assim as subtónicas, de modo afim) eram sinalizadas num sistema de complementaridade graves-agudas, ainda em vigor atualmente

(29) *sabia* / *sabiá*; *leve* / *café* / *você*; *táxi* / *rubi*; *euro* / *avó* / *avô*; *ónus* / *tabus*; *órfã* / *romã*, *órgão* / *canção*, *fórum* / *atum*; *homem* / *alguém*; *útil* / *funil*, *éter* / *mulher* [sílaba tónica]

(30) *cafèzinho, avòzinho, ùtilmente* [sílaba subtónica]

1973: eliminou-se a marcação da sílaba subtónica
(seguindo mudança prévia idêntica, unilateral, no Brasil)

(31) *cafezinho, avozinho, utilmente* (pós-1973)

Consequências: (i) ligeiro aumento da homografia – e.g. *avozinho* (de *avo* e *avô*), *babazinha* (de *baba* e *babá*); (ii) dificuldades de leitura (em palavras pouco comuns) – e.g. *nacarzinho* (de *nácar*), *damarzinho* (de *dâmar*), *alcarzinho* (de *alcar*).

1990: eliminaram-se os acentos redundantes, que não distinguem diferentes possibilidades de leitura (no sistema de complementaridade graves-agudas)

(32) *voo, enjoo; veem, deem, leem, creem* (pós-1990)

Como se verifica, esta mudança está em sintonia com o sentido geral das mudanças já ocorridas e é, aliás, mais congruente com as propriedades gerais do sistema (que evita marcações redundantes)!

Consideremos agora a questão (relativamente complexa) do **uso de consoantes mudas**, que – como já foi dito – servia essencialmente os propósitos de sinalização da abertura de vogal precedente (valor diacrítico) ou de preservação da simetria entre palavras da mesma família.

1911: eliminou-se a maioria das consoantes mudas, em obediência ao princípio da simplicidade e atendendo à base fonética do sistema (sendo mantidas apenas em casos excecionais, que serão descritos adiante)

(33) *diccionário, auctor, prompto, damno, cabello* (pré-1911)

Consequências da manutenção excecional de consoantes mudas: (i) dificuldades de leitura (principalmente em palavras pouco comuns no registo oral) – e.g. *ceptro* (*p* preferencialmente mudo; cf. grafia única pós-1990, *cetro*); espectro / *séptuplo* (*c* e *p* mudos, respetivamente, segundo a Base VI, 4°, do Acordo de 1945, estando essa consoante presente devido a analogia com formas da mesma família, como *espectral* ou *septuplicar*, onde a consoante se preserva por ter valor diacrítico); (ii) possível correlação com mudanças fonéticas (e.g. prolação de consoantes supostamente mudas) ocorridas em algumas palavras – cf. transcrição fonética do DACL 2001 para *séptuplo* (unicamente com prolação do *p*).

1931: eliminou-se o *s* mudo da sequência inicial *sc*, que fora mantido em 1911

(34) *scena, sciência* (pré-1931)

1945: não se introduziram mudanças significativas no uso das consoantes mudas
1990: eliminaram-se todas as consoantes mudas, ou seja, revogaram-se todos os casos excecionais introduzidos em 1911 e mantidos em 1945, a saber, casos de:
(i) oscilação entre prolação e emudecimento, quer entre Portugal e o Brasil, quer apenas num dos países;
(ii) valor diacrítico, sinalizando a abertura de vogal (geralmente átona) precedente

(35) *acção; direcção, corrector; adoptar, baptismo* (pré-1990)

note-se, de passagem, que este tipo de sinalização (a) foi abolido em 1945 para pares como *sêde / sede* ou *côrte / corte* (revogando a grafia instituída pela Reforma de 1911), (b) é geralmente inútil no Brasil, onde não se articulam vogais fechadas ou semifechadas nos contextos relevantes, (c) não tem validade universal mesmo em Portugal, onde é possível (c_1) ter vogais abertas ou semiabertas em contextos comparáveis, sem presença das consoantes mudas – cf. e.g. *colação, ilação, inflação, repleto, supletivo* –, e (c_2) ter vogais fechadas ou semifechadas em contextos comparáveis, com presença das consoantes mudas – cf. e.g. *actualidade, actividade, lacticínio*;
(iii) preservação da semelhança gráfica entre palavras da mesma família

(36) *árctico, caquéctico, eléctrico* (pré-1990)

note-se que a preservação em causa não tem aplicação universal, sendo reconhecidas (já desde 1911) divergências em grupos do tipo *erva / herbicida, sono /*

insomne, assunção / assumptivo, e assenta por vezes em requisitos culturais muito específicos, que não permitem à generalidade dos falantes identificar "famílias", como em *Arcturo* (nome de estrela, com *c* articulado) / *árctico* (com *c* mudo), *caquexia* (termo médico pouco comum, com *x=cs*) / *caquéctico* (termo relativamente comum, com *c* mudo).

Instituiu-se assim, em 1990, um critério de base estritamente fonética para o uso de *c* e *p*, que está em sintonia com o sentido das mudanças já ocorridas!

A eliminação total do uso de consoantes mudas em 1990 teve diversas consequências, umas claramente positivas, outras potencialmente mais negativas. Destacam-se: (i) a eliminação de dificuldades de leitura (em palavras pouco comuns no registo oral) – e.g. *cetro* (sem *p*); (ii) a introdução de simetria entre conjuntos de palavras com leitura semelhante, com potenciais vantagens didáticas: e.g. *reta* como *meta* ou *seta, jato*, como *lato* ou *mato, corretivo* como *supletivo, contração* como *inflação, laticínio* como *vaticínio* (evitando-se, suplementarmente, a tendência para erros ortográficos por adição indevida de consoantes mudas, como em *inflacção* ou *estracto*); (iii) o aumento (ainda que ligeiro) da homografia (mas, como vimos atrás, outras mudanças também tiveram este resultado, e até em grau muito superior) – e.g. *corretor* (antes *corrector* e *corretor*), *espetador* (antes *espectador* e *espetador*); (iv) a manutenção ou a introdução de diferenças entre Portugal e o Brasil (cf. exemplos discutidos na secção 1 acima), que não articulam de forma idêntica as consoantes em causa (mas muitas destas diferenças já existiam *de facto*, visto que a grafia brasileira seguia normas distintas da portuguesa); (v) a introdução de variação gráfica (inexistente até à data) em Portugal, já que nem todos os falantes articulam de forma idêntica as consoantes relevantes, em certos itens lexicais: e.g. *acupunctura / acupuntura, dactilografia / datilografia, expectativa / expetativa, noctívago / notívago*; trata-se de uma situação nova em Portugal, mas com que o Brasil já convivia há muito; (vi) em relação com a alínea anterior, o surgimento de dúvidas (nos falantes) quanto à grafia a adotar, resultantes de dúvidas quanto à articulação (que, por vezes, envolve variação intraindividual): *caracteres* ou *carateres, característico* ou *caraterístico*? Importa sublinhar que a variação gráfica de que estamos a falar é um reflexo de variação fonética e que esta é um facto da língua que não compete à ortografia tratar. Trata-se de uma variação comparável à que existe noutros casos (que o Acordo de 1945 não tentou subsumir em grafias únicas), considerados de «variantes fonéticas de uma mesma palavra» (e não, acertadamente, de «grafia dupla») – e.g. *touro / toiro, louça / loiça; espécimen / espécime; frenesim / frenesi; terremoto / terramoto; bêbado / bêbedo.*

(37) "Não se consentem grafias duplas ou facultativas. (...) *Não se consideram grafias duplas as variantes fonéticas e morfológicas de uma mesma palavra.*" (Acordo de 1945, Doc. n.º 1, Parte primeira, III, itálico meu)

Discutivelmente, a nova regulamentação do uso de consoantes mudas é a questão principal que motiva o Acordo de 1990 (juntamente com a eliminação do trema no Brasil e com outras questões – e.g. pequenas diferenças de acentuação, reforma do uso do hífen e das maiúsculas – que possivelmente não seriam suficientes para ter desencadeado só por si o processo de mudança ortográfica). Nesse sentido, ela é em grande medida responsável pelas seguintes consequências, que importa sopesar com as vantagens da aproximação gráfica (de aproximadamente 25% ou 0,6%, referidas no *excursus* acima): (i) tornar obsoleta, de um ponto de vista gráfico, toda a edição bibliográfica realizada em Portugal nos últimos 70 anos, e que constituiu o grosso das nossas bibliotecas públicas e privadas; (ii) levar as gerações atuais a uma situação de convivência com dois sistemas gráficos (o antigo e o novo), como efeitos gráficos perniciosos, ainda que possivelmente transitórios[117]; como docente da disciplina de Produção do Português Escrito, na Faculdade de Letras da Universidade de Lisboa, em 2014–2015, pude contactar de perto com a redação de textos por alunos que estão na fase de transição gráfica (tendo uma percentagem significativa deles adotado já as convenções do Acordo de 1990, ainda que não tenham feito a sua aprendizagem da escrita com ele); observando os textos destes alunos universitários, podem identificar-se algumas situações curiosas, a saber: (a) casos numerosos de "mistura de sistemas", quer nos

---

117 Não há obviamente garantia de que esta situação de "mistura" de grafias (e interferência entre elas) venha a ser resolvida brevemente, já que o acervo das bibliotecas públicas se mantém à disposição dos utentes e não se antevê que as bibliotecas privadas sejam renovadas de um momento para o outro. Mesmo quem já aprendeu segundo o novo Acordo continuará a conviver com textos escritos na grafia antiga previsivelmente durante muitas décadas.

alunos que usam o Acordo de 1945 quer nos que usam o de 1990, sublinhe-se (e.g. ocorrência de formas como *arquitectura* e *arquitetura* nos mesmos textos); (b) registo de novos erros ortográficos, por adição de consoantes (espúrias), nos alunos que usam o Acordo de 1945 – e.g. *aflicto, aflicção*; (c) registo de novos erros ortográficos, por desconhecimento adequado das mudanças, nos alunos que usam o Acordo de 1990 – e.g. *manteem* (por analogia com *veem*?). Ou seja, a situação gráfica atual (em Portugal) apresenta diversos problemas novos, que não se antevê facilmente como (ou quando) irão ser eliminados.

4. Questões em aberto e desafios para o futuro (Móia 2008)
Como discuti com algum pormenor no trabalho acima referido, o Acordo de 1990 não é totalmente claro em diversos aspetos gráficos, podendo gerar interpretações diversas ou disputas. Entre os exemplos mais relevantes – que colocam, aliás, questões de tipo diverso – contam-se: (i) a validade das formas de pretérito em *-amos* (a par de *-ámos*) em Portugal, onde existe acentuada variação regional de pronúncia; (ii) as condições em que se pode usar *k* (em vez de *c* ou *qu*) em palavras de origem africana, relativamente às quais o Acordo dá indicações contraditórias; (iii) as condições em que se pode usar *k, w* ou *y* em topónimos e gentílicos – e.g. serão válidas, como grafias portuguesas, Rwanda (a par de Ruanda) e Kenya (a par de Quénia), como Kwanza e Malawi?

Além disso, as disposições do Acordo não permitem lidar agilmente com os desafios colocados pela importação maciça de termos estrangeiros, particularmente de origem inglesa. Há uma ausência total de normas para regulamentar essa grafia. Exemplos: (i) em que casos é que [ʃ] corresponde a *ch* e a *x*? – cf. *xintoísmo, xeque, xerife, Hiroxima, Xiva, xampu / champô, flechebeque* [VABL 2009], *Bangladeche*; (ii) é defensável introduzir (em futuros acordos) a possibilidade da acentuação sobresdrúxula para aportuguesar substantivos como *marketing* (*márquetingue*), *catering* (*quêiteringue*) ou *jupiters* ["planetas gasosos fora do sistema solar"] (*júpiteres*), ou para grafar pronúncias muito difundidas (e aparentemente já estabilizadas), como *séniores* ou *júniores*?

5. Breves conclusões

As normas ortográficas cumprem funções de codificação escrita das línguas e têm propriedades particulares que as distinguem das normas linguísticas (isto é, gramaticais) propriamente ditas. Aquelas são objeto de convenção arbitrária (legislada, no nosso caso), na procura da máxima eficácia da codificação; estas são intrinsecamente mais voláteis, obedientes a mecanismos próprios e não legisláveis, na medida em que integram sistemas dinâmicos (sujeitos a mudança linguística contínua) e extremamente diversificados (nos seus aspetos dialetais, socioletais e até idioletais). Não há sistemas ortográficos perfeitos, apenas arranjos mais ou menos eficazes no equilíbrio que conseguem estabelecer entre os vários fatores atendíveis: e.g. simplicidade, clareza, tradição, funções sociais da escrita. Na minha opinião, o Acordo Ortográfico de 1990 não traz mudanças significativas na eficácia com que codifica graficamente a língua. O impacto global é relativamente exíguo – como procurei demonstrar –, podendo apontar-se-lhe diversas vantagens e desvantagens. Independentemente da paixão que o assunto desperta, importa avaliar o impacto das mudanças realizadas, na procura de uma ortografia progressivamente mais eficaz e atenta aos desafios atuais que se lhe colocam.

Bibliografia

Dicionários e vocabulários (com abreviaturas usadas no texto)
[DACL 2001] *Dicionário da Língua Portuguesa Contemporânea da Academia das Ciências de Lisboa*, Editorial Verbo, Lisboa, 2001.
[HOUAISS 2001] *Dicionário Houaiss da Língua Portuguesa*, Editora Objetiva, Rio de Janeiro, 1.ª edição, 2001.
[VABL 2009] *Vocabulário Ortográfico da Língua Portuguesa*, Academia Brasileira de Letras, São Paulo: Global Editora, 5.ª edição, 2009.
[VPLP 2010] *Vocabulário Ortográfico do Português*, divulgado no Portal da Língua Portuguesa (www.portaldalinguaportuguesa.org), do Instituto de Linguística Teórica e Computacional (ILTEC), adotado para efeitos da aplicação do Acordo de 1990 em documentos oficiais e no sistema de ensino por Resolução do Conselho de Ministros n.º 8 / 2011, Diário da República, 1.ª série, n.º 17, de 25 de Janeiro.

Outras referências

CASTRO, Ivo & DUARTE, Inês. 1987. "Comentário do Acordo", in: *A Demanda da Ortografia Portuguesa*. Lisboa: Edições João Sá da Costa, 13–89.
MÓIA, Telmo. 2008. "Neologia e Ortografia – Desafios da Incorporação de Estrangeirismos no Sistema Gráfico do Português", comunicação apresentada na mesa-redonda «A

Neologia, a Norma e a Mudança Linguística», Jornada de Neologia, Faculdade de Letras da Universidade de Lisboa, 9-12-2008. Texto não publicado divulgado em: http://clul.ulisboa.pt/sites/default/files/comunicacoes/tmoia_JornadaNeologia2008.pdf

MÓIA, Telmo. 2011. "Acordo Ortográfico de 1990: o que Muda e o que se Mantém", apresentação feita em sessão de informação e sensibilização sobre o Acordo Ortográfico da Língua Portuguesa, Faculdade de Ciências da Universidade de Lisboa, 14-12-2011. Texto (Power-Point) não publicado divulgado em: http://clul.ulisboa.pt/sites/default/files/comunicacoes/tmoia_FCUL2011.pdf

Reflexivität im Spannungsfeld von Sprache und Identität: Reflexivformen im europäischen und brasilianischen Portugiesisch[118]

Lukas Müller (Köln)

1. Einleitung – Das Verb *esquecer (-se de) algo*

Die Sätze (1) und (2), die beide sowohl im europäischen Portugiesischen (EP), als auch im brasilianischen Portugiesischen (BP) anzutreffen sind, werden in der Regel mit derselben deutschen Übersetzung versehen:

(1) *Ela   esqueceu   -se   do   livro.*
    Sie   vergessen-prt.3sg refl   prep.art   Buch
    ‚Sie hat das Buch vergessen.'

(2) *Ela   esqueceu   o   livro.*
    Sie   vergessen-prt.3sg   art   Buch
    ‚Sie hat das Buch vergessen.'

So könnte man zu dem Schluss kommen, dass (1) und (2) einen Fall von semantischer Äquivalenz abbilden, deren Varianten Ausdruck eines kreativen Sprachgebrauchs sind. In diesem Sinne besteht beispielsweise für Barbosa (1998, 248) kein nennenswerter semantischer Unterschied zwischen *ficou por casa* und *ficou-se por casa* (‚er blieb zu Hause') oder *veio embora* und *veio-se embora* (‚er kam mit'). Zur genauen Charakterisierung der Verben in (1) und (2) finden sich in der Literatur vor allem Ansätze variationslinguistischer Natur. Albrecht (1991) beobachtet die entsprechende Reflexivierung vor allem im Substandard und ordnet sie als diastratisch niedrig markiert ein. Arden & Meisnitzer (2013, 25) wiederum beschreiben die Ellipse des Reflexivums als diastratisch niedrig markiert mit dem

---

118   Der Beitrag synthetisiert die Ergebnisse meiner im Jahr 2015 am Romanischen Seminar der Johannes Gutenberg-Universität Mainz verteidigte Bachelor-Abschlussarbeit.

Verweis auf Cristiano Ronaldo, der in einem mündlich geführten Interview (3) die Reflexivpronomina auslässt.

(3)   E é isto que Ø tem passado.
      ‚Und dies ist es, was in letzter Zeit passiert ist.'

Wie genau die diastratisch motivierte Verteilung der Reflexiva aussieht, scheint auf den ersten Blick also nicht eindeutig zu klären zu sein, obwohl sie offenbar eine wichtige Rolle spielt.

In den Fokus der Überlegungen des vorliegenden Beitrags soll ein ergänzender Aspekt rücken, der zu einer Analyse der Co-Existenz der beiden Verben *esquecer* und *esquecer(-se)* aus semantischer Perspektive führt. So soll im zweiten Kapitel gezeigt werden, dass die Existenz der beiden morphosyntaktischen Varianten im Rahmen der *Role and Reference Grammar* (Van Valin / LaPolla 1997) semantisch motivierbar ist. Die Analyse am Beispiel von *esquecer (-se)* soll dabei beispielhaft stehen und stellvertretend auf weitere Verben, wie beispielsweise *lembrar (-se)* (‚(sich an) etw. erinnern') und *arrepender(-se)* (‚etw. bereuen'), anwendbar sein. Der Blick auf ein Korpus im dritten Kapitel, das quantitative Verteilungen unter Berücksichtigung diatopischer Variation zeigt, sowie einen qualitativen Einblick in die Daten gibt, führt schließlich zu Schlussüberlegungen an der Schnittstelle von Sprache und Identität, sowie dem Verhältnis von Semantik und sprachlicher Variation.

2.1 Lexikalische Pseudoreflexivität und semantische Betroffenheit

Nach Oesterreicher (1993, 246) handelt es sich bei *esquecer-se de* in (1) um ein lexikalisch-pseudoreflexives Verb. Das vorliegende Reflexivum ist demnach insofern pseudohaft, als dass keine rückbezügliche Handlung im Sinne eines klassischen Reflexivums besteht. Während beim klassischen Reflexivum eine Co-Referenzialität zwischen dem syntaktischen Objekt und Subjekt herrscht, wie beispielsweise in *O João lava-se* (‚João wäscht sich'), vergisst die in (1) als syntaktisches Subjekt kodierte Person nicht sich selbst. So drückt das vom Verblexem inhärent mitgeführte Reflexivum keine Rückbezüglichkeit bzw. Co-Referenzialität von syntaktischem Subjekt und Objekt aus, wie sie beim klassischen

Reflexivum vorliegt, sondern kodiert einen pseudohaften Rückbezug, wodurch sich der Terminus der lexikalischen Pseudoreflexivität erklärt.[119] Oesterreicher (1993, 246) beschreibt, dass *se* semantische Nuancen wie „Intensivierung, Expressivität, Insistenz, Globalschau, inchoative und durative Werte implizieren und diaphasisch, diastratisch und diatopisch markiert" sein kann. Weiter wird das Problem des semantisch-lexikalischen Werts der pseudoreflexiven Verben, insbesondere derjenigen, die in Opposition zu einem Simplexverb stehen, nicht vertieft. Zu „dornig" erscheint das Problem. Wie in der Einleitung erwähnt, soll im Weiteren eine semantische Analyse entwickelt werden, um einen Bedeutungsunterschied der beiden Verbvarianten zu motivieren, der möglicherweise eine wichtige Rolle in ihrer Distribution als zusätzlicher Faktor neben diasystematisch-variationellen Aspekten spielt. Die Analyse beruht auf generalisierten semantischen Rollen, die als Schnittstellenphänomen syntaktischen Argumenten semantische Funktionen zuweisen.

In seiner Analyse semantischer Rollen von reflexiven Verben postuliert Hummel (2004, 208) allgemein eine „Betroffenheit des Ereignisträgers durch das Reflexivum, [die es verbietet], die Reflexivmorpheme für funktionslos und überflüssig zu halten." Diese Betroffenheit manifestiert sich demnach in der generalisierten semantischen Rolle des „Betroffenen", die zwangsläufig immer in Verbindung mit einem Reflexivum auftaucht. Ereignisträger kann ein Reflexivmorphem demnach nicht sein (Hummel 2004, 211). Das *se*-Reflexivum unterscheidet dabei formalsemantisch nicht weiter zwischen verschiedenen Typen von Betroffenheit, sondern wird entsprechend im jeweiligen Kontext interpretiert (Hummel 2004, 213). Wie in Abbildung 1 dargestellt, kann die Rolle des Betroffenen demnach als Patiens oder als Adressat (Benefizient oder Geschädigter) einer Handlung verstanden werden. Angewandt auf das lexikalisch-pseudoreflexive Vergessen im Portugiesischen kann *se* demnach als Markierer der Adressatenrolle, je nach Kontext als Geschädigter oder Benefizient verstanden werden (die Rolle des Patiens setzt hingegen in der Regel einen physischen Zustandswechsel voraus, wie es häufig in klassischen Reflexivkonstruktionen der Fall ist).

---

119 Móia & Peres (1995, 420) bezeichnen das Reflexivum als *pronome intrínseco*, das sich in Numerus und Person nach dem Subjekt richtet.

Abbildung 1: Reflexivum als Träger der semantischen Rolle der Betroffenheit (Hummel 2004, 214)

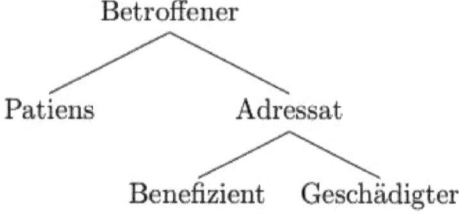

2.2 Das lexikalisch-pseudoreflexive Vergessen-Verb mit makrorollenintransitiver logischer Struktur

Anhand einer Analyse der logischen Struktur im Rahmen der *Role and Reference Grammar* nach Van Valin & LaPolla (1997) kann die Annahme des generellen Ausdrucks von Betroffenheit im Zusammenhang mit dem Pseudoreflexivum weiter substantiiert werden. Die *Role and Reference Grammar* nimmt als generalisierte semantische Rollen (Makrorollen) *actor* und *undergoer* an, die jeweils von Verben subkategorisiert werden. *Actor* und *undergoer* legen jeweils fest, welche Beziehung zwischen beteiligten Argumenten und einem Verb in einem Satz besteht, wie etwa die Verursachung, Erfahrung, Erleidung oder Perzeption einer Handlung. Angewandt auf semantische Minimalpaare wie in *esquecer(-se)*, lässt sich der semantische Unterschied schließlich auf eine differenzierte Makrorollenvalenz zurückführen. Wie in Abbildung 2 gezeigt, verfügt das lexikalisch-pseudoreflexive *esquecer-se* in (1) demnach über eine makrorollen-intransitive logische Struktur: *o livro* taucht nicht als unmittelbar zum Valenzrahmen des Verbs gehöriges Argument auf, sondern steht in der syntaktischen Peripherie.[120] Die semantische Rolle des verbliebenen *Core-Arguments* weist sich gemäß den *General Macrorole Assignment Principles* zu (Van Valin & LaPolla 1997, 153). Liegt kein Verb der Aktionsart *activity* vor, erhält das verbleibende Argument die Makrorolle des *undergoer*. Gemäß dem Aktionsartentest (Van Valin & LaPolla 1997,

---

120 Trotz der Nicht-Zugehörigkeit zum unmittelbaren Valenzrahmen des Verbs, erscheint die Nennung des Vergessenen in der lexikalisch-pseudoreflexiven Variante des Verbs als zwingend, was eine Diskussion zur Obligatorizität von peripheren Angaben anstößt.

94) handelt es sich bei *esquecer(-se de algo)* um ein nicht-punktuelles, psychologisches *state*-Verb, dessen Anfangs- und Endpunkt nicht bestimmt werden kann und das keine Dynamik aufweist, was eine Interpretation des Verbs als *activity* ausschließt.

Abbildung 2: *esquecer-se de algo*

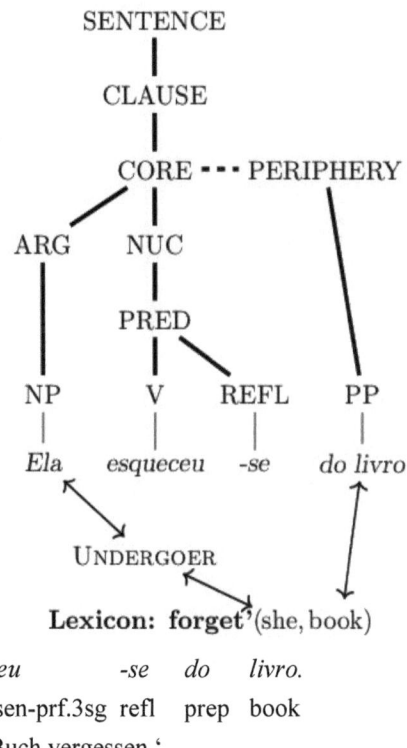

Ela esqueceu -se do livro.
sie vergessen-prf.3sg refl prep book
‚Sie hat das Buch vergessen.'

Diese Analyse im Rahmen der *Role and Reference Grammar* deckt sich insofern mit der oben diskutierten Analyse Hummels (2004), als dass der Referent des syntaktischen Subjekts durch den Einsatz des Pseudoreflexivums *se* zum Betroffenen wird, die ihn / sie eher als Handlungserleidenden (*undergoer*) denn als Handlungsverursachenden (*actor*) kodiert.

Dem gegenüber steht in Abbildung 3 das nicht-reflexive *esquecer*, das beide Makrorollen *actor* und *undergoer* mit sich führt, die sich auf der syntaktischen Ebene den Funktionen Subjekt und Objekt zuordnen. Subjekt und Objekt sind *core*-Argumente und gehören somit zum unmittelbaren Valenzrahmen des Verbs.

Abbildung 3: *esquecer algo*

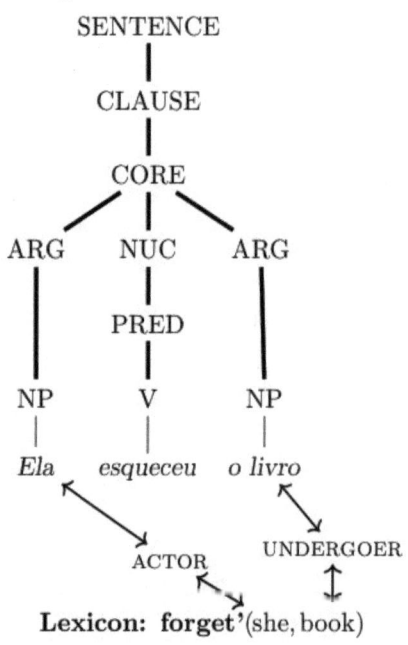

Ela esqueceu o livro.
Sie vergessen-prf.3sg das Buch
‚Sie hat das Buch vergessen.'

Das nicht-reflexive *esquecer-se de algo* kann nun als *achievement*-Verb analysiert werden, das einen telischen Vorgang beschreibt, dessen Endpunkt punktuell erreicht wird. Das *actor-Argument*, dasjenige Argument, das auf dem *thematic relations continuum* (Van Valin & LaPolla 1997, 127) am weitesten links unter den Argumenten liegt, weist eine höhere Agentivität als das *undergoer*-Argument (*o livro*) auf und fällt gemäß dem Linkingprozesss mit dem syntaktischen Subjekt zusammen. Auch wenn hier nicht von einem Agens im klassischen Sinne die Rede sein kann, harmoniert die Annahme eines höheren Agentivätsgrads des syntaktischen Subjekts (*actor*) in der Simplexvariante von *esquecer* mit der Abwesenheit des Pseudoreflexivums *se* als Betroffenheitsmarker im Sinne Hummels (2004).

Zusammengefasst kann dafür argumentiert werden, dass das Portugiesische in der Lage ist, zwei verschiedene Konzepte des Vergessens sprachlich abzubilden. Die Agentivität des syntaktischen Subjekts von *esquecer* (-*se*) variiert im Hinblick auf die beiden Verben. So weist die durch das Vergessen betroffene Person beim lexikalisch-pseudoreflexiven *esquecer-se* in (1) einen niedrigeren Grad an Agentivität auf, Zeitpunkt und Ursache des Ereignisses sind unbekannt. Der Vergessende wird sprachlich als weniger verantwortlich für das Ereignis kodiert als der Vergessende des nicht-reflexiven *esquecer*, dem durch das Fehlen des Reflexivums in (2) ein höherer Grad an Agentivität zukommt. Während außerhalb der Linguistik, wie etwa in den Kognitionswissenschaften, der Frage nachgegangen werden müsste, ob diesen beiden Konfigurationen des Vergessens psychologische Realitäten entsprechen, lassen sie sich zumindest aus linguistischer Perspektive motivieren.

2. Empirische Studie

Das Ziel der empirischen Studie ist es, einerseits einen allgemeinen Überblick über die Verteilungen der pseudoreflexiven Variante vs. Simplexvariante von *esquecer* im EP und BP zu erhalten, sowie andererseits anhand von qualitativen Stichproben zu prüfen, ob sich die semantische Analyse aus dem vorangegangenen Kapitel anhand von Daten belegen lässt. Das Vorgehen bleibt damit induktiv-explorativ, um es für Folgearbeiten zu ermöglichen, konkrete Hypothesen für variationelle Verifikationsstudien zu entwickeln. Das verwendete Korpus ist unter *http://www.corpusdoportugues.org* zugänglich. Für die Datenerhebung beschränken wir uns auf das 20. Jahrhundert. Auf eine Differenzierung zwischen den Registern der fiktionalen Sprache, der gesprochenen Sprache, der Pressesprache und der akademischen Sprache wird für die Zwecke der Studie verzichtet, um quantitativ aussagekräftige Ergebnisse erzielen zu können.[121] Das Subkorpus, das das 20. Jahrhundert repräsentiert, gewichtet die beiden großen Varianten des Portugiesischen in etwa ausgeglichen (EP 10.506.703 Wörter, BP 10.271.022 Tokens). Die Datenanalyse beruht auf Verben, die im Vergangenheitstempus *Pretérito Perfeito Simples* (*PPS*) stehen, das aufgrund des perfektiven Aspekts die Betrachtung abgeschlossener Handlungen erlaubt, sowie in der 1. und 3. Person Singular und Plural. Der Suchvorgang wird anhand der folgenden Schritte vollzogen: Zunächst werden die Daten für sowohl enklitisch-, als auch proklitisch-reflexive Verwendungen erhoben (z.B. 1. Person Singular *esqueci-me* und *me esqueci*). Anschließend werden Okkurrenzen der nicht-reflexiven Verwendung ermittelt und jeweils die Zahlen der reflexiven Verwendungen subtrahiert. Da das Lexem *se* vor einem Verb in Funktion einer Konjunktion etwa auch einen Konditionalsatz einleiten kann, werden die für die Analyse relevanten Daten zusätzlich einzeln qualitativ gesichtet.

Die Abbildungen 4 und 5 zeigen, dass das pseudoreflexive *esquecer-se* und die Simplexvariante im Europäischen Portugiesischen in etwa gleich verteilt sind.

Abbildung 4: Realisierung von *esquecer* (*-se*) pro 1 Mio. Wörter – EP

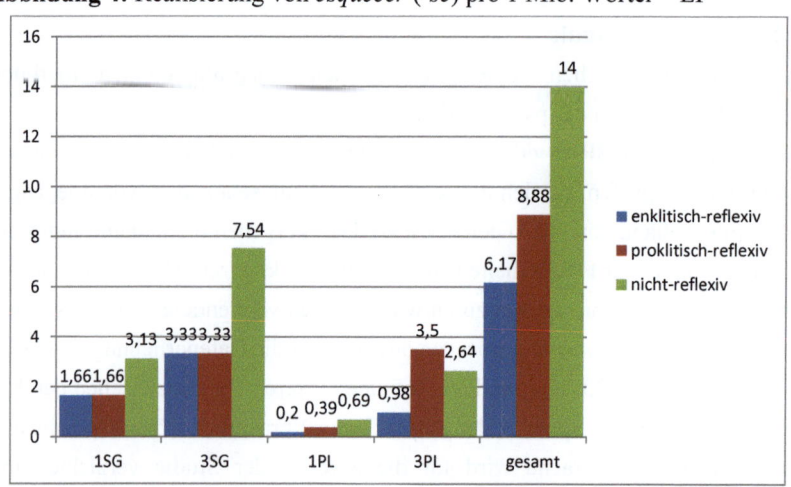

---

121 Selbst unter Beachtung aller Register fallen die Ergebnisse z. T. quantitativ niedrig aus.

Abbildung 5: Verwendung von *esquecer (-se)* – EP

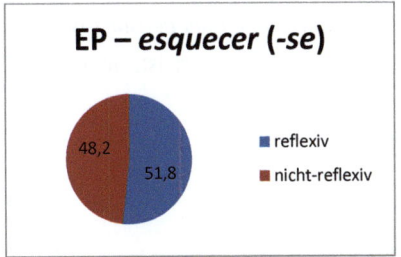

Auffällig ist auch, dass in der 3. Person Singular die nicht-reflexive Variante quantitativ prominenter wiegt, während in der 3. Person Plural eher reflexiv gebildet wird, was interessante Fragen für weitere Untersuchungen hinsichtlich des Faktors der grammatischen Person aufwirft. Im Rahmen einer qualitativen Analyse zeigen sich überdies einerseits Beispiele, die der hier postulierten Semantik zuwiderlaufen, andererseits aber auch viele Beispiele, die mit der im vorangegangenen Kapitel vorgeschlagenen Analyse durchaus kompatibel sind. Während in den in (3) gezeigten Beispielen ein unbeabsichtigtes Vergessen beschrieben wird, finden sich in (4) Kontexte, in denen das Vergessen viel mehr so konzipiert wird, als handele es sich um einen bewussten Schritt.

(3) Pseudoreflexivum zur Abschwächung des Agentivitätsgrads

(a) *É que a organização esqueceu-se de avisar as diversas entidades convidadas e os jornalistas de que tinha alteração do local da mesa-debate.*
‚Es ist so, dass das Organisationskomitee vergessen hat, die verschiedenen eingeladenen Persönlichkeiten und Journalisten darüber zu informieren, dass der Ort der Debatte geändert worden war.'
(Korpus: EP – Presse: Debate de ausências, Zeitung unbekannt, 1997)

(b) *Sabes que anteontem me esqueci de deixar aberta a porta do quarto.*
‚Du weißt, dass ich vorgestern vergaß, die Tür des Zimmers zu schließen.'
(Korpus: EP – Fikt.: A Fraude, Fernando Namora, unb. Jahr)

(4) Simplex zur Stärkung des Agentivitätsgrads
   (a) *Já esqueci um bocado o que se passou, porque não é bom pensar nisso.*
   ‚Ich habe schon ein bisschen vergessen können, was passiert ist, denn es ist nicht gut, daran zu denken.'
   (Korpus: EP – Mündl.: Filipe Santos, 1997)
   (b) *Então esqueci as dúvidas.*
   Also habe ich die Zweifel vergessen.
   (Korpus: EP – Fikt.: Onde andar Dulce Veiga, Caio Fernando Abreu, 1990)

Die Abbildungen 6 und 7, die die Analyse der brasilianischen Daten illustrieren, lassen eine Bevorzugung der nicht-reflexiven Verwendung von *esquecer* in 64,56% der Fälle erkennen. Auffälligerweise wird auch im BP in der 3. Person Plural zur pseudoreflexiven Variante tendiert, während ansonsten die nichtreflexive Konstruktion die höheren Werte aufweist.

Abbildung 6: Realisierung von *esquecer* (*-se*) pro 1 Mio. Wörter – BP

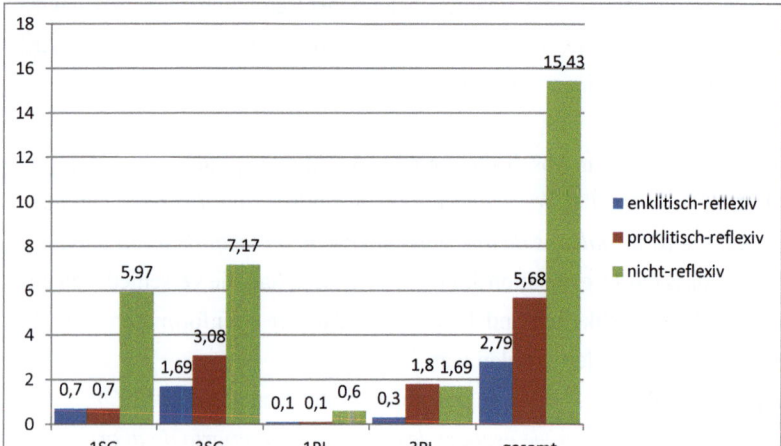

Abbildung 7: Verwendung von *esquecer (-se)* – BP

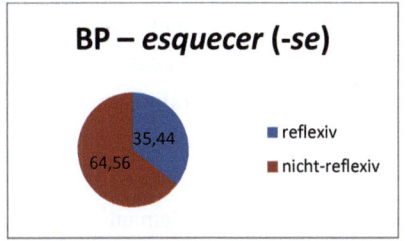

Im BP scheint somit die nicht-reflexive Variante von *esquecer* in ca. zwei Drittel der Fälle verwendet zu werden. Dies kann heißen, dass im BP tendenziell auf die semantische Nuancierungsmöglichkeit, den Agentivitätsgrad des Vergessens feinkörnig und explizit mittels morphosyntaktischer Mittel abzustufen, zugunsten der syntaktisch weniger komplexen Simplexvariante verzichtet wird. In diesem Sinne suggeriert die quantitative Prominenz der Simplexvariante überdies, dass es im BP gegenüber dem EP möglicherweise vermehrt Verwendungen gibt, in denen die Simplexvariante auch in Fällen abgeschwächter Agentivität gesetzt wird, wie etwa in den folgenden Beispielen.

(5) Unbeabsichtigtes Vergessen ohne Pseudoreflexivum
 (a) *Fui para o teste, mas tão apavorado que esqueci os diálogos.*
 ‚Ich ging zum Casting, aber so erschrocken, dass ich die Dialoge vergaß.'
 (Korpus: BP – Umndl.: Anselmo Duarte, 1997)
 (b) *O detetivo esqueceu por que fora lá.*
 ‚Der Detektiv vergaß, warum er dorthin gegangen war.'
 (Korpus: BP – Fikt.: Os crimes do Olho-de-Boi, Marcos Rey, 1995)

3. Sprache und Identität – ein Fazit

Bei der Betrachtung der beiden morphosyntaktischen Varianten von *esquecer*, der pseudoreflexiven und der Simplexvariante, konnte gezeigt werden, dass sich ein nuancierter Bedeutungsunterschied ableiten lässt. So kann ein variierender Agentivitätsgrad motiviert werden, der in der pseudoreflexiven Variante (*esqueceu-se das dúvidas*) eine größere Betroffenheit beim Referenten des syntaktischen Subjekts als in der Simplexvariante (*esqueceu as dúvidas*) verursacht. Ein qualitativer Blick auf die Daten der Korpusstudie hat zudem gezeigt, dass sich ein an diesem semantischen Unterschied orientierter Gebrauch der beiden Varianten durchaus belegen lässt. Dennoch weisen die explorativ analysierten Daten sowohl im EP, als auch im BP Verwendungen auf, die einer strikten Umsetzung dieser formalsemantischen Differenz zuwiderlaufen. Wie anfangs erwähnt, lässt sich diese Beobachtung damit erklären, dass die Semantik nur als ein Faktor neben weiteren gelten kann, die beispielsweise die diasystematische Variation oder auch die grammatische Person betreffen. Die Ausdifferenzierung solcher Parameter versteht sich als ausstehendes Forschungsdesideratum in Form von multi-variationellen Studien, die insbesondere vor dem Hintergrund der in der Korpusstudie ermittelten unterschiedlichen Verteilungen im EP (in etwa zu gleich Teilen) und im BP (in etwa ein Drittel pseudoreflexiv) wichtig erscheinen.

Vor dem Hintergrund des im vorliegenden Sammelband erörterten Verhältnisses von Sprache und Identität gelangen wir schließlich zu Überlegungen, die Sprachökonomie und das Verhältnis von Semantik und Pragmatik betreffen. So erscheint es aus Sprechersicht ökonomisch, die Simplexvariante als die morphosyntaktisch schlankere Konstruktion zu wählen, die weder das Pseudoreflexivum *se* als zusätzliches Morphem, noch eine Präpositionalphrase (*do livro*) anstatt einer einfachen Nominalphrase (*o livro*) setzt. Darüber hinaus erscheint es ökonomisch, gar nicht erst auf zwei konkurrierende, semantisch überaus ähnliche Varianten zu setzen, um systematisch einen feinen Bedeutungsunterschied setzen zu können, sondern sich vorzugsweise auf eine der beiden Varianten zu einigen. Wenn im BP allerdings tatsächlich tendenziell auf die explizite, morphosyntaktische Möglichkeit der semantischen Nuancierung der beiden Typen des Vergessens verzichtet wird, so heißt dies nicht, dass sie gänzlich verschwindet. Vielmehr wird sie in diesem Fall implizit, sodass sie zwar nicht direkt durch das Setzen oder Auslassen des Pseudoreflexivums erreicht wird, sondern somit der pragmatischen Bedeutungsdimension zukommt, bei der insbesondere dem Hörer eine wichtige Rolle zukommt, der das *Gemeinte* aufgrund des *Gesagten* inferieren muss. Diese pragmatische Verschiebung scheint interessante linguistische Evidenz für kulturwissenschaftliche Perspektiven bereitzuhalten, die der brasilianischen Kultur einen eher impliziten Charakter im Rahmen einer *high-context culture*, in Abgrenzung zu *low-context cultures*, zuweisen (Hall 1976). So zeigt sich letztlich, dass das vermeintlich unscheinbare Pseudoreflexivum *se* ein fruchtbares Forschungsfeld für Fragen an der Schnittstelle von Linguistik und kultureller Identität eröffnen kann.

Bibliografie

ALBRECHT, Jörn. 1991. „Pseudoreflexiva im Substandard einiger europäischer Sprachen", in: Feldbusch, Elisabeth & Pogarell, Reiner edd. *Neue Fragen der Linguistik. Akten des 25. Linguistischen Kolloquiums*. Paderborn, 1990. Tübingen: Niemeyer. Bd. 1, 273–281.

ARDEN, Matthias & MEISNITZER, Benjamin. 2013. „Plurizentrik und massenmediale Normen: Der Fall des Portugiesischen", in: Merlan, Aurelia & Schmidt-Radefeldt, Jürgen. edd. *Das Portugiesische als Diasystem innerhalb und außerhalb des lusophonen Raums*. Berlin: Lang, 19–52.

BARBOSA, Jorge Morais. 1998. „Sobre os chamados verbos reflexos e pronominais", in: Hummel, Martin & Ossenkop, Christina. edd. *Lusitanica et Romanica. Festschrift für Dieter Woll*. Hamburg: Buske, 245–250.

DE BARROS, Enéas Martins. 1985. *Nova Gramática da Língua Portuguesa*. São Paulo: Editora Atlas.

BICKEL, Balthasar & COMRIE, Bernard & HASPELMATH, Martin. 2008. *The Leipzig Glossing Rules: Conventions for interlinear morpheme-by-morpheme glosses*. http://www.eva.mpg.de/lingua/pdf/LGR08.02.05.pdf, Zugriff: 20.04.2015

BRITO, Ana Maria & DUARTE, Inês & FARIA, Isabel Hub & MATEUS, Maria Helena Mira. 2006. *Gramática da Língua Portuguesa*. Lisboa: Caminho.

BUSSE, Winfried. 1994. *Dicionário sintáctico de verbos portugueses*. Coimbra: Almedina.

BUẞMANN, Hadumod. ³2002. *Lexikon der Sprachwissenschaft*. Stuttgart: Alfred Kröner Verlag.

CUNHA, Celso & LINDLEY CINTRA, Luís F. 1984. *Nova gramática do português contemporâneo*. Lisboa: Sá da Costa.

FERREIRA, Vera. 2010. „Reflexividade: uma abordagem cognitivo-construcional", in: Endruschat, Annette & Kemmler, Rolf. edd. *Portugiesische Sprachwissenschaft: traditionell, modern, innovativ*. Tübingen: Calepinus Verlag, 67–87.

GÄRTNER, Eberhard. 1998. *Grammatik der Portugiesischen Sprache*. Tübingen: Max Niemeyer Verlag.

GENIUSIENE, Emma. 1987. *The Typology of Reflexives*. Berlin et al.: Mouton de Gruyter.

HALL, Edward T. 1976. *Beyond Culture*. New York: Anchor Press.

HUMMEL, Martin. 2004. „Semantische Rollen bei reflexiven Verben", in: Hummel, Martin & Kailuweit, Rolf. edd. *Semantische Rollen*. Tübingen: Narr, 206–227.

HUNDERMARTMARK-SANTOS MARTINS, Maria Teresa. 2014. *Portugiesische Grammatik*. Berlin et al.: De Gruyter.

HUTCHINSON, Amélia P. & LLOYD, Janet. 1999. *Portuguese. An Essential Grammar*. London / New York: Routledge.

JACKENDOFF, Ray S. 1972.: *Semantic Interpretation in Generative Grammar*. Cambridge, Massachusetts et al.: MIT Press.
KEMMER, Suzanne. 1993. *The Middle Voice*. Amsterdam et al.: Benjamins.
KULIKOV, Leonid (2011). „Voice typology", in: Song, Jae Jung. ed. *The Oxford Handbook of Linguistic Typology*. Oxford: Oxford Univ. Press. https://openaccess.leidenuniv.nl/bitstrea m/handle/1887/16454/Kulikov,Voice+typology+CORR.pdf?sequence=7, Zugriff: 09.02.2015.
MENDES DE ALMEIDA, Napoleão. (2009. *Gramática Metódica da Língua Portuguesa*. São Paulo: Saraiva.
MÓIA, Telmo & PERES, João Andrade. 1995. *Áreas Críticas da Língua Portuguesa*. Lisboa: Caminho.
OESTERREICHER, Wulf. 1993. „SE im Spanischen – Pseudoreflexivität, Diathese und Prototypikalität von semantischen Rollen.", in: Gernert, Folke et al. *Romanistisches Jahrbuch 43*. Berlin et al.: De Gruyter, 237–260.
POSCH, Claudia. 2011. „Primitive Sprachen – Primitivismus in der Sprachforschung?", in: Antenhofer, Christina. ed. *Fetisch als heuristische Kategorie. Geschichte – Rezeption – Interpretation*. Bielefeld: Transcript-Verlag, 215–234. http://www.academia.edu/2549604/ Posch_Claudia_2011_Primitive_Sprachen_Primitivismus_in_der_Sprachfoschung_In_Ant enhofer_C._Hg._Fetisch_als_heuristische_Kategorie._Geschichte_-_Rezeption_Inter-preta tion._Bielefeld_transcript_Kultur-_und_Medientheorie_S._215_-_234, Zugriff: 08.05.2015.
REICHENKRON, Günter. 1933. *Passivum, Medium und Reflexivum in den romanischen Sprachen*. Jena et al.: Wilhelm Gronau.
SONNTAG, Eric. 2004. „Argumentrollen und Valenz. Diathetische Aspekte der Pseudoreflexiva", in: Hummel, Martin & Kailuweit, Rolf. edd. *Semantische Rollen*. Tübingen: Narr, 229–247.
TESNIERE, Lucien. 1959. *Éléments de syntaxe structurale*. Paris: Klincksieck.
VAN VALIN, Robert D. JR. & LAPOLLA, Randy. 1997. *Syntax: structure, meaning and function*. Cambridge: University Press.
VAN VALIN, Robert D. JR. 2005. *Exploring the Syntax-Semantics Interface*. Cambridge: University Press.
WOLF, Dietrich. 1987. „Grammatische Metaphorik. Über die figurative Verwendung grammatischer Kategorien.", in: *Sprachwissenschaft* 12, 239–265.

Korpus
DAVIES, Mark & FERREIRA, Michael. 2006. Corpus do Português: 45 million words, 1300s–1900s. http://www.corpusdoportugues.org, Zugriff: 04.05.2015.

Em defesa da língua: Uma análise do discurso de resistência contra o Acordo Ortográfico em jornais portugueses e brasileiros[122]

Raquel Vieira Raggi (Mogúncia)

As reações contra o Acordo Ortográfico de 1990 são um fenômeno instigante em que as noções de ortografia e língua, tão claramente distintas no contexto acadêmico, aparecem indissociavelmente misturadas a elementos culturais. Em 28 de maio de 2008, a Assembleia da República em Portugal recebeu uma petição com mais de 15 mil assinaturas[123], cujo propósito encontra-se inequivocamente declarado em seu título; trata-se de um "Manifesto em Defesa da Língua Portuguesa e contra o Acordo Ortográfico" (Moura et al. 2008). Entre os peticionários, figuram diversos intelectuais, professores e políticos que acreditam que o Acordo institucionaliza uma "maneira de escrever mal concebida, [...] e nas suas prescrições atentatória da essência da língua e do nosso modelo de cultura" (Moura et al. 2008, 1).

No Brasil, com a entrada em vigor do Acordo Ortográfico, políticos, jornalistas e intelectuais do estado do Acre anunciaram a intenção de fundar um "Fórum de Defesa da Nossa Acreanidade" e entrar com um recurso na Academia Brasileira de Letras para evitar a alteração do gentílico 'acreano' para 'acriano' prevista no Acordo. Em um jornal brasileiro, esta iniciativa é justificada com as seguintes palavras:

> 'Acriano' soa esquisito. Somos 'acreanos' há mais de cem anos, quando decidimos que não éramos bolivianos, e, sim, brasileiros [...]. A mudança mexe nas nossas raízes históricas e culturais", diz a deputada federal Perpétua Almeida (PC do B-AC), que lidera o movimento. (Folha de São Paulo: Pichonelli, Matheus: Acre repudia Acordo, que adota o termo 'acriano', 25 / 03 / 2009)

---

122 Trabalho de conclusão do curso de Bacharelado em Linguística / Estudos Portugueses pela Universidade Johannes Gutenberg, Mogúncia.
123 Em 01 / 07 / 2015 já eram 128.697 assinaturas.

É interessante notar que a coincidência na escolha da palavra 'defesa' no título da Petição dirigida à Assembleia em Portugal e no nome escolhido para o Fórum contra a alteração do gentílico do estado do Acre sinaliza que ambas as iniciativas de resistência percebem as reformas ortográficas como uma ameaça.

A escolha de palavras e os argumentos do discurso de crítica ao acordo, aparentemente exagerados em relação às mudanças relativamente pequenas propostas, parecem indicar que uso da linguagem concretiza aspectos culturais que influenciam a forma como as pessoas compreendem o Acordo Ortográfico e posicionam-se em relação a ele.

A partir deste impulso, a pesquisa toma como hipótese a possibilidade das expressões linguísticas metafóricas empregadas no discurso de resistência ao acordo sinalizarem aspectos culturais subjacentes a este discurso. Esta hipótese apoia-se na teoria cognitiva das metáforas elaborada por Lakoff & Johnson (^{2}2003). Estes autores consideram que as metáforas não são apenas expressões linguísticas supérfluas restritas às funções poéticas ou para ornamentação retórica, mas sim mecanismos cognitivos que estruturam os conceitos através dos quais percebemos o mundo, agimos e falamos sobre ele. Os autores esclarecem seu posicionamento afirmando que

> [...] human *thought processes* [grifo dos autores] are largely metaphorical. This is what we mean when we say that the human conceptual system is metaphorically structured and defined. Metaphors as linguistic expressions are possible precisely because there are metaphors in a person's conceptual system (Lakoff & Johnson ^{2}2003, 5).

A partir desta hipótese, a pesquisa tem como objetivo contribuir para a compreensão dos elementos culturais envolvidos no discurso sobre o Acordo Ortográfico ao cumprir três tarefas: Identificar, sistematizar e analisar as metáforas que estruturam o discurso de resistência ao acordo em jornais portugueses e brasileiros publicados nos anos de 2008 e 2009[124].

---

124 A opção por analisar artigos publicados nos anos de 2008 e 2009 deve-se à grande repercussão de dois eventos importantes ocorridos nestes anos: A ratificação do 2° protocolo modificativo do Acordo Ortográfico pelo então presidente português (16 / 05 / 2008) e a entrada em vigor das alterações ortográficas no Brasil (01 / 01 / 2009). Durante estes anos, a imprensa noticiou amplamente diversos eventos políticos relacionados ao acordo e as críticas e movimentos contrários também ocuparam lugar de destaque.

Para identificação das metáforas, primeiramente foi necessário compor um corpus com material linguístico autêntico e representativo para servir como fonte de dados a serem analisados. Há várias razões que justificam a escolha de artigos de jornais como objeto de estudo. A primeira, de caráter mais prático, é a facilidade de acesso ao material, pois todos os grandes jornais impressos disponibilizam atualmente seus conteúdos para visualização online gratuita; em segundo lugar encontra-se o grande alcance destes textos, que atingem uma parcela expressiva da população enquanto meios de informação e formação de opinião.

A terceira justificativa, diz respeito à natureza dos textos publicados em jornais. Dijk chama a atenção para o fato de que estes textos são incompletos em diversos aspectos e pressupõem que os leitores estejam em condições de completá-los a partir dos conhecimentos que já possuem (Dijk 2004, 74). Esta comunicação incompleta só funciona porque há conhecimentos culturalmente compartilhados entre jornalistas e leitores, e estes conhecimentos podem ser omitidos ou apenas implicitamente pressupostos. O estudo destes textos constitui, portanto, uma via de acesso a estes conhecimentos culturalmente compartilhados que, segundo a hipótese do trabalho, são estruturados por metáforas.

Ainda segundo Dijk, não apenas os conhecimentos culturalmente compartilhados, mas todos os conhecimentos que acumulamos de maneira geral, são organizados em modelos mentais que constituem a base para o preenchimento das lacunas deixadas pelos textos jornalísticos e interpretar as informações neles contidas. Ao interpretar o texto, o leitor adapta seus modelos mentais de modo a integrar as novas informações às suas opiniões e julgamentos em um processo dinâmico de construção e atualização destes modelos (Dijk 2004, 79). Isto faz dos artigos de jornais não apenas uma via de acesso aos conhecimentos culturalmente compartilhados, mas também um território privilegiado de produção e reprodução destes conhecimentos.

Justificada a escolha dos jornais como fonte dos dados, resta a tarefa de recolher neles o material adequado para análise. O corpus foi composto de modo a satisfazer três requisitos: Para garantir a relevância do material selecionado, o primeiro requisito é que os artigos deveriam provir de jornais conhecidos[125] e com

---

125 Foram escolhidos os 3 jornais mais vendidos em Portugal e no Brasil nos anos de 2008 e 2009, respectivamente, conforme os dados da Associação Portuguesa para o Controlo

grande alcance público; ter sido publicados nos anos de 2008 e 2009 e abordar, predominantemente, aspectos negativos do Acordo Ortográfico. O segundo requisito, de caráter mais prático, tem como objetivo a viabilização do trabalho. O volume de texto precisava ser grande o bastante para fornecer uma quantidade suficiente de metáforas, mas, ao mesmo tempo, pequeno o bastante para possibilitar a leitura cuidadosa de todo o material e a organização dos dados, considerando a limitação de tempo. O terceiro e último requisito zela pela comparabilidade dos dados, e, consequentemente, pela qualidade dos resultados, exigindo que o volume de texto recolhido não fosse muito discrepante entre os dois países. A tabela abaixo apresenta uma visão geral do material recolhido conforme estes requisitos:

País	Artigos	Palavras	Palavras em expressões metafóricas	Expressões metafóricas
Portugal	47	18415	572	370
Brasil	41	18621	519	338
Total	89	37036	1091	378

Tabela 1: Visão geral do corpus.

Como mostra a tabela, a diferença proporcionalmente grande entre a quantidade de artigos é compensada pela proximidade entre os valores totais de palavras, expressões metafóricas e palavras em expressões metafóricas relacionadas ao Acordo Ortográfico. Para a identificação das expressões metafóricas, foi necessário, antes, definir mais precisamente a fundamentação teórica e o conceito de metáfora adotado na pesquisa.

Para Lakoff & Jonhson, "the essence of metaphor is understanding and experiencing one kind of thing in terms of another" (^{2}2003, 5). Isto significa dizer, por exemplo, que em uma frase como "No próximo dia 16, o Acordo Ortográfico *volta* à Assembleia da República de onde poderá *sair* aprovado." (Correio da Manhã: Anônimo: "Abaixo-assinado contra o acordo", 05 / 05 / 2008) o emprego das

---

de Tiragem e Circulação (APTC) e da entidade brasileira semelhante Associação Nacional de Jornais (ANJ), nomeadamente, os jornais portugueses "Correio da Manhã", "O Expresso" e "Jornal de Notícias"; e, no Brasil, o "Estado de São Paulo", "O Globo" e a "Folha de São Paulo".

expressões metafóricas 'volta' e 'sair' indicam que compreendemos e vivenciamos a aplicação do acordo em termos de deslocamentos físicos no espaço. Esta ideia pode ser visualizada através do seguinte esquema:

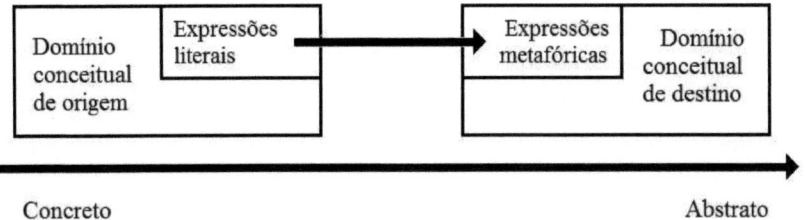

Figura 1: Esquema de funcionamento da metáforas.

Utilizando o esquema acima para compreender a frase mencionada, a aplicação do Acordo Ortográfico é um domínio conceitual de destino abstrato compreendido e vivenciado através de expressões linguísticas próprias de outro domínio conceitual mais concreto, nomeadamente, o deslocamento dos objetos no espaço.

Na terminologia da teoria cognitiva das metáforas, a utilização de expressões linguísticas metafóricas sinaliza a existência de **metáforas conceituais**, que são a identificação de uma série de correspondências sistemáticas entre aspectos dos diferentes domínios conceituais. Tais correspondências são chamadas por Lakoff & Johnson de mapeamentos, devido à sua semelhança com o conceito matemático de mesmo nome (1993, 206), mais conhecido em língua portuguesa pelo termo 'função'[126].

A partir desta definição de metáfora, foram identificadas no corpus somente as metáforas referentes ao domínio conceitual de destino Acordo Ortográfico. Em seguida, estas expressões foram classificadas conforme a tipologia apresentada por Lakoff & Johnson ([2]2003, 14–34), em metáforas ontológicas, de orientação e estruturais. As metáforas ontológicas são aquelas em que o domínio conceitual de

---

126 O conceito matemático de função designa uma relação entre conjuntos A e B, em que também existe uma relação entre alguns de seus membros, de modo que, para cada elemento de A exista um (e apenas um) elemento correspondente em B (cf. Iezzi 1997, 16).

destino é compreendido em termos utilizados para caracterizar entidades (seres vivos ou objetos, por exemplo). As metáforas de orientação empregam expressões próprias de domínios conceituais concretamente perceptíveis da experiência (como as noções de deslocamento, posição, direção, por exemplo) como meios para compreender outros domínios conceituais mais abstratos.

O terceiro e último tipo, as metáforas estruturais, destacam-se em relação aos dois anteriores em um aspecto especialmente importante para esta pesquisa. Enquanto nas metáforas ontológicas apenas o status de entidade e, nas de orientação, apenas as propriedades espaciais dos domínios de origem são mapeados para o domínio de destino, nas metáforas estruturais a quantidade de elementos mapeados é muito maior. O próprio nome deste tipo de metáforas indica que nelas, os elementos mapeados fornecem não apenas propriedades específicas, mas estruturam de maneira mais geral a compreensão do domínio de destino. Lakoff & Johnson definem estas metáforas como "cases where one concept is metaphorically structured in terms of another." (^{2}2003, 14), ou seja, nestas metáforas, os elementos mapeados do domínio de origem determinam de maneira mais marcante a forma como o domínio de destino é percebido e as atitudes em relação a ele. O gráfico abaixo apresenta a quantidade de expressões metafóricas de cada tipo encontradas nos artigos portugueses e brasileiros.

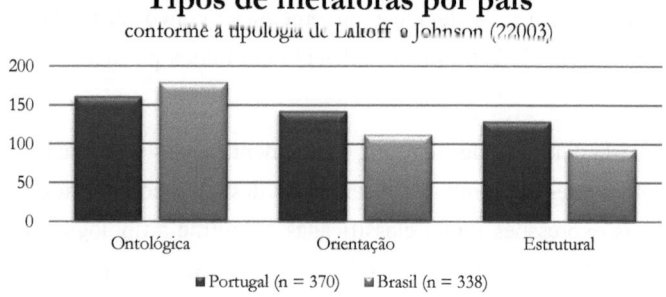

Gráfico 1: Quantidade de metáforas de cada tipo em artigos de Portugal e do Brasil.

Apesar das metáforas ontológicas e de orientação ocorrerem em quantidade significativamente maior, a pesquisa concentra-se, a partir deste ponto, somente nas metáforas estruturais, mais relevantes para a pesquisa. Por determinarem de maneira mais marcante a percepção e as atitudes em relação ao domínio conceitual de destino, as metáforas estruturais permitem inferir mais conteúdos relacionados aos conceitos subjacentes às percepções e atitudes em relação ao acordo.

Isto conclui a primeira tarefa à qual se propõe a pesquisa, de identificar no discurso de resistência ao Acordo Ortográfico expressões metafóricas que permitam compreender melhor elementos culturais subjacentes a este discurso. A próxima tarefa é sistematizar estas metáforas em um modelo capaz de representar as relações entre os diferentes domínios conceituais de origem das expressões metafóricas. O gráfico abaixo mostra as formulações e frequências de cada uma das metáforas conceituais do tipo estrutural identificadas nos artigos de jornais publicados em Portugal e no Brasil[127].

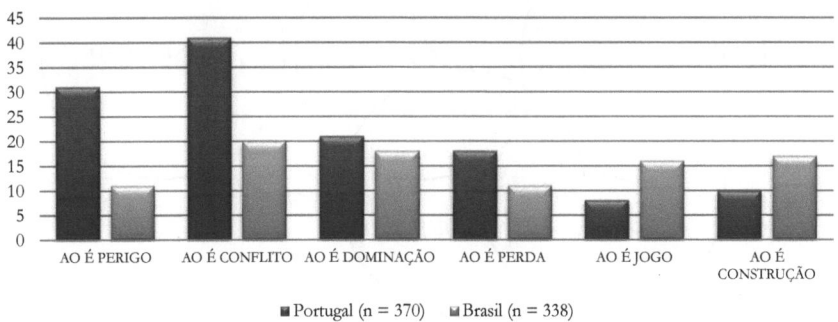

Gráfico 2: Formulação e frequência das metáforas conceituais do tipo estrutural nos artigos de Portugal e do Brasil.

Para compreender o gráfico acima, é preciso lembrar que foram selecionados somente artigos que apresentassem predominantemente conteúdos de crítica ao Acordo Ortográfico. Por isto, já era esperado que fossem identificadas mais metáforas conceituais capazes de evocar associações negativas do que positivas. Há uma clara aproximação entre as metáforas conceituais AO É JOGO, AO É CONFLITO, AO É DOMINAÇÃO, AO É PERDA e AO É PERIGO, que se distinguem apenas por enfatizarem, respectivamente os aspectos mais característicos

---

127 Para a melhor visualização do gráfico, o domínio conceitual de origem ACORDO ORTOGRÁFICO encontra-se abreviado como AO nas formulações das metáforas conceituais abaixo das respectivas barras de frequência.

dos domínios conceituais de origem. A metáfora AO É JOGO pode ser considerada um tipo intermediário, com pontos de aproximação e de distanciamento em relação a estas outras quatro. Os pontos de aproximação e distinção entre as metáforas parecem sugerir a existência de um modelo cognitivo em que as várias metáforas se sobrepõem em determinados pontos. Para ilustrar esta relação, a pesquisa propõe o seguinte esquema:

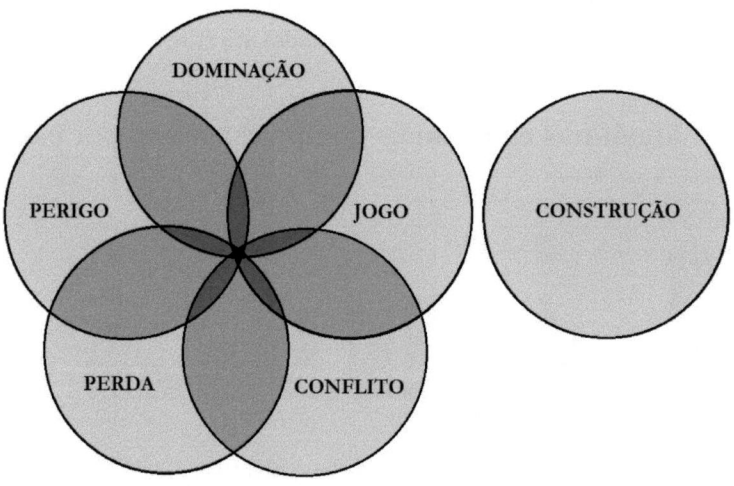

Figura 2: Relação entre os domínios conceituais de origem das metáforas estruturais relativas ao Acordo Ortográfico.

Cada um dos círculos na figura acima representa um dos domínios de origem das metáforas estruturais identificadas na análise. Os aspectos específicos dos respectivos conceitos são demarcados pelas áreas mais claras, as áreas mais escuras são áreas de interseção em que há aspectos compartilhados por dois ou mais domínios conceituais. A relação entre as cinco metáforas sobrepostas já foi comentada no parágrafo anterior. Falta, porém, a metáfora AO É CONSTRUÇÃO, que parece distinguir-se claramente das outras em todos os seus aspectos. Não foram encontradas no corpus expressões que indicassem qualquer aproximação do conceito de CONSTRUÇÃO com os demais domínios conceituais.

Esta metáfora conceitual, portanto, não tem pontos de interseção com as demais, apesar de fazer parte do modelo conceitual de compreensão do Acordo Ortográfico junto com elas.

Com a apresentação do modelo cognitivo acima é concluída a tarefa de sistematização das metáforas encontradas no corpus. A seguir será tratada a última tarefa, a saber, a análise das relações identificadas entre estas metáforas conceituais.

Segundo Lakoff & Johnson, uma propriedade importante das metáforas estruturais é que, apesar de mapearem uma quantidade maior de informações do domínio de origem para o domínio de destino, estes mapeamentos nunca são totais (^{2}2003, 13). Se todos os aspectos do domínio de origem (JOGO, por exemplo) fossem mapeados para o domínio de destino (AO), o Acordo Ortográfico seria efetivamente um jogo, e não apenas compreendido em termos de um jogo.

Uma consequência direta da parcialidade dos mapeamentos é que os aspectos mapeados são significativamente evidenciados no discurso e, como consequência, todos os outros aspectos são encobertos. Isto permite compreender melhor como o conceito de JOGO pode ser usado de formas tão diferentes para descrever o Acordo Ortográfico: Mapeamentos que selecionam aspectos que o conceito de JOGO tem em comum com o conceito de CONFLITO (na figura acima, as áreas em cinza mais escuro) destacam elementos de antagonismo presentes na compreensão de ACORDO ORTOGRÁFICO e encobrem, por exemplo, aspectos cooperativos do conceito de JOGO que poderiam ser expressos através do mapeamento de outros elementos (na figura acima, as áreas em cinza claro).

Considerando os aspectos destacados nas metáforas conceituais identificadas no corpus, é possível distinguir entre duas direções focais. De forma geral, pode-se dizer que os mapeamentos que ocorrem nas metáforas AO É CONFLITO, AO É DOMINAÇÃO, AO É PERDA e AO É PERIGO contribuem para a representação do ACORDO ORTOGRÁFICO como ATIVIDADE ANTAGÔNICA, em que o aspecto em destaque é a vantagem ou o prejuízo de uma das partes. A metáfora AO É JOGO, em virtude de seu caráter ambivalente já mencionado anteriormente, contribui para caracterizar o Acordo tanto como ATIVIDADE ANTAGÔNICA, quanto como ATIVIDADE COOPERATIVA. Entre todas as metáforas, a única que parece não conter aspectos antagônicos é AO É CONSTRUÇÃO, que enfatiza, pelo contrário, aspectos funcionais ou cooperativos.

A predominância de expressões metafóricas de foco antagonista em comparação com as de foco cooperativo nos resultados indica que, para a parcela da população e o período representados pelo corpus, o Acordo era compreendido através de uma estrutura marcada pela rivalidade e não efetivamente como 'acordo', em que as partes decidem algo em conjunto. Este foco na rivalidade encobre quase completamente os aspectos linguísticos (concretos, não simbólicos) na discussão sobre a validade do Acordo nos artigos do corpus.

Estes aspectos competitivos sobrepujam claramente os argumentos linguísticos de caráter funcional sobre a validade da reforma ortográfica, embasando argumentos falaciosos de crítica. Elementos culturais não diretamente relacionados ao Acordo parecem exercer grande influência sobre a forma como as pessoas o avaliam; conflitos do mundo contemporâneo, como os de interesses do mercado editorial, misturam-se aos conflitos coloniais do passado formando imagens de valoração negativa em relação à reforma. Estas misturas ocorrem tanto no discurso português quanto no discurso brasileiro, indicando que a relação colonial do passado deixa vestígios culturais em ambos os lados: Do lado português, uma desconfiança que se expressa na maior frequência da metáfora AO É PERIGO; e do lado brasileiro um tom de 'vingança econômica pelo colonialismo' que perpassa as metáforas AO É DOMINAÇÃO.

Algumas ressalvas importantes devem ser feitas quanto à análise e os resultados deste trabalho. É preciso manter em mente que eles se restringem apenas ao discurso de resistência contra o Acordo Ortográfico produzido nos países pesquisados e nos anos específicos delimitados. Naturalmente, existe também um discurso a favor do Acordo e ambos os discursos, contra e a favor, não se restringem ao contexto português e brasileiro. Nos Países Africanos de Língua Oficial Portuguesa e no Timor Leste eles podem apresentar formas e envolver conteúdos completamente diferentes. Seria interessante investigar também as metáforas presentes no discurso a favor do Acordo e no contexto dos outros países lusófonos para compreender se os aspectos de competitividade têm um alcance mais amplo culturalmente.

Além destes dois aspectos, obviamente há também discursos produzidos nos outros meios de comunicação além da imprensa e em outras instituições. Condicionados pelas contingências às quais estão sujeitos, também é provável que estes discursos tenham particularidades diferentes dos textos pesquisados neste trabalho. Nestes contextos também poderia ser interessante investigar, se as contingências em que os discursos estão inseridos têm alguma relação com a ocorrência e o conteúdo das metáforas conceituais.

Bibliografia

Fontes primárias diretamente mencionadas nesta publicação[128]:
FOLHA DE SÃO PAULO: Pichonelli, Matheus: "Acre repudia Acordo, que adota o termo 'acriano'", 25 / 03 / 2009, consultado em 28.11.2015
CORREIO DA MANHÃ: Anônimo: "Abaixo-assinado contra o acordo", 05 / 05 / 2008, consultado em 28.11.2015

Fontes secundárias impressas:
IEZZI, Gelson et. al. [8]1997. *Matemática: Volume único. Manual do professor.* São Paulo: Editora Atual.
JÄKEL, Olaf. 1997. *Metaphern in abstrakten Diskurs-Domänen. Eine kognitiv-linguistische Untersuchung anhand der Bereiche Geistestätigkeit, Wirtschaft und Wissenschaft.* Frankfurt a. M: Peter Lang.
KÖVECSES, Zoltán. 2010. *Metaphor. A Practical Introduction.* Nova Iorque: Oxford University Press.
KÖVECSES, Zoltán & SZABO, Peter. 1996. *Metaphors of Anger, Pride and Love: A Lexical Approach to the Structure of Concepts.* Amsterdam: Benjamins.
LAKOFF, George & JOHNSON, Mark. [2]2003. *Metaphors we live by.* Chicago: The University of Chicago Press.
LAKOFF, George. [2]1993. "The contemporary theory of metaphor", in: Ortony, Andrew. ed. *Metaphor and Thought.* Nova Iorque: Cambridge University Press.

Fontes secundárias disponíveis online:
ANJ (2008) Brasília: Associação Nacional dos Jornais
< http://www.anj.org.br/maiores-jornais-do-brasil-2/#>, consultado em 19.05.2015
APTC (2015) Lisboa: Associação Portuguesa para o Controlo de Tiragem e Circulação
<http://www.apct.pt/Analise_simples.php?idSegmento=2&ano=2009&ordenacao=circulacao1Bi%20DESC>, consultado em 19.05.2015

---

128 O corpus com os artigos completos, uma lista com as manchetes e os respectivos links para cada artigo, bem como todas as tabelas e os gráficos produzidos para a pesquisa podem ser fornecidos sob demanda através do e-mail: raquelvraggi@gmail.com.

DIJK, Teun Adrianus van. 2004. "Knowledge and News", in: Revista Canaria de Estudios Ingleses 49, pág. 71–86. <http://publica.webs.ull.es/publicaciones/volumen/revista-canaria-de-estudios-ingleses-volumen-49-2004/>, consultado em 28.06.2015

MOURA, Vasco Graça et. al. 2008. "Petição. Manifesto em defesa da língua portuguesa contra o Acordo Ortográfico". Petição N°495 / X / 3. <http://www.parlamento.pt/ActividadeParlamentar/Paginas/DetalhePeticao.aspx?BID=11826>, consultado em 15.06.2015

Sprachliche Varietäten und normative Konflikte: *Exame Nacional do Ensino Médio* und *Gramáticas de Concurso*

Carsten Sinner (Leipzig)

1. Das *Exame Nacional do Ensino Médio* (ENEM)

Die Prüfung *Exame Nacional do Ensino Médio (ENEM)* wurde 1998 mit dem Ziel geschaffen, die Leistungen der Schüler und Schülerinnen in Brasilien zum Ende der Schulzeit – also *Ensino Médio*, was gewissermaßen die weiterführende Schule des sekundären Bildungsbereiches ist – bewerten und die Schulbildung insgesamt verbessern zu können. Damit tritt das ENEM an die Seite von anderen durch staatliche Politik gesteuerte Verfahren der selektiven oder diagnostischen Bewertung, wie beispielsweise die *Provinha Brasil* oder die *Prova Brasil*. Wie es im *Manual de Capacitação para Avaliação das Redações do* ENEM heißt:

> O Exame Nacional do Ensino Médio (ENEM), cuja finalidade precípua é a avaliação do desempenho escolar ao fim da escolaridade básica, é constituído de uma redação e de quatro provas objetivas, que abrangem as várias áreas de conhecimento sob as quais os *Parâmetros Curriculares Nacionais para o Ensino Médio (PCNEM)* sugerem que as atividades pedagógicas desse nível de ensino no Brasil se organizem, quais sejam:
>
> • Linguagens e Códigos; • Ciências Humanas;• Ciências da Natureza; • Matemática. (CESPE / INEP 2013: 8)

Seit 2009 ist die Bedeutung des standardisierten ENEM aufgrund seiner Anerkennung als Hochschulzugangsprüfung – also im Sinne der bisherigen *Vestibular*-Prüfungen – gestiegen; 2013 registrierten sich bereits mehr als sieben Millionen Personen für diesen Test, dessen Bestehen an vielen privaten und zu diesem Zeitpunkt bereits an über zwanzig der staatlichen Universitäten als Zugangsqualifikation anerkannt wurde (cf. INEP 2013b) und dessen Bewertung an einer Vielzahl von universitären Einrichtungen in die Entscheidung über die Annahme der Bewerbungen einfließt. Zwar arbeiten noch immer einige Einrichtungen mit eigenen

Prüfungsformaten und -inhalten, zunehmend werden diese aber durch das neue *ENEM* verdrängt.

Einige Universitäten, vor allem private, haben bis in die Gegenwart ihre eigenen Zugangsprüfungen, aber die Note des *ENEM* wird dann vielfach herangezogen, um die nach den eigenen Prüfungen noch verbleibenden Studienplätze zu vergeben (etwa ist dies so an der Universidade de Brasília). Da das *ENEM* nur einmal im Jahr durchgeführt wird, aber einige brasilianische Universitäten zwei Mal im Jahr Studierende aufnehmen, führen diese Universitäten wie schon früher eine weitere *Vestibular*-Prüfung durch, die Universidade de Brasília wiederum beispielsweise, wie viele andere Universitäten auch, im Juli.

Wie es in der Aufsatz-Handreichung für die Teilnehmenden, *A redação no ENEM 2013. Guia do participante* (INEP 2013a), heißt:

> Enem é porta de acesso a inúmeras universidades públicas, bem como as importantes programas de Governo, como o Programa Universidade para Todos (Prouni), o Fundo de Financiamento Estudantil (Fies), o Ciências Sem Fronteiras e, mais recentemente, o Sistema de Seleção Unificada da Educação Profissional e Tecnológica (Sisutec). (INEP 2013a: 5)

Im Jahr 2015 gilt die *ENEM*-Note als Zugangskriterium für das *SISU, Sistema de Seleção Unificada*, für den Zugang zu Studienplätzen an bereits 115 staatlichen Einrichtungen (INEP 2015). 2015 haben sich allein am ersten Tag der Einschreibungen – am 25. Mai 2015 – bereits 410 000 Personen für die Prüfungen am 25. und 26. Oktober 2015 angemeldet (INEP 2015, cf. ENEM 2015). Wie der folgende Eintrag auf der Seite des *Instituto Nacional de Estudos e Pesquisas Educacionais Anísio Teixeira* des Ministério de Educação von 2015 zeigt, steigt die Bedeutung des *ENEM* stetig:

> A nota do Enem é usada como critério de acesso à educação superior por meio do Sistema de Seleção Unificada (Sisu), que oferece vagas em 115 instituições públicas, e do Programa Universidade para Todos (ProUni).
>
> A participação na prova é ainda requisito para receber o benefício do Fundo de Financiamento Estudantil (Fies), participar do programa Ciência sem Fronteiras ou ingressar em vagas gratuitas dos cursos técnicos oferecidos pelo Sistema de Seleção Unificada da Educação Profissional e Tecnológica (Sisutec). Estudantes maiores de 18 anos podem também obter a certificação do ensino médio por meio do Enem (INEP 2015).

Ein auch vom Umfang her wesentlicher Anteil der zweitägigen *ENEM*-Prüfung ist der portugiesischen Sprache gewidmet. Entsprechend bedeutsam sind die

Vorgaben für die Erstellung der Prüfungsaufgaben, die auf derartige Prüfungen vorbereitenden Publikationen – vielfach Bestseller in Brasilien – und die Handreichungen mit Korrekturempfehlungen bzw. -vorgaben, die den mit den Korrekturen der Prüfungen beauftragten Personen als Orientierung oder Regelwerk für die Bewertung der Klausuren dienen.

Die erwähnten *Gramáticas para Concursos* sind Bestseller, und damit unterscheiden sie sich essenziell von den „traditionellen" Grammatiken, die sie im Hinblick auf den Absatz weit hinter sich lassen. Zur Illustration dieser verlegerischen Erfolge möge das Beispiel der *Gramática da Língua Portuguesa para Concursos, vestibulares, ENEM, colégios técnicos e militares* ... (Almeida 2013) dienen. Dieses Werk hat in gut zehn Jahren (von 2002 bis 2013) neun Auflagen erlebt, die 9. Auflage – „9ª edição revista e atualizada" – ist in kurzer Folge sieben Mal nachgedruckt worden.

Der Umstand, dass im Laufe der Zeit auch im Bereich der portugiesischen Grammatik relevante Autoren, etwa Gladstone Chaves de Melo entsprechende Arbeiten (Melo ²1970 [1968]) verfasst haben, zeigt deutlich, dass es sich um ein lohnendes Geschäft handelt. Zudem scheint der finanzielle Anreiz in der Tat so groß zu sein, dass auch internationale Verlage, etwa Elsevier, mit eigenen *Gramáticas para Concursos* auf die große Nachfrage auf dem brasilianischen Markt reagiert haben (s. Pestana 2013, Rosenthal ⁶2013).

Im *Instituto Nacional de Estudos e Pesquisas Educacionais Anísio Teixeira* (INEP) des Ministério de Educação, das für die Durchführung des *ENEM* verantwortlich ist, gibt es eine Datenbank mit Bewertungsaufgaben nach dem Antwort-Wahl-Verfahren (Mehrfachauswahl bzw. *Multiple Choice*); auf entsprechenden Aufruf durch das INEP können sich Lehrende der verschiedenen Fachrichtungen einschreiben und Arbeitsaufgaben entwerfen. Die Aufgabenerstellung folgt einer sehr komplexen Vorlage (*Matriz de referência*), welche für alle Prüfungsbereiche die gleichen „Eixos cognitivos" festlegt.

Unter den fünf *Eixos cognitivos* „dominar linguagens", „compreender fenômenos", „enfrentar situações-problema", „construir argumentação" und „elaborar propostas" ist hier besonders die erste, „dominar linguagens", von Interesse. In der *Matriz de referência* von 2009 wird der Punkt „dominar linguagens" noch wie folgt erklärt:

dominar a norma culta da Língua Portuguesa e fazer uso das linguagens matemática, artística e científica e das línguas espanhola e inglesa. (INEP 2009: [1])

Für die Korrekturen der Aufsätze gibt es ebenfalls eine Vorlage, den *Manual de Capacitação para Avaliação das Redações do ENEM* (CESPE / INEP 2013). Auch in diesem *Manual* werden die unterschiedlichen Kompetenzen aufgeführt. *Competência 1* ist dabei für die hier betrachteten Aspekte relevant und bezieht sich auf die Beherrschung der Norm. Hieß diese Kompetenz zuvor „domínio da norma padrão", so wurde sie dann 2014 geändert zu „domínio da modalidade escrita formal da língua portuguesa", wie unter 2.2.1 in der *Matriz de referência para redação do ENEM 2013* zu sehen ist (CESPE / INEP 2013: 20–21):

Competência

I   Demonstrar domínio da modalidade escrita formal da língua portuguesa.
II Compreender a proposta de redação e aplicar conceitos das várias áreas de conhecimento para desenvolver o tema, dentro dos limites estruturais do texto dissertativo-argumentativo em prosa.
III Selecionar, relacionar, organizar e interpretar informações, fatos, opiniões e argumentos em defesa de um ponto de vista.
IV Demonstrar conhecimento dos mecanismos lingüísticos necessários para a construção da argumentação.
V   Elaborar proposta de intervenção para o problema abordado, respeitando os direitos humanos.

Die Korrektoren werden vor der Durchsicht der Prüfungen auf Grundlage des *Manual de Capacitação para Avaliação das Redações do ENEM* (CESPE / INEP 2013) geschult.

2. Die *Provas de Redação* des ENEM

Meister Ko. Freitag (2014), lange Zeit Supervisorin der Korrekturen des *ENEM*, stellt im Zuge ihrer Analyse der Aufsatzaufgabe im Rahmen des *ENEM* fest, dass die bildungspolitischen Maßnahmen auf curricularen Richtlinien basieren, die nicht mit den Positionen akademischen bzw. wissenschaftlicher Einrichtungen

(Universität, Forschungseinrichtungen und Lehrerausbildung) übereinstimmen und dass die verschiedenen bildungspolitischen Maßnahmen untereinander inkompatibel bzw. widersprüchlich sind. Besonders krass sind ihre Ergebnisse der Analyse der Kompetenzen-Matrix, wonach diese in Dissonanz zu den Richtlinien der *Parâmetros Nacionais de Língua Portuguesa* und zum *Programa Nacional do Livro Didático* stehen, da sie auf dem Gebrauch der *norma padrão* bestünden und Fehler ohne jegliche Rechtfertigung in *leves, médios* und *graves* unterscheiden; besonders harsch fällt entsprechend ihr Urteil aus, wonach Schüler und Schülerinnen der öffentlichen Schulen abgestraft würden und die in Brasilien herrschenden riesigen sozialen Unterschiede noch verstärkt würden:

> [...] a matriz de competência para avaliação da prova redação do ENEM não está em consonância com as diretrizes dadas pelos Parâmetros Nacionais de Língua Portuguesa e com o Programa Nacional do Livro Didático, ao cobrar norma padrão e tipificar os erros em „leves", „médios" e „graves" sem, no entanto, apresentar justificativas ou embasamento lingüístico (seja teórico, seja empírico). Este cenário de dissonância entre academia e avaliação penaliza o estudante da escola pública, e amplia ainda mais o abismo social existente hoje no Brasil. (Freitag 2014: 61).

Schon in früheren Studien der Vorgaben für die Lektüreprüfungen, insbesondere die der *Provinha Brasil*, hatte die Autorin festgestellt, dass die Inhalte der Kompetenzen-Matrix mit den Ergebnissen der internationalen Forschung übereinstimmen, jedoch nicht den Ausbildungsinhalten in der Lehramtsausbildung in den Pädagogischen Studiengängen entsprechen: „preconizam o trabalho com a consciência fonológica para o aprendizado inicial da leitura, o que, no entanto, não é componente curricular dos cursos de formação docente, nas licenciaturas em Pedagogia [...]" (Freitag 2014: 62).

Tatsächlich konstatieren die offiziellen Maßgaben und Richtlinien, dass Anerkennung und Berücksichtigung der Diversität grundlegend sind. Die beiden wohl wichtigsten Instrumente auf Ebene des *Ministério de Educação* sind in diesem Sinne die *Parâmetros Nacionais de Língua Portuguesa* (Ministério da Educação 1998, Secretaria de Educação Fundamental 1998) und das *Programa Nacional do Livro Didático* (Ministério da Educação 2011). In diesen Texten wird explizit eine Wertschätzung der sprachlichen Varietäten gefordert, welche die Sprachgemeinschaft der verschiedenen Regionen des Landes charakterisieren (Freitag 2014: 63); die Achtung der sprachlichen Pluralität bzw. der verschiedenen Varietäten des brasilianischen Portugiesisch sollte sich auf die Didaktik auswirken, indem die Lehre des Portugiesischen die Bekämpfung sprachlicher Vorurteile fokussieren muss (Freitag 2014: 64). Zu den Aspekten, die in den Schulen zu vermitteln sind, damit die Schüler und Schülerinnen ihre Kenntnisse weiterentwickeln können, gehören explizit:

- ler e escrever conforme seus propósitos e demandas sociais;
- expressar-se adequadamente em situações de interação oral diferentes daquelas próprias de seu universo imediato;
- refletir sobre os fenômenos da linguagem, particularmente os que tocam a questão da variedade linguística, combatendo a estigmatização, discriminação e preconceitos relativos ao uso da língua.

(Secretaria de Educação Fundamental 1998: 59)

Insbesondere geht es dabei auch um eine Berücksichtigung oraler Register und auch der „normfernen" Varietäten, denn es wird ausdrücklich erwartet, dass der Schüler bzw. die Schülerin

[...] seja capaz de verificar as regularidades das diferentes variedades do Português, reconhecendo os valores sociais nelas implicados e, consequentemente, o preconceito contra as formas populares em oposição às formas dos grupos socialmente favorecidos.

(Secretaria de Educação Fundamental 1998: 52)

Und schließlich ist explizit vorgesehen, dass die Lehre des Portugiesischen an brasilianischen Schulen dazu beitragen soll, die sprachlichen Vorurteile zu reduzieren, indem bewusst gemacht wird, dass alle Varietäten „legitim" sind:

Frente aos fenômenos da variação, não basta somente uma mudança de atitudes; a escola precisa cuidar para que não se reproduza em seu espaço a discriminação linguística [...]. É importante que o aluno, ao aprender novas formas lingüísticas, particularmente a escrita e o padrão de oralidade mais formal orientado pela tradição gramatical, entenda que todas as variedades lingüísticas são legítimas e próprias da história e da cultura humana

(Secretaria de Educação Fundamental 1998: 82).

Es wird allerdings explizit darauf hingewiesen, dass die Schule sich nicht mit allen Varietäten – insbesondere nicht mit den am weitesten von den von der grammatischen Tradition etablierten Formen entfernten Realisierungen – auseinandersetzen kann, und dass es ohnehin sehr kompliziert sei festzustellen, welches genau die *forma padrão* sei. So heißt es: „[...] não é tarefa simples dizer qual é a forma padrão (efetivamente, os padrões também são variados e dependem da situação de uso)" (Secretaria de Educação Fundamental 1998: 82); s. Freitag (2014) für eine ausführliche Diskussion dieser Aspekte.

Tatsächlich wird aber im *ENEM* die Ebene der Mündlichkeit in allen ihren Ausformungen praktisch komplett ausgeklammert, und hinsichtlich des Aufsatzes wird explizit gefordert, dass dort nachzuweisen sei, dass die „Modalidade escrita formal da língua" beherrscht wird.

Betrachtet man die Vorgaben für die Korrektur der Prüfungen, so wird zwar die Frage der Mündlichkeit und Schriftlichkeit betrachtet und eine offensichtlich auf das Modell von Koch / Oesterreicher zurückgehende Darstellung von Sprache der Nähe und Distanz (cf. Koch / Oesterreicher 1985, ^{2}2011 [1990]) – allerdings nicht unter diesem Namen – gegeben. Die Ausklammerung der Nähesprache und der gesprochenen Sprache allgemein wird allerdings insgesamt sehr deutlich. Im *Manual de Capacitação para Avaliação das Redações do ENEM* (2013a: 9) heißt es:

> A língua pode assumir as modalidades oral e escrita. Embora pertençam ao mesmo sistema, essas duas manifestações são apenas parcialmente semelhantes e apresentam exigências próprias. A língua escrita não dispõe dos recursos contextuais, como expressões faciais, gestos, entonação, que enriquecem a oral. Ao escrever, é preciso seguir mais rigorosamente as exigências da língua escrita, porque o interlocutor está distante e é necessário garantir a compreensão.
> A escrita não é a simples transcrição da fala. Tem características próprias e exigências diferentes (cespe / inep 2013a: 9).

Die Abbildung, die diesem Text beigefügt ist (Abb. 1), ist leicht auf das in Brasilien aber noch weitgehend unbekannte Modell von Koch / Oesterreicher zurückzuführen. Tatsächlich wird in einschlägigen Arbeiten zwar das Modell dargelegt, aber auf brasilianische Autoren zurückgeführt. So erscheint das Modell beispielsweise bei Bagno (2007, 2012), zurückgeführt wird es dort aber auf Marcuschi (2001).

FALA	ESCRITA
Espontânea..Monitorada	
Passageira..Duradoura	
Grande apoio contextual..Ausência de apoio contextual	
Face a face...Interlocutor distante	
Repetições/redundâncias/truncamentos/desvios.......................Controle da sintaxe/das repetições/ da redundância	
Predomínio de orações coordenadas.....................Predomínio de orações subordinadas	

Abbildung 1. Mündlichkeit und Schriftlichkeit (CESPE / INEP 2013: 9).

Und dann heißt es im *Manual de Capacitação para Avaliação das Redações do ENEM* über die häufigsten Probleme der Prüflinge:

Um dos problemas mais frequentes na produção de textos de jovens redatores é a confusão entre a modalidade oral, que permeia a escrita informal, e a modalidade escrita formal. Para analisar essa questão, alguns itens merecem atenção, porque representam estruturas próprias da fala e podem aparecer em textos informais, mas são indevidas na escrita formal, como a esperada nas redações do ENEM:

1	Formas reduzidas ou contraídas: pra (para); tô (estou); tá (está); né (não é); peraí (espere aí); cê (você); taí (está aí).
2	Palavras de articulação entre ideias (repetidas em excesso) que substituem conjunções mais exatas: então, daí, aí, e, que.
3	Sinais utilizados na fala para orientar a atenção do ouvinte: bem; bom; veja bem; certo? viu? entendeu? de acordo? não sabe? sabe?
4	Verbos de sentido muito geral (dar, ficar, dizer, ter, fazer, achar, ser, colocar) no lugar de verbos de sentido mais exato.
5	Gírias e coloquialismos: papo, enche, velho, manera, pega leve, amarra, se toca, rolando um papo, sem essa.
6	Inconsistência no uso de pronomes: te, você, seu, sua; a gente, nós.

(CESPE / INEP 2013: 10)

Die Analyse der Beispielaufgaben aus verschiedenen Auflagen des *ENEM* der letzten Jahre – ebenso wie die anderer Prüfungsformate –, die exemplarisch in den *Gramáticas para concursos* abgedruckt sind, hat ergeben, dass die Ebene der Mündlichkeit praktisch völlig aus den Anforderungen herausfällt.

Mit der Frage der Berücksichtigung der sprachlichen Variation in den Aufgaben zur portugiesischen Sprache befasst sich ausführlich Bagno (2015), der insgesamt allerdings zu einem recht positiven Urteil gelangt; derselbe, auch in der öffentlichen Wahrnehmung in Brasilien recht prominente Autor schreibt am 26. Oktober 2015 auf seiner *Facebook*-Seite über die Portugiesischprüfung im Rahmen des ENEM 2015:

> Gente, a prova de Língua Portuguesa do ENEM 2015 está um PRIMOR absoluto. Parabéns mil vezes às pessoas que a elaboraram! Fico feliz principalmente porque o tema variação lingüística é tratado de forma bem dosada e bem fundamentada. Textos muitíssimo bem selecionados. Amei, amei, amei!!

Tatsächlich werden in dieser Auflage des ENEM eine ganze Reihe von Aspekten berücksichtigt, deren Fehlen in den vorhergehenden Jahren kritisiert worden war, oder in einer verbesserten Weise dargestellt. So findet sich beispielsweise mit Questão 110, „Palavras jogadas fora" in der Prüfung von 2015 auch eine Frage zu Vorurteilen gegenüber bzw. aufgrund von sprachlicher Variation. Der Bereich der Mündlichkeit und der Nähesprache ist aber nach wie vor nur bedingt abgedeckt bzw. nur unter Einschränkungen als gelungen anzusehen.

3. Die *Gramáticas para Concursos*

Den *Gramáticas para Concursos* kommt angesichts ihrer Verkaufserfolge und ihrer festen Verankerung in der brasilianischen Lehr- bzw. Lernkultur hinsichtlich der Verbreitung von Wissen über Normen, der Prägung des Normempfindens bzw. der Herausbildung von sprachlichen Werturteilen bzw. Vorurteilen besondere Bedeutung zu. Seit 2013 arbeitet eine auf Varietätenlinguistik spezialisierte Forschungsgruppe am Institut für Angewandte Linguistik und Translatologie der Universität Leipzig an der Auswertung einer Reihe dieser Grammatiken, darunter die Arbeiten von Almeida (^{9}2013), Bezerra (2015), Natal (2015), Pestana (2013), Rosenthal (^{6}2013) und Santos (2013) sowie, in einer diachronen Perspektive, mit früheren Auflagen dieser Grammatiken sowie mit der Grammatik von Melo (^{2}1970 [1968]).

Nachfolgend sollen wesentliche Ergebnisse dieser Analysen im Hinblick auf die *Concursos* und die Berücksichtigung der sprachlichen Variation, insbesondere der Frage nach dem Verhältnis von Mündlichkeit und Schriftlichkeit und nach der

Rolle nähesprachlicher Phänomene, mit Beispielen aus Almeida 2013 exemplarisch dargestellt werden. Es werden hier absichtlich nur Beispiele aus einem Werk gegeben, um, wenn es schon aus Platzgründen nicht möglich ist in die Tiefe zu gehen, doch wenigstens exemplarisch zeigen zu können, wie sich die Lage in einem Werk darstellt, das hinsichtlich der Ergebnisse als prototypisch für die *Gramáticas para Concursos* gelten kann.

In den Abschnitten zu Phonetik / Phonologie, insbesondere zu Orthoepie und Prosodie, ist die Ebene der Mündlichkeit zwar *per se* Gegenstand, es werden hier aber durchweg lediglich Gegenüberstellungen von „richtiger" und „falscher" Realisierung gegeben, beispielsweise:

Pronúncia correta **Pronúncia errada**
Bandeja Bandeija
Beneficência Beneficiência
[...]

(Almeida 2013: 14)

Es gibt außer der dianormativen Zuordnung – *correto / errado* – keine Ausführungen zu der Frage, welche diaphasische Markierung für welche Sprechergruppen gilt, in welchen Varietäten diese anzunehmen ist, wer diese Formen wann verwendet und inwiefern *errado* angesichts der sprachlichen Realität – etwa dem Gebrauch der hier als *errada* bezeichneten Form auf [ei] bei *bandeja* zumindest in nähesprachlichen Kontexten in allen Schichten – tatsächlich gerechtfertigt ist. Bemerkenswert ist die – praktisch in allen dieser Grammatiken – nicht vorgenommene Differenzierung von Schreibung und Lautung in der Wiedergabe der Beispiele (s. u.).

Die diastratische und diaphasische Ebene insbesondere im Hinblick auf die Frage der Mündlichkeit bleiben ebenfalls ausgeklammert, wenn unter der Überschrift **Parônimos** („São palavras parecidas na escrita e na pronúncia mas com significados diferentes, etwa „**delatar** (denunciar)" und „**dilatar** (alargar, ampliar") (Almeida 2014: 54) gegenübergestellt werden oder „**flagrante** (evidente, acalorado, ardente)" und „**fragrante** (perfumado, aromático)" (Almeida 2014: 54) nebeneinander gestellt werden, ohne die Tendenz [r] > [l] bzw. [l] > [r]

(*prástico!*) in bestimmten Schichten oder zumindest in bestimmten Registern zu beleuchten. Entsprechende Berücksichtigung der Ebene der Mündlichkeit und Nähesprache sind demzufolge dann auch in den – durch die Prüflinge jeweils als falsch zu identifizierenden – Realisierungen in den Aufgaben mit Antwort-Wahl-Verfahren zu finden, etwa Beispiele für Verwechslung von *e* / *i* in der Schrift aufgrund des Zusammenfalls der Lautung in der gesprochenen (nähesprachlichen, populären) Sprache.

Insgesamt ist anzumerken, dass sowohl in den Darstellungs- und Regelteilen als auch in den Übungs- und Aufgabenteilen die Ebenen von Lautung und Graphie in der Regel ungenügend getrennt werden und „falsche", also nicht der als „richtig" angesehenen Aussprache und der ihr zugehörigen Schreibung entsprechende lautliche Realisierungen oft in einer Art *eye dialect* als falsche Schreibung wiedergegeben werden, wie das auch das oben gegebene Beispiel „Bandeija" als „Pronúncia errada" bei Almeida (2013) zeigt.

Auffällig ist zudem, dass in den *Gramáticas para Concursos* zwar durchweg Aufgaben mit eindeutig der (fingierten?) Mündlichkeit zuzuordnenden Textauszügen aus *ENEM*- oder *Vestibular*-Prüfungen aufgenommen sind, dass auf diese Aufgaben aber in diesen Werken ausnahmslos gar nicht eingegangen wird. So findet sich in Almeida (2013) im Kapitel zu *Fonologia* unter den abschließenden authentischen Testaufgaben die folgende Aufgabe:

(**Unicamp-SP** [=Universidade Estadual de Campinas, São Paulo]) O texto reproduz um trecho da conversação entre dois locutores, L1 e L2.

L1: *Repita o que você disse.*
L2: *Bom ... eu disse que pra mim ... bem ... pra mim ... é lucro. Não assim um luuucro, entende?*
L1: *Claro, claro!*
L2: *Ahan, ahn. Em suma, acho que ... bem, é bom ter uma margem de lucro, mas não um lucro assiiim exagerado, certo?*

A afirmação correta a respeito da interlocução é:
a) Não ocorre comunicação entre os interlocutores porque as falas são muito fragmentadas.

b) Os truncamentos das frases de L2 provocam uma súbita suspensão do entendimento, pois prejudicam a compreensão de L1.

c) Os enunciados de L2 estão repletos de exploração fonética, o interlocutor evidencia, com esse recurso, pontos da sua explicação;

d) Não ocorre comunicação entre os interlocutores porque há muita repetição fonética.

e) A presença de frases incompletas e a digressão tópica prejudicam por completo a interlocução. (Almeida 2013: 19)

Nun wird nirgends in diesem Kapitel auf Satzabbrüche und die Darstellung von Phänomenen der (fingierten) Mündlichkeit eingegangen, etwa auf *pra* für *para* (ein Phänomen, das unter der Bezeichnung „formas reduzidas" in den Instruktionen für die Korrektur der *ENEM*-Aufgaben als eines der typischen „Probleme" der Prüflinge angegeben wird), oder auf die Andeutung von Silbenlängung durch Verdopplung oder Verdreifachung von Graphemen oder auf die Funktion der drei Punkte in schriftlichen Texten.

Variation wird in den analysierten *Gramáticas para Concurso* praktisch nicht berücksichtigt. Hinweise auf Formen oder Konstruktionen des europäischen Portugiesisch sind absolute Ausnahme und angesichts des Fehlens einer systematischen Kontrastierung völlig anekdotisch, wie dies das folgende Beispiel zeigt: „Além da forma **menor**, admite-se o emprego de **mais pequeno**, mais comum em Portugal" (Almeida 2013: 121).

Die regionalen Varietäten des brasilianischen Portugiesischen kommen in den *Gramáticas para Concurso* praktisch nicht vor. Insbesondere aber die Existenz diastratischer und diaphasischer Varietäten und ihre Bedeutung für das Diasystem des Portugiesischen werden nicht mit einer Silbe erwähnt.

In den Kapiteln zur Morphologie werden beispielsweise die „Principais radicais de origem latina" (Almeida 2013: 65–66), die „Principais radicais de origem grega" (Almeida 2013: 66–70), die „Principais prefixos de origem latina" (Almeida 2013: 71–72) und die „Principais prefixos de origem grega" (Almeida 2013: 72–73) aufgeführt, aber ohne jeglichen Hinweis darauf, dass manche von ihnen ausschließlich in fachsprachlichen, ergo praktisch ausnahmslos distanzsprachlichen Kontexten erscheinen dürften.

Die Beispiele für die Präfixe *com-*, *con-* und *co-* sowie *cis-* zeigen deutlich, dass die diaphasische bzw. auch diastratische Ebene hier nicht berücksichtigt wird:

Prefixos	Sentidos	Exemplos
cis-	posição aquém	cisplatino
com-, con-, co-	companhia, combinação	compatriota, contemporâneo, coautor

(Almeida 2014: 71)

Hinweise auf Varianten stehen praktisch durchweg ohne eine Erklärung, um welche Form der Variation es sich handelt, so wie dies im folgenden Beispiel zu sehen ist: „**Projétil** e **réptil** possuem as variantes **projetis** e **reptis**, respectivamente" (Almeida 2013: 93).

Diminutive und Augmentative werden ohne jeglichen Hinweis auf ihre stärkere Präsenz in der gesprochenen Sprache bzw. in Kontexten, die durch den Gebrauch von nähesprachlichen Varietäten markiert sind, vorgestellt bzw. zum Auswendiglernen in Tabellen aufgereiht; s. etwa die Auflistung von Formen wie *coraçõezinhos, cordõezinhos, pasteizinhos, mulherezinhas, colherezinhas / colherzinhas* etc. in Almeida (2013: 94).

In den echten Aufgaben aus früheren *Concursos* finden sich dann immer wieder Fragen nach Elementen wie *unidinha* oder *inteligibilíssima*, womit es in der Tat um Elemente geht, die kaum in distanzsprachlichen Kontexten – und geschrieben nur in Literatur und fingierter Oralität – zu erwarten sind, ohne dass dies jedoch zur Sprache kommt:

(**Fatec-SP** [=Faculdade de Tecnologia de São Paulo]) Assinale a alternativa **incorreta**.
a) Na oração „eu [a agulha] é que vou entre os dedos dela, unidinha a eles, furando abaixo e acima", embora apresentando sufixo próprio do substantivo, o adjetivo **unida** possui valor superlativo.

b) A frase „Toda linguagem muito inteligível é mentirosa" poderia apresentar a forma **inteligibilíssima** em lugar de **muito inteligível**, sem alteração alguma no grau do adjetivo. (Almeida 2013: 135)

In den Texten mit den staatlichen Vorgaben fällt auf, dass die Terminologie im Hinblick auf die dianormative Einschätzung sehr widersprüchlich, inkonsistent und oft mehrdeutig verwendet wird. Auch Freitag weist auf Probleme im Umgang mit Termini wie *norma padrão da língua escrita, normas urbanas de prestígio, norma culta da Língua Portuguesa* und *padrão escrito formal* hin und fragt – rhetorisch – „Diferenças de terminologias ou diferenças de propósito?" (Freitag 2014: 67), ähnliche Probleme beklagt auch Bagno (2015). Und in den *Gramáticas para Concursos* ist immer wieder, wenn die dianormative Ebene zur Sprache kommt, fehlende Klarheit und fehlende Eindeutigkeit zu konstatieren. Es wird genau genommen nicht dargelegt, was genau nun als „normativ" oder „der Norm entsprechend" zu gelten hat, und die Leser und Leserinnen der Werke müssen sich zum Teil aus den nur angedeuteten Aspekten ihre eigenen Schlussfolgerungen bzw. die jeweilige Auffassung von „Norm" herleiten. Dies soll das folgende Beispiel illustrieren:

6.ª) A forma **tricentésimo**, embora repudiada por alguns gramáticos, já se encontra dicionarizada. O *Novo Dicionário Aurélio*, por exemplo, traz consignada essa palavra em sua segunda edição (Almeida 2013: 139).

Es ist aus lexikographischen Studien zu genüge bekannt, dass Laien die Aufnahme bzw. das Vorkommen eines Wortes im Wörterbuch als Beleg für seine Existenz (und Korrektheit) ansehen und das Fehlen von Lexemen in Wörterbücher eher als Beweis für ihre Position außerhalb der Norm, außerhalb des „Richtigen" interpretieren denn als Lücke im Wörterbuch (Sinner 2004: 70, 586–587 sowie die dort verzeichneten Verweise).

4. Schlussfolgerungen

Auf der Hand liegt der enorm puristische, über die Maßen konservative Zugang sowohl in den *ENEM*-Materialien als auch in den *Gramáticas para Concursos*. Aus varietätenlinguistischer Perspektive zeigt die Analyse, dass der Frage der Behandlung von Phänomenen der gesprochenen Sprache und von nähesprachlichen

Erscheinungen kaum Bedeutung zugemessen wird bzw. diese Ebenen zu Darstellungen und – etwa durch die Beispiele und Aufgaben – zu Interpretationen führen, die im Hinblick auf das Verhältnis von sprachlicher Realität und Repräsentation im ENEM ebenso wie in den *Gramáticas para Concursos* tatsächlich durchweg als konfliktiv anzusehen sind. Das gesteckte Ziel, die Konflikte zu beheben oder zu reduzieren, kann nur als nicht umgesetzt angesehen werden.

Bibliographie

ALMEIDA, Nílson Teixeira de (⁹2013): *Gramática da Língua Portuguesa para Concursos, vestibulares*, ENEM, colégios técnicos e militares ... 9a edição revista e atualizada. São Paulo: Saraiva.

BAGNO, Marcos (2007): *Nada na língua é por acaso. Por uma pedagogia da variação linguística*. São Paulo: Parábola.

BAGNO, Marcos (2012): *Gramática pedagógica do português brasileiro*. São Paulo: Parábola.

BAGNO, Marcos (2015): „Variação, avaliação e mídia: o caso do ENEM". In: *Ana Maria Stahl Zilles / Carlos Alberto Faraco (Hrsg.): Pedagogia da variação linguística. Língua, diversidade e ensino*. São Paulo: Parábola, 191–224.

BEZERRA, Rodrigo (2015): *Nova gramática da Língua Portuguesa para Concursos*. 7.a edição revista e atualizada. São Paulo: Método

CESPE / INEP (2013) = Centro de Seleção e de Promoção de Eventos, Universidade de Brasília / Instituto Nacional de Estudos e Pesquisas Educacionais Anísio Teixeira (2013): *Manual de Capacitação para Avaliação das Redações do ENEM*. Brasília: Centro de Seleção e de Promoção de Eventos, Universidade de Brasília.

ENEM 2015 = ENEM 2015 24 e 25 de Outubro passo a passo. http://enem.inep.gov.br/; aufgerufen am 27. Mai 2015.

FREITAG, Raquel Meister Ko. (2014): „Prova de redação do *ENEM*: Divergências entre as orientações para a prática e as diretrizes de avaliação". Interdisciplinar IX, 20 (jan. / jun. 2014), 61–72.

INEP (2009) = Ministério da Educação. Instituto Nacional de Estudos e Pesquisas Educacionais Anísio Teixeira (2009*): Matriz de referência para o ENEM 2009*. [Brasília: INEP].

INEP (2013a) = Ministério da Educação. Instituto Nacional de Estudos e Pesquisas Educacionais Anísio Teixeira (2013): *A redação no ENEM. Guia do participante*. Brasília DF: Ministério da Educação. Instituto Nacional de Estudos e Pesquisas Educacionais Anísio Teixeira.

INEP (2013b) = http://download.inep.gov.br/educacao_basica/enem/downloads/2013/enem20 13_confirmados.pdf, Aufruf am 28. 12. 2013

INEP (2015) = Instituto Nacional de Estudos e Pesquisas Educacionais Anísio Teixeira (25. Mai 2015): „Primeiro dia de inscrições registra mais de 410 mil candidatos até o início da noite". http://portal.inep.gov.br/visualizar/-/asset_publisher/6AhJ/content/primeiro-dia-de-inscricoes-registra-mais-de-400-mil-candidatos-ate-o-inicio-da-noite?redirect=http%3a%2f %2fportal.inep.gov.br%2f; Aufruf am 27. Mai 2015.

KOCH, Peter / OESTERREICHER, Wulf (1985 [erschienen 1986]): „Sprache der Nähe – Sprache der Distanz. Mündlichkeit und Schriftlichkeit im Spannungsfeld von Sprachtheorie und Sprachgeschichte ". Romanistisches Jahrbuch 36, 15–43.

KOCH, Peter / OESTERREICHER, Wulf (^{2}2011 [1990]): Gesprochene Sprache in der Romania: Französisch, Italienisch, Spanisch. 2. aktualisierte und erweiterte Auflage. Berlin / New York: de Gruyter.

MARCUSCHI, Luiz Antonio (2001): Da fala para a escrita: atividades para a retextualização. São Paulo: Cortez.

MELO, Gladstone Chaves de (^{2}1970 [1968]): Gramática fundamental da língua portuguesa. De acordo com a nomenclatura gramatical brasileira. Para os ginásios e colégios, vestibulares, concursos, e para os estudiosos da língua. Rio de Janeiro: Livraria Académica.

MINISTÉRIO DA EDUCAÇÃO (1998): Parâmetros curriculares nacionais ensino médio: Linguagens, códigos e suas tecnologias. Brasília: Ministério da Educação.

MINISTÉRIO DA EDUCAÇÃO (2011): Programa Nacional do Livro Didático. Edital de convocação para inscrição no processo de avaliação e seleção de coleções didáticas para PNLD 2011. Brasília: Ministério da Educação.

NATAL, Claiton (2015): Gramática objetiva para concursos. São Paulo: Alumnus

PESTANA, Fernando (2013): A Gramática para Concursos Públicos. Teoria profundamente completa e mais de 1.300 questões atuais e comentadas. 4.a tiragem. Rio de Janeiro: Elsevier.

ROSENTHAL, Marcelo (^{6}2013): Gramática para Concursos. Teoria e mais de 1000 questões. 6a edição. Rio de Janeiro: Elsevier.

SANTOS, Arenildo dos (2013): Gramática Básica para Concursos. Rio de Janeiro: Ferreira.

SECRETARIA DE EDUCAÇÃO FUNDAMENTAL (1998): Parâmetros curriculares nacionais: terceiro e quarto ciclos do ensino fundamental de Língua Portuguesa. Brasília: Ministério da Educação.

José Craveirinha e "Poesia de Combate": A construção da moçambicanidade entre o passado e o futuro

Doris Wieser (Coimbra)

> Era como se, de um trago, se pudesse deitar fogo a toda a pilha de livros onde nós participámos sempre como protagonistas passivos, como material sobre o qual os outros constroem o seu orgulho, onde os outros se forjam heróis
> (Severino Ngoenha 1992, 9).

1. Introdução: a dificuldade de construir uma moçambicanidade[129]

Uma das preocupações centrais do filósofo moçambicano Severino Ngoenha, no seu livro "Por uma dimensão moçambicana da consciência histórica" (1992), consiste na reflexão sobre as consequências identitárias provenientes do facto de os moçambicanos terem sido 'objetos' da História durante o colonialismo português, vendo-se desprovidos da possibilidade de decidir livremente sobre o seu futuro e assim 'escrever' a sua própria História. Ao serem colonizados e transformados em matéria-prima para os relatos heroicos de outro povo, a continuação da história pré-colonial dos povos africanos é interrompida, de maneira que "o autóctone não faz a história de Moçambique, mas padece a história de Portugal" (Ngoenha 1992, 11), tendo sido o moçambicano quase despojado da sua humanidade e diminuído "de ser histórico que era, a um ser semi-histórico, de um ser cultural a um ser semi-cultural" (Ngoenha 1992, 12). Daí a necessidade das vítimas da exploração colonial em insistirem na afirmação da própria dignidade e inclusivamente da própria humanidade como fizeram os movimentos negros de ambos os lados do

---

129 Este ensaio será publicado paralelamente no livro *Ecos de Moçambique: um século de José Craveirinha*, organizado por Lola Geraldes Xavier (São Paulo: Editora Blucher, 2022).

Atlântico: a *Harlem Renaissance*, o negrismo das Caraíbas, o movimento panafricanista e a Negritude.

Contudo, em quase todos os países africanos, a heterogeneidade étnico-cultural dificulta até hoje a criação de um sentido de pertença comum e, consequentemente, de uma unidade nacional. Falar de "moçambicanos" implica utilizar um conceito de origem colonial, visto que no território que veio a chamar-se Moçambique não havia nenhuma "cultura unívoca e homogénea" (Ngoenha 1992, 26), mas sim "colectividades de pertença mais autênticas" que em primeiro lugar eram comunidades étnicas (Ngoenha 1992, 29). Portanto, nunca houve uma memória coletiva de um grupo orgânico (Ngoenha 1992, 30), mas sim muitas memórias coletivas (orais) de diferentes grupos étnicos que nem sempre se conheciam, nem podiam comunicar devido a barreiras linguísticas. Sobre estas memórias e identidades étnicas relativamente independentes sobrepôs-se o sistema colonial, impondo uma identidade própria para pessoas negras (independentemente da sua etnia) e para pessoas brancas, na sua maioria portuguesas. O 'Acto Colonial', de 1930, integrado na Constituição Portuguesa em 1951, é apenas o caso mais paradigmático de toda uma legislação que distingue entre 'indígenas' e 'civilizados', conferindo-lhes diferentes deveres e direitos, e reservando um pequeno espaço ambíguo e problemático a pessoas 'assimiladas'. Eduardo Mondlane, co-fundador da Frente de Libertação de Moçambique[130] e seu primeiro presidente, sublinha que, no tempo colonial, "[t]odas as formas de comunicação provinham [...] do topo, por intermédio da administração colonial" (Mondlane 1995, 87), pelo que havia muito pouca ou nenhuma comunicação direta entre os distintos grupos étnicos. Aliás, a legislação de teor segregacionista tentou silenciar a tradição africana que, consequentemente, só sobreviveu como "uma espécie de cultura 'subterrânea' subjugada, criticada e abertamente desprezada pelas autoridades" (Mondlane 1995, 142). Contudo, para Eduardo Mondlane (1995, 87), a experiência partilhada da discriminação racial e da exploração colonial deu origem a uma "coerência psicológica" que permitiu, embora tardiamente, a formação dos movimentos nacionalistas.

---

130 A FRELIMO foi fundada a 25 de junho de 1962 em Dar-es-Salaam (Tanzânia).

Esta "coerência psicológica" sempre foi e continua a ser precária, visto que se alicerça unicamente no sofrimento partilhado e na luta pela independência, sem ter em conta as particularidades de cada grupo étnico, ou seja, aqueles elementos em que as comunidades alicerçam a sua identidade, a sua autoconfiança e a sua projeção para o futuro. Ngoenha (1992, 30) refere-se, a esse respeito, a duas historicidades, uma étnica e uma colonial, que precisam de ser conciliadas. Também Rita Chaves (2005, 191) alude a essa dificuldade falando de "dois códigos" ou "duas tradições" cuja coexistência levou a uma instabilidade identitária que precisa de ser confrontada. Efetivamente, a conciliação entre ambas é difícil, não só porque uma é composta por uma pluralidade de historicidades particulares (a historicidade étnica) e a outra é comum e transversal a todo o território (a historicidade colonial), mas também porque ambas contêm certos elementos que as comunidades preferem esquecer e outros que desejam preservar. E esta negociação entre o esquecimento e a memória ainda não se estabilizou.[131]

Tendo em conta o exposto, o presente ensaio questiona em que medida os primeiros textos literários moçambicanos, que aparecem no contexto da denúncia de injustiças coloniais e do início da consciencialização nacionalista, lidam com esta dualidade e instabilidade identitária. As obras em estudo são *Xigubo* (1964), o primeiro livro de José Craveirinha, considerado atualmente poeta nacional moçambicano, e o primeiro volume de *Poesia de Combate* (1971)[132], organizado pela FRELIMO. A análise aborda as divergentes propostas poéticas presentes nas duas obras e concentra-se, num segundo passo, na semantização das diferentes historicidades enfocando a representação não só do passado (étnico e colonial) e das suas repercussões no presente, mas também as visões do futuro.

---

131 Um exemplo disso é a tentativa do então presidente Samora Machel de estabelecer, em 1985, Ngungunhane, o último imperador do Reino de Gaza, como herói nacional da resistência contra o colonialismo, enquanto esta personagem, no romance *Ualalapi*, de Ungulani Ba Ka Khosa, publicado dois anos mais tarde, é representada como um tirano, vindo da África do Sul, que subjugava os grupos étnicos do sul de Moçambique (os chopes e os tsongas), pelo que não é interpretado como uma personagem capaz de sustentar uma memória de resistência positiva regional, e muito menos nacional.

132 No total, a FRELIMO organizou três volumes de "Poesia de Combate" que foram publicados nos anos 1971, 1977 e 1980. Portanto, só o primeiro volume data da época colonial, razão pela qual é objeto de estudo neste ensaio.

2. José Craveirinha

2.1 Percurso e poética

José Craveirinha (1922–2003), mestiço de pai português (algarvio) e mãe africana (da etnia dos ronga, do sul de Moçambique), foi o primeiro vencedor africano do Prémio Camões (em 1991) e é considerado hoje em dia o poeta nacional de Moçambique, sendo, de acordo com Ana Mafalda Leite, "o mais rigoroso intérprete da *moçambicanidade*" (1991, 23). Contudo, a sua integração privilegiada no cânone da literatura nacional não correu sem reservas por parte da FRELIMO que tentou impor uma poética normativa para a nova 'literatura nacional', baseando-se no conceito do homem novo socialista.

O pai de José Craveirinha, imigrante português, teve dois filhos com uma mulher africana, antes de se casar com uma portuguesa que veio para este fim da 'Metrópole', assim conta o poeta na entrevista com Patrick Chabal (1994, 86–87). Não tendo filhos próprios, a esposa resolveu acolher os filhos mestiços do marido e desempenhou o papel de madrasta, proibindo-os de falar ronga, a língua materna das duas crianças. Mudaram-se do bairro popular na periferia suburbana da então Lourenço Marques (hoje Maputo) para o centro da cidade. Assim a socialização de Craveirinha, na sociedade colonial, transcorreu entre as mencionadas duas historicidades ou dois códigos culturais, o mundo do bairro popular, parte da chamada 'cidade de caniço', com predominância da cultural africana, e o mundo da 'cidade de cimento' com predominância da cultura portuguesa e alguns dos privilégios associados.

Tendo ficado órfão aos 13 anos, Craveirinha e o seu irmão mais velho foram acolhidos por tios paternos que não conseguiram suportar os estudos de dois jovens. Por este motivo, Craveirinha tornou-se autodidata apoiando-se na escolarização do irmão mais velho que continuou os seus estudos num liceu e deu explicações ao mais novo (Chabal, 1994, 88–89). Nos anos 1950 começou a trabalhar como jornalista e a publicar artigos sobre diversos assuntos e também poemas em jornais como *O Brado Africano* (jornal bilingue português-ronga, fundado pelos irmãos Albasini), *Notícias* e *A Tribuna*. O seu primeiro volume de poesia, *Xigubo*, foi publicado apenas em Portugal, em 1964 – ano do início da luta armada em Moçambique – na "Colecção de Autores Ultramarinos" da Casa dos Estudantes do Império.[133] Por se ter aproximado da FRELIMO, Craveirinha foi detido pela PIDE e ficou preso de 1965 a 1969. O seu primeiro livro publicado em Moçambique, *Karingana ua Karingana*, foi lançado apenas um mês depois da Revolução dos Cravos, em maio de 1974, visto que fora difícil para os poetas desta geração publicar sob vigilância da PIDE. Apesar disso, Craveirinha já era conhecido em Moçambique pelos seus poemas publicados nas duas décadas anteriores em jornais e revistas. Inclusivamente circulavam de forma musicada nos bairros populares (Leite, 1991, 20).

Os temas centrais dos poemas de *Xigubo* giram em torno das injustiças do sistema colonial: a pobreza dos colonizados, a marginalização (de prostitutas, magaízas[134], estivadores) e os contrastes entre a cidade de cimento e os subúrbios. Ana Mafalda Leite propõe o conceito de "poética manifestatária" a este respeito, ressaltando a "crítica e combate à civilização imposta pelo colonialismo e pelo ocidente e valorização do homem, da cultura [...] e da terra moçambicana" (1991, 33). A nível ideológico, a poesia de Craveirinha insere-se, por um lado, na linha da Negritude e, por outro, do Neorrealismo português. De facto, as duas tendências convergem, visto que, de acordo com Pires Laranjeira, a Negritude não se baseia só numa poética didática de testemunho e reivindicação, mas também apresenta uma forte tendência realista. Nesta poesia, o eu-lírico identifica-se claramente como negro, dirige-se a um público leitor também negro e evoca uma realidade partilhada por ambos (1995a, 247 e 269). Para Laranjeira o "discurso do negro tem como finalidade máxima mostrar que o negro existe, na sua integridade e aspirações, onde o discurso do colonizador pretende que ele não ultrapasse o estatuto de objecto ou, quando muito, de ser sem substância moral e intelectual" (1995a, 260–261).

Ora, o objetivo de visibilizar as pessoas negras só pode ser alcançado na língua dos colonizadores, mas não na sua forma castiça. Matusse (1998, 96–97) refere-

---

133   Craveirinha tinha ganhado o prémio da CEI em 1962 com uma coletânea intitulada *Manifesto*, que foi publicada com o título *Chigubo* (numa grafia ligeiramente diferente) em 1964. A edição da CEI, de 1964, conta com 13 poemas. A segunda edição, de 1980, compreende 21 poemas selecionados pelo autor (Laranjeira 1995b, 278). A edição da editora portuguesa Caminho de 1999, com a qual trabalho, também contém os 21 poemas autorizados.

134   Nome dado aos moçambicanos que trabalham nas minas da África do Sul.

se a uma subversão da língua na poesia de Craveirinha enquanto "símbolo da portugalidade" e chama especial atenção para a incorporação de léxico proveniente das línguas bantu. Os aspetos formais mais ilustrativos dos poemas são o uso constante da exclamação e da interjeição, cenas dialogais, estruturas enumerativas, repetições, redundâncias, em suma, elementos que aproximam os poemas à oratura africana.

2.2 *Xigubo* (1964 / 1980)

No que diz respeito à questão que interessa aqui explorar – a representação do passado, presente e futuro – Leite (1991, 38) refere que às poesias de Craveirinha subjaz uma "poética bifronte", voltada para um passado tradicional e futuro profético. Vejamos alguns exemplos.

A revitalização e revalorização da historicidade étnica, de rituais e crenças tribais, são um elemento constitutivo: "Xigubo" (Craveirinha 1999, 9–10), o poema que dá título ao livro e fala de uma dança, que se executa para preparar ou celebrar uma batalha, posiciona-se na linha negritudinista, exaltando tradições africanas e enaltecendo a beleza do corpo negro ("músculos tensos na azagaia rubra"). Celebra o legado do passado pré-colonial nos versos repetidos "e dança as danças do tempo da guerra / das velhas tribos da margem do rio", e na evocação de "ecos milenários". A dimensão do presente e do futuro próximo também é contida no poema na medida em que o *xigubo* prepara os guerreiros para o "tempo da guerra". Neste poema de 1958, Craveirinha prenuncia a necessidade de uma guerra contra o colonialismo português, um futuro que ainda não está ao alcance (visto que a guerra pela independência só começaria em 1964).

O poema "Manifesto" (Craveirinha 1999, 31–34) partilha várias caraterísticas com "Xigubo" no que diz respeito à semantização do passado e do futuro. Também este poema é uma apologia negritudinista da beleza do corpo africano ("meu rosto escuro de diamante / de belas e largas narinas másculas"), ao mesmo tempo que liga este elemento fortemente com as tradições ancestrais africanas apresentadas como base para a construção do futuro: "e minhas maravilhosas mãos escuras raízes do cosmos / nostálgicas de novos ritos de iniciação". Evidencia-se aqui a "poética bifronte" apontada por Leite. Os "novos ritos" alicerçam-se nas tradições, por exemplo no embondeiro como "tótem mais invencível", nos "ossinhos mágicos" e no "tocador de presságios". No entanto, para o eu-lírico não há futuro sem revitalização do passado, e esta revitalização abarca as tradições de todos os grupos étnicos de Moçambique "do Rovuma ao Incomati" (do rio que forma a fronteira norte e do rio que fica no sul, perto da fronteira), mas também, numa perspetiva pan-africanista, fraterniza-se com outros povos da "Mãe África", com "o homem de Tanganhica, do Congo, Angola [...] e Senegal".

O presente é a medida temporal mais amplamente tratada em *Xigubo*. É relacionado sobretudo com a acusação e a denúncia da injustiça do sistema colonial. O mais conhecido poema nesta linha talvez seja "Grito negro" (Craveirinha 1999, 11–12) em que o trabalhador (forçado) negro se confunde na metáfora do "carvão" com o combustível da exploração colonialista. Também em "Subida" (Craveirinha 1999, 18–19) o tempo do presente é o foco do interesse poético. O poema fala da subida injusta dos preços de produtos básicos apesar do trabalho árduo e da grande produtividade da população negra. Assim aponta o problema da distribuição desequilibrada de alimentos em vários lugares de Moçambique (Gaza, Zambézia, Manhiça, Guijá), criando através da inclusão das várias regiões a ideia do destino partilhado e viabilizando a união dos moçambicanos como forma de luta contra estas injustiças. Outro poema nesta linha é "Jambul" (Craveirinha 1999, 36–37) que fala de um herói negro que se rebelou contra o colonialismo e é condenado por este motivo ao *xibalo* (trabalho forçado) e humilhado na sua dignidade de ser humano. A avó do eu-lírico em "Elegia à minha avó Fanisse" (Craveirinha 1999, 42–43) é vítima da apropriação das terras e da expansão infraestrutural e técnica dos colonizadores. Num tom irónico o eu-lírico alude ao que Eduardo Lourenço (2014, 57) veio chamar o mito do "Colonialismo Inocente": "Ningúem cuspiu / ninguém bateu avó Fanisse / ninguém matou ... / Ninguém fez mal". Em "Gado mamparra-magaíza" (Craveirinha 1999, 57–59) denuncia-se o contrato que os portugueses fizeram com a África de Sul que permitia a 'venda' de mão-de-obra barata para as minas de país vizinho, numa desumanização completa do trabalhador, passível de ser comparado à venda de animais: "Nunca mais gado moçambicano marcado e vendido!". Em Craveirinha, as personagens marginalizadas são o verdadeiro povo moçambicano, maltratado e humilhado, que precisa juntar-se para reivindicar e recuperar a sua dignidade. Neste sentido, Craveirinha encontra-se na linha do primeiro ideólogo da FRELIMO, Eduardo

Mondlane, que denuncia o colonialismo e ressalta que este produziu uma "coerência psicológica", num povo etnicamente heterogéneo, o que permitiu a união das forças para a luta armada.

Em relação à imaginação do futuro em *Xigubo*, o poema mais emblemático é o "Poema do futuro cidadão" (Craveirinha 1999, 17), em que o eu-lírico, o futuro cidadão, autodescreve-se como alguém que vem "de qualquer parte / de uma Nação que ainda não existe". Sem fazer alusão explícita à heterogeneidade étnica de Moçambique, o eu-lírico alude a esta realidade pelo facto de reclamar a sua proveniência "de qualquer parte", criando assim a ideia de que a identidade da nação em construção, abrigará todos os indivíduos, independentemente da sua origem étnica. Assim, o eu-lírico oferece o seu amor fraternal à futura Nação ("Não nasci apenas eu / nem tu nem outro ... / mas irmão. // Mas / tenho amor para dar às mãos-cheias"). "Hino à minha terra" (Craveirinha 1999, 20–23) é outro poema que canta o porvir apoiando-se no passado pré-colonial. O núcleo do poema consiste na (re)nomeação de elementos do futuro país – lugares, rios, animais, frutas e outros elementos da natureza – com palavras ronga e outras línguas bantu, "como ato simbólico de renascimento e de libertação" (Leite 1991, 31). A heterogeneidade linguística (mencionam-se as línguas ronga, macua, suaíli, changana, xítsua e bitonga) contribui para a função ilocucionária deste (re)baptismo. Assim o passado, a historicidade étnica, torna-se apoio para a reapropriação do espaço usurpado. Os "nomes puros" ou "nomes virgens" estão estreitamente ligados ao desejo de liberdade (o adjetivo "livre" repete-se cinco vezes na quinta estrofe). Exalta-se também a religiosidade espiritista africana assim como as tradições, elementos que contribuem para a "Lua Nova", termo também utilizado no poema "Xigubo" para designar o tempo da desejada liberdade. Pela sua insistência em incluir a diversidade étnica do território na sua poesia, Fátima Mendonça (1985, 386) enfatiza que Craveirinha é "o primeiro escritor a apresentar o espaço geográfico moçambicano em termos de nação".

No que diz respeito às duas historicidades apontadas por Severino Ngoenha, podemos concluir que o mestiço Craveirinha, mesmo tendo acesso a ambos os códigos culturais, identifica-se mais com as múltiplas historicidades étnicas dos negros, invocando-as à maneira pan-africanista e negritudinista, do que com a historicidade colonial. Rui Baltazar (2002, 92–93) analisa a relação que

Craveirinha estabelece com o seu pai português (portador potencial da historicidade colonial). No poema "Ao meu belo pai ex-emigrante" (Craveirinha 1999, 157–158), numa dimensão biográfica na poesia, o eu-lírico identifica o pai como "moçambicano", mas só depois de tê-lo despojado de tudo o que o pudesse ligar ao sistema colonial e fazendo especial ênfase na sua pobreza, condição que o aproxima dos moçambicanos negros. Rita Chaves (2005, 197) sublinha que Craveirinha está convencido de que o lugar de origem sobrepor-se-á ao legado de fora. Portanto, os moçambicanos tornar-se-ão sujeitos da sua própria história, selecionando e processando os elementos externos antes de os absorver acriticamente. A imagem da moçambicanidade construída por Craveirinha consiste, assim, nesta priorização das múltiplas culturas africanas, a par do apaziguamento da coexistência dos dois códigos culturais, exemplificado na "moçambicanização" do pai branco.

Cabe questionar agora em que medida a poesia de combate promovida pela FRELIMO converge ou não com esta proposta.

3. A poesia de combate
3.1 A poética da FRELIMO

No livro *Lutar por Moçambique*, que foi publicado em inglês pela Penguin Books em 1969, e editado em Moçambique, em português, apenas em 1995, Eduardo Mondlane expõe a sua visão da poesia moçambicana até este momento. De acordo com ele os mestiços, como José Craveirinha ou Noémia de Sousa, e os assimilados desempenharam um papel importante no surgimento do nacionalismo, mas também os considera criticáveis. Tratando-se de uma minoria predominantemente urbana de intelectuais e assalariados "essencialmente destribalizados" (Mondlane 1995, 89), o líder denuncia, por um lado, o distanciamento destes poetas das massas populares,[135] que teria impedido que as ideias desta minoria urbana se convertessem em ações realistas (1995, 51). Por outro lado, o presidente da FRELIMO reconhece que "[p]ossivelmente, a própria ausência do ambiente tribal contribuiu para criar uma visão nacional, ajudou este grupo a ver Moçambique como a terra

---

135 Craveirinha cresceu na família branca do pai e apenas recebia visitas da mãe negra.

de todos os Moçambicanos, e fez-lhe compreender a força da unidade" (1995, 89). Contudo, devido à falta de contato entre a população negra rural e os intelectuais urbanos, como José Craveirinha, Noémia de Sousa, Luís Bernardo Honwana, ou o pintor Malangatana Valente Ngwenya, a resistência deles restringiu-se inicialmente ao campo cultural (Mondlane 1995, 91). Mondlane aponta que

> [n]enhum destes escritores experimentou o trabalho forçado, nenhum deles esteve sujeito ao Código do Trabalho Nativo, e escrevem sobre a situação como expectadores de fora, lendo as suas próprias reacções intelectualizadas nas mentes do mineiro e do trabalhador forçado africanos (Mondlane 1995, 93).

Mesmo reconhecendo o mérito de certos poemas de Craveirinha, como "Grito Negro", há outro poeta ao que Mondlane confere um destacamento especial: Marcelino dos Santos (um dos cofundadores da FRELIMO e alto político no Moçambique independente). Embora este tenha vivido "um longo período de exílio na Europa" e certamente recebido uma grande influência europeia, posteriormente juntou-se à luta armada, facto que o transforma, aos olhos de Mondlane, num poeta mais importante que Craveirinha. A sua poesia teria então evoluído no contexto da luta armada, dando forma a "uma nova tradição literária" (1995, 95).[136] Esta nova poesia seria lida pelos militantes e por pessoas das massas exploradas, ou seja, os verdadeiros destinatários, já que é dessas pessoas que fala (1995, 142).

Mondlane destaca ainda que "[o] português foi mantido como língua oficial sobretudo por razões de conveniência, porque nenhuma língua africana tinha uma divulgação tão ampla como por exemplo o Swahili na Tanzania" (1995, 107). Consequentemente não se encontram poemas escritos em línguas africanas nos três volumes de "Poesia de Combate". Maria-Benedita Basto (2012, 120) revelou, através de um trabalho efetuado nos arquivos de Moçambique, que os poemas contidos no primeiro volume de "Poesia de Combate" foram publicados anteriormente em revistas locais da FRELIMO. No entanto, nestas revistas havia também poemas escritos em línguas locais que não foram incluídos na antologia. Mondlane exige ainda, para além do uso do português, uma poesia sem figuras retóricas.

---

136 Alguns dos poemas de Marcelino dos Santos fazem parte do segundo volume de "Poesia de Combate" (1977), junto com os de outros poetas-guerrilheiros como Jorge Rebelo, Armando Guebuza e Sérgio Vieira, mas também junto com dois poemas de José Craveirinha.

A essência da nova poética encontra-se resumida nos versos de Jorge Rebelo: "construir palavras simples / que mesmo as crianças compreendam" (Rebelo *apud* Mondlane 1995, 143).

Esta poética revolucionária-socialista foi posteriormente retomada e elaborada por quadros anónimos da FRELIMO, primeiro no artigo "The Role of Poetry in the Mozambican Revolution", de 1969, publicado em inglês na revista *Mozambique Revolution*, órgão oficial da FRELIMO editado em Dar-es-Salaam (Basto 2006, 68s.).[137] Neste artigo pode-se observar, de acordo com Basto, uma forte vontade da FRELIMO de estabelecer um cânone para a futura literatura moçambicana e de (re)escrever a história da literatura moçambicana partindo de um esquema proposto por Frantz Fanon e ignorando ao mesmo tempo certos aspetos do percurso real da literatura moçambicana (Basto 2006, 70). O modelo de Fanon em *Les damnés de la Terre* (1961) parte da ideia que nos países colonizados a literatura passa progressivamente do "'lamento' à 'denúncia' e ao 'protesto' e deste à 'palavra de ordem' e à 'poesia de combate'" (Basto 2006, 73). Seguindo esta lógica a FRELIMO conclui que os poemas de José Craveirinha, Noémia de Sousa, Malangatana e Rui Nogar, ainda não são literatura moçambicana em sentido estrito. A verdadeira literatura nacional teria começado apenas com a criação da FRELIMO e a identificação do poeta com o guerrilheiro (Basto 2006, 74). Basto resume que para a FRELIMO, os poemas de Craveirinha e de outros poetas do mesmo meio, se caraterizam pela

> [l]igação nostálgica ao velho mundo, hermetismo, refúgio no tema do amor e do sentimento, três pecados inconfessáveis desta poesia que se afirmou ter construído a nação, mas que é em si, enquanto poesia, afinal apenas quasi-revolucionária, quasi-nacional (Basto 2006, 83).

Contrariamente a esta poesia proto-nacional, a poesia de combate distinguir-se-ia pelo facto de nela coincidirem os modos de dizer com os modos de ser, visto que todos os seus poetas participam ativamente na luta armada (Basto 2006, 84).

O prefácio da *Poesia de Combate* (vol. 1) continua a argumentar na mesma linha: Retoma, por um lado a exigência da "identificação absoluta entre a prática

---

137 Maria-Benedita Basto mostrou que este artigo, que foi falsamente atribuído a Luís Bernardo Honwana, é da autoria da FRELIMO (Basto 2006, 69–70).

revolucionária e a sensibilidade do poeta" (PC 1, 6)[138], e por outro, a simplicidade já postulado por Mondlane:

> Esta poesia não fala de mitos, de coisas abstractas mas sim da vida de luta do povo, das suas esperanças e certezas, da sua determinação, da natureza, de Moçambique. A POESIA É AQUI UMA ARMA DE LUTA PARA A LIBERTAÇÃO (PC 1, 7).

Como para o presidente da FRELIMO o português é uma língua-instrumento mais do que uma língua-objeto de uma estética, aqui a poesia é uma poesia-instrumento ou mais ainda uma poesia-arma, em que a dimensão estética da literatura fica subordinada à dimensão pragmática de construção da nação. A "nova poesia" é também uma palavra de ordem (PC 1, 10), na senda de Fanon, querendo dizer com isso que os imperativos incluídos nos poemas não são retórica mas exortação à ação: "E quando o poeta escreve 'camaradas, avante', ele vai avante" (PC 1, 10).

3.2 *Poesia de Combate*, vol. 1 (1971)

Para podermos evidenciar as convergências e as divergências entre a poesia de Craveirinha e a poesia de combate, retoma-se agora a análise da semantização das diferentes medidas temporais. No primeiro volume de *Poesia de Combate*[139] o passado é aludido apenas na sua dimensão colonial através de referências ao sofrimento, à exploração, humilhação e injustiça. Exemplo disto são os poemas de A. Rufino Tembe – "Sofrestes desde há séculos / com nenhum dia vazio, / Trabalhastes e ganhastes nada, / Fostes oprimidos dentro do vosso país" (PC 1, 12) –, de Jackson – "Moçambique chorou e chora / Boa que é, massacrada sem razão" (PC 1, 13) –, ou de Damião Cosme – "Cinco séculos passaram / Muitos camaradas tombaram" (PC 1, 23). O passado pré-colonial e / ou a historicidade étnica não é parte da construção identitária dos poetas-guerrilheiros da FRELIMO. Nem as

---

138   A seguir usarei a seguinte sigla: PC 1 = *Poesia de Combate*, vol. 1 (edição de 1974).
139   Basto (2006, 122–125) refere que houve uma segunda edição do primeiro volume, publicada em 1979, que apresenta novas ilustrações e uma ordem alterada dos poemas enfatizando o final vitorioso da luta. De facto, existe outra edição, que Basto aparentemente não conhece. Foi impressa poucos meses depois da Revolução dos Cravos, em Agosto 1974, em Lisboa (Publicações Nova Aurora – Série Literatura Nova / 1). Nesta edição faltam dois poemas ("Até ao fim", de Malido, e "Creio em ti herói", de Omar Juma), não há ilustrações e a ordem dos poemas difere da edição de 1971 e também da de 1979.

tradições ancestrais, nem a diversidade linguística são mencionadas. Esta lacuna, resultante da omissão propositada de uma realidade problemática, é preenchida ou encoberta pela evocação do Povo, escrito com maiúscula, p. ex. nos poemas de Mahasule (PC 1, 14), Comodoro (PC 1, 18), ou Damião Cosme (PC 1, 23), executando assim um ato performativo pela nomeação que implica uma vontade de criação. Os poetas-guerrilheiros, identificados com o eu-lírico das poesias, combinam frequentemente o substantivo "povo" com o pronome possessivo "meu", e insistem desta maneira na existência (utópica) de um tal povo identificável como massa unida por uma história sofrida e partilhada (a história colonial) e uma identidade partilhada (a de patriotas).

Tal como no caso de José Craveirinha, o presente é a medida temporal mais elaborada nos poemas. Denunciam-se as injustiças do sistema colonial, mas sem as referências testemunhais a casos concretos, típicas em Craveirinha. Apenas aludem à opressão colonialista em termos gerais com o intuito de deduzir dali a inevitabilidade da luta armada contra o colonialismo. Um dos poucos exemplos em que se menciona uma injustiça concreta é o poema de Alfredo Manuel: "Pega a enxada para a machamba / Os produtos são-lhe roubados / Pega o anzol para a pesca / Os produtos são-lhe roubados / Por fim a ele é exigido o imposto e oprimido" (PC 1, 15). Regra geral cria-se uma imagem categoricamente negativa do "inimigo" identificado com a "opressão" (PC 1, 12), "o vagabundo Salazar" (PC 1, 12), "bandidos" (PC 1, 27) e "ladrões" (PC 1, 28), reproduzindo assim o maniqueísmo da sociedade colonial.

Alguns poemas dirigem-se à mãe do eu-lírico ou à mãe pátria, contudo não encontramos referências pan-africanistas à "Mãe África" como em Craveirinha, visto que a luta armada, se quer ser efetiva, tem que ser construída sobre uma base nacional e nacionalista. Por isso, não surpreende que Moçambique seja nomeado frequentemente pelo seu nome: "De que chora nossa mãe? / Moçambique chorando explicou // 'Chorei e choro das riquezas / que os colonos me arrancam'" (Jackson, PC 1, 13). Os poemas dirigidos à mãe do soldado, bem como alguns outros, contêm uma visível componente didática-instrutiva na medida em que explicam, com palavras simples, quais os acontecimentos mais importantes da história da luta armada e quais os objetivos ou a 'missão' da FRELIMO: Num poema de Domingos Sávio um filho (o povo) faz perguntas: "Quem faz tudo isso / Desde dia 25 de Setembro de 1964? / [...] / Qual é / A cabeça principal / De todo o Movimento / Da Revolução / Moçambicana!", às quais a mãe (identificada metonimicamente com a pátria) responde: "Essa cabeça, filho, / É a FRELIMO" (PC 1, 21).

Num tom propagandístico, a luta armada – que significa o risco de morrer para os soldados – é evocada como fonte de alegria para os guerrilheiros e todo o povo oprimido: "Agora Moçambique chora de alegria / Pelo trabalho dos seus filhos" (Jackson, PC 1, 13). "O teu combate é a minha alegria / É a minha futura Liberdade" (Alfredo Manuel, PC 1, 19). Os leitores-guerrilheiros são encorajados a não temer a morte: "Prefiro lutar e morrer pela minha Pátria Moçambique / A deixar que ela seja sujeita ao inimigo" (Ngwembe, PC 1, 22), seguindo os exemplos dos heróis anónimos de resistência do passado e do presente: "Os nossos bravos antepassados / Combateram a invasão colonialista / [...] / Os nossos antepassados servem de exemplo" (Atumbwidao, PC 1, 24). Um traço muito chamativo desta poesia, anunciado no prefácio, são as já mencionadas "palavras de ordem", ou seja o frequente uso de imperativos para encorajar o povo a unir-se à luta: "Dirigi-vos para onde estão os outros / [...] / Lutai, que o vosso inimigo está no vosso leito" (A. Rufino Tembe, PC 1, 12); "Sê patriota e une-te na FRELIMO" (anónimo, PC 1, 16).

Quanto ao tempo futuro, ele é um importante espaço temporal de projeção nesta poesia, porque ali se concretiza o objetivo da luta armada: a Liberdade, com maiúscula. A libertação do colonialismo é prenunciada como uma certeza que não permite vacilações, visto que se expressa no tempo verbal do futuro sintético que adquire um valor profético: "Sairão, sairão, caso contrário / A luta não acaba até que morra" (Alfredo Manuel, PC 1, 15). O futuro será fonte de alegria e de bem-estar, mesmo que os poemas não delineiem uma imagem mais elaborada deste futuro cuja única caraterística mencionada é sempre a liberdade.

Por último cabe destacar que os poemas fazem jus à premissa de simplicidade da poética frelimista que consiste em evitar ambiguidades. Por exemplo, no poema de Kantunb Xanga um pai, empregando uma metáfora, encoraja o filho a libertar a pátria "Das feras do mundo" e na estrofe seguinte o eu-lírico explica: "As feras que o meu pai se referia / Eram sem dúvida os colonialistas" (PC 1, 17). Como vimos, o poema contém uma metáfora que é explicada imediatamente a seguir, pois o poeta não arrisca delegar ao público leitor a tarefa de decifração. A alegoria da mãe como Pátria (com maiúscula) e a personificação de Moçambique são bastante frequentes, mas ambas são figuras retóricas simples que não comprometem a poética frelimista.

Voltando à questão inicial, em que medida as duas historicidades apontadas por Ngoenha são utilizadas na poesia de combate para a construção da moçambicanidade, podemos concluir que os poetas-guerrilheiros desaprovam ambas as dimensões. Nem o passado pré-colonial (a historicidade étnica), nem o passado colonial (a historicidade colonial) são apropriados para desempenhar um papel positivo na construção da moçambicanidade. Mas se esta se quer livre de complexos de inferioridade inspirados pelo sistema colonial e confiante de si mesma, esta poesia carece, assim, de fortes elementos identitários que possam alicerçar a construção de uma nação e de uma identidade moçambicana.

4. Conclusões

É inegável que a poesia de Craveirinha e a poesia de combate partilham certas caraterísticas: ambas focam-se no tempo do presente, denunciando o sistema colonial de uma maneira exortativa, embora o intuito didático seja mais explícito na poesia de combate devido à sua simplicidade e à falta de ironia, tão característica da poesia de Craveirinha. No entanto, as divergências entre ambas são mais significativas.

Craveirinha dá espaço às diversas historicidades étnicas, invocando-as de modo por vezes pan-africanista, por vezes negritudinista e por vezes até nacionalista. Para o poeta, esta diversidade é um elemento constitutivo da moçambicanidade que não deve ser silenciado, mas sim valorizado. Para ele, a moçambicanidade nascerá da pacificação das duas heranças históricas opostas (a étnica e a colonial) em que as diversas culturas africanas serão o ponto de partida para a incorporação seletiva de elementos culturais herdados do colonialismo e – cabe acrescentar – de outras partes do mundo. No entanto, a poesia de combate, parte do princípio de que a luta armada deve ser o único aglutinante para a unidade nacional e o único alicerce para a nova Nação, evitando traços negritudinistas e referências à diversidade étnica que os poetas-combatentes acreditavam serem prejudiciais à construção de uma nação homogénea.

A semantização do futuro é caraterizada, em Craveirinha, pela sua "poética bifronte" na qual o porvir, anunciado de maneira profética, é sempre alicerçado na multiplicidade da historicidade étnica. O poeta enfatiza a necessidade de incorporar o legado cultural diversificado ao país do futuro. Já a poesia de combate, ainda que construa também uma projeção do futuro, identifica-o unicamente com a liberdade, não havendo lugar a uma caraterização cultural desse futuro.

No que diz respeito à linguagem, Craveirinha conseguiu elaborar poemas que já se transformaram em clássicos, no presente, e muito provavelmente serão recordados no Moçambique das futuras gerações. A sua estética cuidadosa, consciente das suas influências e dos seus objetivos, eternizou alguns dos seus poemas mais belos. No entanto, o postulado de simplicidade da FRELIMO, e a sua recusa à polissemia da palavra poética, conferiu à poesia de combate um caráter muito mais efémero. Apesar de corresponder às necessidades políticas do momento, esse postulado carece de projeção, quer poética quer identitária, estando condenado ao gradual esquecimento. Para comprovar este vaticínio basta conferir a vasta bibliografia produzida em torno à obra de Craveirinha e a escassa em torno à poesia de combate.

Resta dizer que o percurso da literatura moçambicana na época de pós-independência dá jus à proposta de Craveirinha. Pode-se observar uma crescente preocupação pela recuperação das diferentes dimensões do passado e pela reconciliação do legado étnico e colonial, tendo ganhado o romance histórico um lugar cada vez mais destacado. Exemplos deste processo são as obras de Ungulani Ba Ka Khosa (*Ualalapi*, 1987, e *Choriro*, 2009), Mia Couto (*O outro pé da sereia*, 2006, e a trilogia *As Areias do Imperador*, 2015–17), Paulina Chiziane (*O alegre canto da perdiz*, 2008), e João Paulo Borges Coelho (*O olho do Hertzog*, 2010).

Bibliografia
BALTAZAR, Rui. 2002. "Sobre a Poesia de José Craveirinha". (Conferência proferida na Associação dos Naturais de Moçambique, em 1961), in: *Via Atlântica* 5, 88–107.
BASTO, Maria-Benedita. 2006. *A guerra das escritas: literatura, nação e teoria pós-colonial em Moçambique*. Lisboa: Edições Vendaval.
BASTO, Maria-Benedita. 2012. "Writing a nation or writing a culture? FRELIMO and nationalism during the Mozambican liberation war", in: Morier-Genoud, Eric. ed. *Sure Road? Nationalisms in Angola, Guinea-Bissau and Mozambique*. Leiden / Boston: Brill, 103–126.
CHABAL, Patrick. 1994. *Vozes moçambicanas. Literatura e Nacionalidade*. Lisboa: Vega.

CHAVES, Rita. 2005. *Angola e Moçambique: experiência colonial e territórios literários*. Cotia, SP: Ateliê Editorial.
CRAVEIRINHA, José. 1999. *Obra Poética* I (*Xigubo* e *Karingana ua Karingana*). Lisboa: Caminho.
FRELIMO. 1974 [1971]. *Poesia de Combate* (vol. 1). Lisboa: Publicações Nova Aurora (Literatura Nova / 1).
LARANJEIRA, Pires. 1995a. *A Negritude africana de língua portuguesa*. (Dissertação de Doutoramento em Literaturas Africanas de Língua Portuguesa). Porto: Afrontamento.
LARANJEIRA, Pires. 1995b. *Literaturas africanas de expressão portuguesa*. (Com a colaboração de Inocência Mata e Elsa Rodrigues dos Santos). Lisboa: Universidade Aberta.
LEITE, Ana Mafalda. 1991. *A poética de José Craveirinha*. Lisboa: Veja.
LOURENÇO, Eduardo. 2014. *Do Colonialismo como Nosso Impensado* (org.: Margarida Calafate Ribeiro & Roberto Vecchi). Lisboa: Gradiva.
MATUSSE, Gilberto. 1998. *A construção da imagem de moçambicanidade em José Craveirinha, Mia Couto e Ungulani Ba Ka Khosa*. Maputo: Universidade Eduardo Mondlane, Livraria Universitária.
MENDONÇA, Fátima. 1985. "O conceito de nação em José Craveirinha, Rui Knopfli e Sérgio Vieira", in: *Les littératures africaines de langue portugaise: A la recherche de l'identité individuelle et nationale* (Actes du Colloque, org.: José Augusto França. Paris: Fondation Calouste Gulbenkian / Centre Culturel Portuguais, 385–395.
MONDLANE, Eduardo. 1995. *Lutar por Moçambique*. Maputo: Centro de Estudos Africanos, Universidade Eduardo Mondlane (primeira edição moçambicana de *Struggle for Mozambique*, 1969).
NGOENHA, Severino. 1992. *Por uma dimensão moçambicana da consciência histórica*. Porto: Edições Salesianas.

Biografische Angaben / Notas biográficas

Alexander Altevoigt
Bachelorstudium (Romanistik, Politikwissenschaft) an der Johannes Gutenberg-Universität (JGU) Mainz, danach Master in Romanistik (französische und portugiesische Literatur) an der Universität Göttingen. Wissenschaftlicher Mitarbeiter und Doktorand in Göttingen mit einem Dissertationsvorhaben zur Literatur aus São Tomé e Príncipe. Forschungsschwerpunkte: lusophone Literaturen Afrikas, Raumdiskurse und Gender Studies.

Licenciado em Estudos Românicos e Política na Universidade Johannes Gutenberg em Mogúncia (JGU). Mestrado na área das Literaturas Românicas (literaturas francesa e portuguesa) na Universidade de Göttingen. Doutorando na Universidade de Göttingen com uma tese sobre a literatura de São Tomé e Príncipe. Áreas de investigação: literaturas africanas de expressão portuguesa, os discursos de espaço e estudos de género.

Teresa Bagão
Lehrkraft für Portugiesisch als Erst- und Zweitsprache in der gymnasialen Oberstufe in Portugal. Akademische Ausbildung an der Philologischen Fakultät der Universität Porto (FLUP): Lehramtsstudium in den Fächern Portugiesisch und Englisch, Magister in Portugiesisch und Fremdsprachendidaktik und Promotion zur Raumtheorie in der portugiesischen Gegenwartsliteratur.

Professora de Português L1 e L2 do ensino secundário (Portugal). Licenciada em Ensino de Português / Inglês, mestre em Estudos Portugueses e PLE / LS na Faculdade de Letras da Universidade do Porto (FLUP). Doutorada na FLUP, com tese no âmbito da espacialidade / estudos literários (literatura portuguesa contemporânea).

Martin Becker
Seit 2009 Lehrstuhlinhaber für Romanische Sprachwissenschaft an der Universität zu Köln. Lehramtsstudium der Romanistik und Geschichte sowie Promotion an der Universität zu Köln. Habilitation an der Universität Stuttgart. Von 2008–

2009 Professor für Romanische Sprachwissenschaft an der Ruprecht-Karls-Universität Heidelberg. Forschungsschwerpunkte: Tempus, Aspekt und Modus in synchroner und diachroner Perspektive, Modalität und ihre sprachliche Realisierung, Theorie des Sprachwandels.

Catedrático de Linguística Românica na Universidade de Colónia desde 2009. Licenciatura e doutoramento na Universidade de Colónia. Agregação na Universidade de Estugarda. Professor de Linguística Românica na Universidade de Heidelberg de 2008–2009. Áreas de investigação: tempo, aspeto e modo nas perspetivas sincrónica e diacrónica, modalidade e a sua realização linguística, teorias de mudanças linguísticas.

Isabel Araújo Branco
Sie ist Assistenzprofessorin im Bereich Hispanistik und Übersetzung an der Universidade Nova in Lissabon und Forscherin am CHAM-Zentrum für Geisteswissenschaften (NOVA FCSH-UAc), dessen Stellvertretende Leiterin sie derzeit ist. Zu ihren Forschungsinteressen gehören die Beziehungen zwischen spanischer und portugiesischer Literatur, die Ursprünge des iberischen magischen Realismus, von Frauen verfasste Literatur und Übersetzungen aus dem Spanischen ins Portugiesische. Für ihre Doktorarbeit erhielt sie 2015 den International Scientific Award Mário Quartin Graça, verliehen von der Casa da América Latina (Lissabon). Sie ist unter anderem Autorin von Literary Reception of Hispanic American Literature in Portugal (LIT Verlag, 2021) und Übersetzung und Publikation von hispano-amerikanischen Werken in Portugal (Peter Lang, 2020).

É Professora Auxiliar na área dos estudos hispânicos e da tradução na Universidade NOVA de Lisboa e investigadora integrada no CHAM-Centro de Humanidades (NOVA FCSH–UAc), instituição de que é atualmente subdiretora. Investiga as relações entre as literaturas hispânicas e portuguesa, as origens do realismo mágico ibérico, a literatura escrita por mulheres e a tradução de espanhol para português. Recebeu o Prémio Científico Internacional Mário Quartin Graça, concedido pela Casa da América Latina (Lisboa) pela sua tese de doutoramento, em 2015. Entre outras publicações, é autora de Recepção literária das literaturas hispano-americanas em Portugal (LIT Verlag, 2021) e Tradução e edição de obras hispano-americanas em Portugal (Peter Lang, 2020).

Verena Dolle

Seit 2009 Lehrstuhlinhaberin für spanische, portugiesische und lateinamerikanische Literaturen und Kulturen an der Justus-Liebig-Universität Gießen. Studium der Romanistik / Komparatistik an der RWTH Aachen, der Universität Bonn und der Ruhr-Universität Bochum. Forschungsschwerpunkte: Literarische und filmische Repräsentation von Gewalt und traumatischen Erfahrungen; Transkulturation in lateinamerikanischer (jüdischer) Literatur seit der Frühen Neuzeit; Kulturelle Begegnungen in einer globalisierten Welt: Migration, Übersetzung und Utopie in Lateinamerika und dem lusophonen Afrika.

Professora Catedrática de Literaturas e Culturas Românicas (Espanha, América Latina e Portugal) na Universidade Justus-Liebig de Gießen desde 2009. Licenciada em Estudos Românicos / Literatura Comparada nas universidades de Aachen, Bona e Bochum. Áreas de investigação: literatura colonial hispano-americana e literatura e cultura latino-americanas contemporâneas (representações da violência; literatura judaica latino-americana, migração e tradução cultural no mundo globalizado).

Cláudia Fernandes

Seit 2006 Lektorin am Institut für Translationswissenschaft der Universität Wien. Studium der Sprach- und Literaturwissenschaften – Portugiesisch / Englisch an der Universität Lissabon. Lehramt für Portugiesisch / Englisch an der Universität Lissabon. 2015 Promotion an der Universität Wien zum Sprachverhalten der in Österreich lebenden Portugiesen. Forschungsschwerpunkte: lusophone Kulturen, portugiesische Migration, Musik und Kino im postkolonialen Kontext.

Leitora no Centro de Estudos de Tradução da Universidade de Viena desde 2006. Licenciada em Línguas e Literaturas Modernas – Estudos Portugueses e Ingleses pela Universidade de Lisboa, com Ramo Educacional em Português e Inglês pela mesma universidade. Doutorada na Universidade de Viena (2015) com uma tese sobre o comportamento linguístico dos emigrantes portugueses na Áustria. Áreas de investigação: culturas lusófonas, emigração portuguesa, música e cinema no contexto pós-colonial.

David Paul Gerards

Studium der Vergleichenden Romanischen, Deutschen und Allgemeinen Sprachwissenschaft an den Universitäten Zürich, Jena, Santiago de Compostela und Lissabon. Promotion an der Universität Zürich (2020) mit einer Arbeit zu nackten Partitiven im Altspanischen und Altportugiesischen. Derzeit wissenschaftlicher Mitarbeiter für spanische, portugiesische und französische Sprachwissenschaft am Lehrstuhl für Romanische Sprachwissenschaft mit den Schwerpunkten Hispanistik und Lusitanistik der Universität Leipzig. Forschungsschwerpunkte: diachrone und synchrone Morphosyntax und Semantik, Soziolinguistik der romanischen Sprachen.

Licenciado em Linguística Românica Comparada, Linguística Geral e Linguística Alemã nas Universidades de Zurique, Jena, Santiago de Compostela e Lisboa. Doutoramento na Universidade de Zurique (2020) com uma tese sobre os partitivos nus no espanhol antigo e português antigo. Atualmente, é colaborador científico em linguística espanhola, portuguesa e francesa na Cátedra de Linguística Românica da Universidade de Lípsia. Áreas de investigação: morfossintaxe e semântica diacrónica e sincrónica, sociolinguística das línguas românicas.

António Martins Gomes

Studium in Modernen Sprachen und Literaturen (Portugiesisch und Englisch) und Promotion (2007) in Portugiesisch-Englischen Studien an der Universidade Nova de Lisboa (UNL). Seit 1995 Dozent am Institut für Portugiesisch-Studien der Universidade Nova de Lisboa. Wissenschaftler am Zentrum für Kulturgeschichte und am CHAM – Centro de Humanidades (UNL). Veröffentlicht seit 1987 Beiträge über Kunst in Periodika wie *O Diário, Jornal de Letras, artes e ideias*, e *Expresso*. Forschungsinteressen: Portugiesische Geschichte und Literatur.

Licenciado em Línguas e Literaturas Modernas (Estudos Portugueses e Ingleses) pela Universidade Nova de Lisboa (UNL), onde se doutorou em Estudos Anglo-Portugueses (2007). É professor auxiliar agregado no Departamento de Estudos Portugueses da Faculdade de Ciências Sociais e Humanas (FCSH-UNL), desde 1995. É investigador integrado do CHAM - Centro de Humanidades. Publica, desde 1987, artigos sobre arte em publicações periódicas, como *O Diário, Jornal de Letras, artes e ideias*, e *Expresso*. Áreas de investigação: Cultura e Literatura portuguesas.

Yvonne Hendrich (Herausgeberin / editora)

Lehrkraft für Sprachpraxis und Portugiesischsprachige Literatur- und Kulturwissenschaft an der Johannes Gutenberg-Universität (JGU) Mainz seit 2009. Studium der Geschichte, Portugiesischen Philologie und Germanistik an der JGU Mainz und der Universidade Nova de Lisboa. Promotion in Geschichte an der JGU Mainz (2006). Forschungsschwerpunkte: deutsch-portugiesische Beziehungen seit dem 15. Jh., Migration und Identitätsdiskurse in der lusophonen Welt, Portugiesisch als Fremdsprache.

É docente de Português Língua Estrangeira (PLE), Literatura e Cultura Portuguesas e Lusófonas na Universidade de Mogúncia desde 2009. Licenciatura em História, Estudos Portugueses e Alemães na Universidade Johannes Gutenberg (JGU) em Mogúncia e na Universidade Nova de Lisboa. Doutoramento em História em Mogúncia (2006). Áreas de investigação: as relações luso-alemãs desde o séc. XV, migrações e discursos de identidade no espaço lusófono, o ensino de Português Língua Estrangeira.

Anja Hennemann

Privatdozentin für Romanische Sprachwissenschaft am Lehrstuhl für Linguistik und Angewandte Sprachwissenschaft der Universität Potsdam. Studium der Spanischen Philologie und Anglistik / Amerikanistik an der Universität Potsdam. Promotion und Habilitation in Linguistik ebenfalls in Potsdam. Forschungsschwerpunkte: Evidentialität und benachbarte Kategorien, Sprachkontakt, Konstruktionsgrammatik, Informationsstruktur (Topik- und Fokusmarker und ihre Entstehung in den in romanischen Sprachen), kognitive Verben, Modaladverbien.

Docente de Linguística Românica no Instituto de Línguas Românicas, na Cátedra de Linguística e Linguística aplicada na Universidade de Potsdam. Licenciada em Estudos Espanhóis e Ingleses. Doutoramento em Linguística na mesma universidade. Áreas de investigação: evidencialidade e categorias vizinhas, contacto linguístico, gramática construtiva, estruturas de informação, marcadores de foco e tópico e a sua evolução nas línguas românicas, verbos cognitivos, advérbios modais.

Fabienne Loureiro-Galmbacher

Programmvertrieb, Partnerschafts-Management (Angola, Äthiopien, Botswana, Eritrea, Komoren, Tansania / Sansibar und Somalia) und Ansprechpartnerin für Mobilfunk-Kooperationen in Subsahara-Afrika. Studium der Allgemeinen Sprachwissenschaft, Iberoromanistik (Schwerpunkt Portugiesisch) und Französisch an der Universität Bonn und der Universidade Nova de Lisboa. Tätigkeit als Dozentin für Portugiesische und Spanische Sprachwissenschaft an der Universität zu Köln (2010–2018). Promoviert zurzeit an der Universität Mainz zum Thema „*Language ideologies in Angola. A digital ethnography and media analysis*".

Distribuição de programas, *Partnership Management* (Angola, Etiópia, Botsuana, Eritreia, Os Comores, Tanzânia / Zanzibar e Somália) e contacto responsável por cooperações de empresas de telemóveis na África subsariana. Licenciada em Linguística Geral, Estudos Portugueses e Franceses na Universidade de Bona e na Universidade Nova de Lisboa. Docente de Linguística Portuguesa e Espanhola na Universidade de Colónia (2010–2018). Doutoranda na Universidade de Mogúncia com o tema "*Language ideologies in Angola. A digital ethnography and media analysis*".

Benjamin Meisnitzer (Herausgeber / editor)

Seit 2018 Universitätsprofessor für Romanische Sprachwissenschaft mit den Schwerpunkten Hispanistik und Lusitanistik an der Universität Leipzig. Magisterstudium in den Fächern Portugiesisch, Spanisch und Germanistische Linguistik an der FCSH der Universidade Nova de Lisboa und an der Ludwig-Maximilians-Universität München. Promotion an der LMU und wissenschaftlicher Mitarbeiter für französische, spanische und portugiesische Sprachwissenschaft an derselben Universität. Von 2014 bis 2018 Juniorprofessor für iberoromanische Sprachwissenschaft an der JGU Mainz. Forschungsschwerpunkte: Sprachwandel und Grammatikalisierung, Temporalsemantik, Modalitätsforschung, Standardisierungsforschung und Varietätenlinguistik und vergleichende Sprachwissenschaft.

Professor Catedrático de Linguística Românica – Linguística Espanhola e Portuguesa – na Universidade de Lípsia, desde 2018. Licenciatura e Mestrado em Estudos Portugueses, Espanhol e Linguística Alemã nas Universidades Nova de

Lisboa (FCSH) e na Universidade de Munique (LMU). Doutoramento na Universidade de Munique e Assistente para Linguística Francesa, Espanhola e Portuguesa na Cátedra de Linguística Românica na mesma universidade. Professor Associado de Linguística Iberoromânica de 2014 a 2018 na Universidade de Mogúncia (JGU). Áreas de investigação: mudança linguística e processos de gramaticalização, semântica temporal e modal, processos de padronização no caso de línguas pluricêntricas e variação linguística, e linguística comparada.

Sílvia Melo-Pfeifer
Seit 2014 Professorin für Didaktik der Romanischen Sprachen an der Universität Hamburg. Lehramtsstudium in den Fächern Französisch und Portugiesisch an der Universidade de Aveiro, dort auch Promotion im Bereich Sprachdidaktik. Von 2010–2013 Koordinatorin der portugiesischen Bildungsabteilung (Portugiesische Botschaft in Berlin / Instituto Camões). Forschungsschwerpunkte: Portugiesisch als Herkunftssprache, Mehrsprachigkeit und Interkomprehension, interkultureller Kompetenzerwerb.

Professora Associada de Didática de Línguas Românicas na Universidade de Hamburgo. É licenciada em Ensino de Português e Francês pela Universidade de Aveiro e doutorada pela mesma instituição. De 2010–2013 foi coordenadora do Ensino de Português na Alemanha (Embaixada de Portugal em Berlim / Instituto Camões). Áreas de investigação: didática do Português, Português como língua de herança e o desenvolvimento da competência plurilingue e intercultural, uso de metodologias plurilingues no ensino-aprendizagem.

Telmo Móia
Professor am Institut für Allgemeine und Romanische Sprachwissenschaft der Universität Lissabon. Wissenschaftler in der Forschungsgruppe *Gramática & Recursos* des Zentrums für Linguistik an der Universität Lissabon und Direktor der Masterstudiengänge. Mitherausgeber des *Journal of Portuguese Linguistics*. Forschungsschwerpunkte: Semantik, Textlinguistik, Pragmatik, Syntax, Lexikologie; Sprachplanung, Variation und Wandel. Einen besonderen Schwerpunkt bilden die sprachlichen Mittel zum Ausdruck von Temporalität.

Professor Associado do Departamento de Linguística Geral e Românica, Faculdade de Letras da Universidade de Lisboa. Membro do grupo de investigação *Gramática & Recursos* do Centro de Linguística da Universidade de Lisboa. Atual Diretor de Mestrado em Linguística da Faculdade de Letras da Universidade de Lisboa. Editor Associado do *Journal of Portuguese Linguistics*. Áreas de investigação: semântica, linguística do texto, pragmática, sintaxe, lexicologia; planeamento, variação e mudança linguística. As expressões temporais são um dos seus temas de investigação principais.

Lukas Müller

Bachelor-Studium der Linguistik und Portugiesischen Philologie an der JGU Mainz. Master in Linguistik mit Schwerpunkt Romanistik an der Universität zu Köln. Dort seit 2017 wissenschaftlicher Mitarbeiter am Romanischen Seminar und 2021 Promotion zum Perfekt im Portugiesischen und Spanischen. Forschungsschwerpunkte: Semantik und Pragmatik von Tempus und Aspekt, Diskursprominenz.

Licencou-se em Linguística e Estudos Portugueses na Universidade de Mogúncia (JGU). Mestrado em Linguística Românica na Universidade de Colónia. Desde 2017, é colaborador científico no Instituto de Línguas Românicas em Colónia tendo-se doutorado em 2021 na mesma universidade com uma tese sobre o pretérito perfeito em português e espanhol. Áreas de investigação: semântica e pragmática de tempo e aspeto, proeminência discursiva.

Raquel Raggi

Studium der Psychologie mit Schwerpunkt auf Bildung an der Päpstlichen Katholischen Universität Minas Gerais (PUC-MG). Bachelor-Studium der Linguistik und Portugiesischen Philologie an der Johannes Gutenberg-Universität (JGU) Mainz, in dessen Rahmen der hier veröffentlichte Artikel verfasst wurde. *International Master* in S*ociolinguistics and Multilingualism*, einem *Joint Degree*-Studiengang der Universität Mainz und Vytautas-Magnus-Universität Kaunas, Litauen. Seit Abschluss des Masterstudiums Tätigkeit im Bereich Übersetzung, Korrekturlesen und Transkreation von Texten unterschiedlichster Themenbereiche.

Formada em Psicologia com ênfase na área educacional pela Pontifícia Universidade Católica de Minas Gerais. Escreveu o presente artigo enquanto aluna do Bacharelado em Linguística e Estudos Portugueses na Universidade Johannes Gutenberg (JGU) em Mogúncia. Após o bacharelado, cursou o programa internacional de Mestrado em Sociolinguística e Multilinguismo oferecido conjuntamente pela Universidade de Mogúncia e pela Universidade Vytautas Magnus em Kaunas, na Lituânia. Desde a conclusão do Mestrado, trabalha na área da tradução, revisão e transcrição de textos em áreas de especialidade.

Carsten Sinner

Seit 2008 Universitätsprofessor für Iberoromanische Sprach- und Übersetzungswissenschaft am Institut für Angewandte Linguistik und Translatologie der Universität Leipzig. Studium als Dolmetscher und Übersetzer für Spanisch und Portugiesisch sowie Studium der Soziologie und Deutsch als Fremdsprache in Berlin (Humboldt-Universität) und Barcelona (Universitat Autònoma). War als Dozent und Wissenschaftlicher Mitarbeiter an den Universitäten Potsdam und Berlin (Humboldt) tätig. Promotion in Potsdam zum Spanischen Kataloniens und Habilitation an der Humboldt-Universität zur Geschichte der portugiesischen Fachsprachen. Forschungsschwerpunkte: Varietätenlinguistik, Soziolinguistik, Übersetzen als Interkulturelle Kommunikation, Fachsprache.

Desde 2008 Professor de Linguística e Translatologia Iberoromânica no Instituto de Línguística Aplicada e Translatologia na Universidade de Lípsia. Formado como tradutor / intérprete para espanhol e português, em sociologia e Alemão como Língua Estrangeira em Berlim (Universidade Humboldt) e Barcelona (Universidade Autònoma). Foi docente e colaborador científico nas Universidades de Potsdam e Berlim (Humboldt). Doutoramento em Potsdam sobre o espanhol na Catalunha e agregação em Berlim (Humboldt) sobre a história das linguagens de especialidade técnicas portuguesas. Áreas de investigação: linguística variacional, sociolinguística, tradução como comunicação intercultural, linguagem de especialidade técnica.

Doris Wieser
Seit 2019 Professorin für Afrikanische Literaturen portugiesischer Sprache an der Universität Coimbra. Studium an der Ruprecht-Karls-Universität Heidelberg (Hispanistik, Lusitanistik und Germanistik). Promotion und Tätigkeit als wissenschaftliche Mitarbeiterin an der Georg-August-Universität Göttingen im Bereich Iberoromanische Literaturwissenschaft. Von 2017–2019 Wissenschaftlerin am Zentrum für Komparatistische Studien der Universität Lissabon. Forschungsschwerpunkte: Lateinamerikanische Kulturen und Literaturen des 20. und 21. Jahrhunderts, Literaturen aus dem lusophonen Afrika, nationale Identitäten, Gender Studies.

Desde 2019 Professora Auxiliar de Literaturas Africanas de Língua Portuguesa na Faculdade de Letras da Universidade de Coimbra. Licenciatura e Mestrado em Estudos hispânicos, portugueses e germanísticos pela Universidade Ruprecht Karls em Heidelberg. Doutorada pela Universidade Georg August de Göttingen, onde trabalhou como professora assistente. De 2017–2019 investigadora no Centro de Estudos Comparatistas na Faculdade de Letras da Universidade de Lisboa. Áreas de investigação: Literaturas e Culturas Hispano-Americanas dos sécs. XX e XXI, Literaturas Africanas de Língua Portuguesa, identidades nacionais, estudos de género.

Romanische Sprachen und ihre Didaktik (RomSD)

Herausgegeben von Michael Frings, Andre Klump & Sylvia Thiele

ISSN 1862-2909

1. *Michael Frings und Andre Klump (edd.)*
Romanische Sprachen in Europa. Eine Tradition mit Zukunft?
ISBN 978-3-89821-618-0

2. *Michael Frings*
Mehrsprachigkeit und Romanische Sprachwissenschaft an Gymnasien?
Eine Studie zum modernen Französisch-, Italienisch- und Spanischunterricht
ISBN 978-3-89821-652-4

3. *Jochen Willwer*
Die europäische Charta der Regional- und Minderheitensprachen in der Sprachpolitik Frankreichs und der Schweiz
ISBN 978-3-89821-667-8

4. *Michael Frings (ed.)*
Sprachwissenschaftliche Projekte für den Französisch- und Spanischunterricht
ISBN 978-3-89821-651-7

5. *Johannes Kramer*
Lateinisch-romanische Wortgeschichten
Herausgegeben von Michael Frings als Festgabe für Johannes Kramer zum 60. Geburtstag
ISBN 978-3-89821-660-9

6. *Judith Dauster*
Früher Fremdsprachenunterricht Französisch
Möglichkeiten und Grenzen der Analyse von Lerneräußerungen und Lehr-Lern-Interaktion
ISBN 978-3-89821-744-6

7. *Heide Schrader*
Medien im Französisch- und Spanischunterricht
ISBN 978-3-89821-772-9

8. *Andre Klump*
„Trajectoires du changement linguistique"
Zum Phänomen der Grammatikalisierung im Französischen
ISBN 978-3-89821-771-2

9. *Alfred Toth*
Historische Lautlehre der Mundarten von La Plié da Fodom (Pieve di Livinallongo, Buchenstein) und Col (Colle Santa Lucia), Provincia di Belluno unter Berücksichtigung der Mundarten von Laste, Rocca Piétore, Selva di Cadore und Alleghe
ISBN 978-3-89821-767-5

10. *Bettina Bosold-DasGupta und Andre Klump (edd.)*
Romanistik in Schule und Universität
Akten des Diskussionsforums „Romanistik und Lehrerausbildung: Zur Ausrichtung und Gewichtung von Didaktik und Fachwissenschaften in den Lehramtsstudiengängen Französisch, Italienisch und Spanisch" an der Johannes Gutenberg-Universität Mainz (28. Oktober 2006)
ISBN 978-3-89821-802-3

11. *Dante Alighieri*
De vulgari eloquentia
mit der italienischen Übersetzung von Gian Giorgio Trissino (1529)
Deutsche Übersetzung von Michael Frings und Johannes Kramer
ISBN 978-3-89821-710-1

12. *Stefanie Goldschmitt*
Französische Modalverben in deontischem und epistemischem Gebrauch
ISBN 978-3-89821-826-9

13. *Maria Iliescu*
Pan- und Raetoromanica
Von Lissabon bis Bukarest, von Disentis bis Udine
ISBN 978-3-89821-765-1

14. *Christiane Fäcke, Walburga Hülk und Franz-Josef Klein (edd.)*
Multiethnizität, Migration und Mehrsprachigkeit
Festschrift zum 65. Geburtstag von Adelheid Schumann
ISBN 978-3-89821-848-1

15 Dan Munteanu Colán
   La posición del catalán en la Romania
   según su léxico latino patrimonial
   ISBN 978-3-89821-854-2

16 Johannes Kramer
   Italienische Ortsnamen in Südtirol. La
   toponomastica italiana dell'Alto Adige
   Geschichte – Sprache – Namenpolitik. Storia –
   lingua – onomastica politica
   ISBN 978-3-89821-858-0

17 Michael Frings und Eva Vetter (edd.)
   Mehrsprachigkeit als
   Schlüsselkompetenz: Theorie und
   Praxis in Lehr- und Lernkontexten
   Akten zur gleichnamigen Sektion des XXX.
   Deutschen Romanistentages an der Universität
   Wien (23.-27. September 2007)
   ISBN 978-3-89821-856-6

18 Dieter Gerstmann
   Bibliographie Französisch: Autoren
   Zweite erweiterte und aktualisierte Auflage
   ISBN 978-3-8382-1322-4

19 Serge Vanvolsem e Laura Lepschy
   Nell'Officina del Dizionario
   Atti del Convegno Internazionale organizzato
   dall'Istituto Italiano di Cultura
   Lussemburgo, 10 giugno 2006
   ISBN 978-3-89821-921-1

20 Sandra Maria Meier
   „È bella, la vita!"
   Pragmatische Funktionen segmentierter Sätze
   im *italiano parlato*
   ISBN 978-3-89821-935-8

21 Daniel Reimann
   Italienischunterricht im 21. Jahrhundert
   Aspekte der Fachdidaktik Italienisch
   ISBN 978-3-89821-942-6

22 Manfred Overmann
   Histoire et abécédaire pédagogique du
   Québec avec des modules multimédia
   prêts à l'emploi
   Préface de Ingo Kolboom
   ISBN 978-3-89821-966-2 (Paperback)
   ISBN 978-3-89821-968-6 (Hardcover)

23 Constanze Weth
   Mehrsprachige Schriftpraktiken in
   Frankreich
   Eine ethnographische und linguistische
   Untersuchung zum Umgang mehrsprachiger
   Grundschüler mit Schrift
   ISBN 978-3-89821-969-3

24 Sabine Klaeger und Britta Thörle
   (edd.)
   Sprache(n), Identität, Gesellschaft
   Eine Festschrift für Christine Bierbach
   ISBN 978-3-89821-904-4

25 Eva Leitzke-Ungerer (ed.)
   Film im Fremdsprachenunterricht
   Literarische Stoffe, interkulturelle Ziele, mediale
   Wirkung
   ISBN 978-3-89821-925-9

26 Raúl Sánchez Prieto
   El presente y futuro en español y
   alemán
   ISBN 978-3-8382-0068-2

27 Dagmar Abendroth-Timmer,
   Christiane Fäcke, Lutz Küster
   und Christian Minuth (edd.)
   Normen und Normverletzungen
   Aktuelle Diskurse der Fachdidaktik Französisch
   ISBN 978-3-8382-0084-2

28 Georgia Veldre-Gerner und Sylvia
   Thiele (edd.)
   Sprachvergleich und Sprachdidaktik
   ISBN 978-3-8382-0031-6

29 Michael Frings und Eva Leitzke-
   Ungerer (edd.)
   Authentizität im Unterricht
   romanischer Sprachen
   ISBN 978-3-8382-0095-8

30 Gerda Videsott
   Mehrsprachigkeit aus
   neurolinguistischer Sicht
   Eine empirische Untersuchung zur
   Sprachverarbeitung viersprachiger Probanden
   ISBN 978-3-8382-0165-8 (Paperback)
   ISBN 978-3-8382-0166-5 (Hardcover)

31 Jürgen Storost
   Nicolas Hyacinthe Paradis (de
   Tavannes) (1733 - 1785)
   *Professeur en Langue et Belles-Lettres
   Françoises*, Journalist und Aufklärer
   Ein französisch-deutsches Lebensbild im 18.
   Jahrhundert
   ISBN 978-3-8382-0249-5

32 Christina Reissner (ed.)
   Romanische Mehrsprachigkeit und
   Interkomprehension in Europa
   ISBN 978-3-8382-0072-9

33 Johannes Klare
   Französische Sprachgeschichte
   ISBN 978-3-8382-0272-3

34 Daniel Reimann (ed.)
Kulturwissenschaften und Fachdidaktik
Französisch
ISBN 978-3-8382-0282-2

35 Claudia Frevel, Franz-Josef Klein und
Carolin Patzelt (edd.)
Gli uomini si legano per la lingua
Festschrift für Werner Forner zum 65. Geburtstag
ISBN 978-3-8382-0097-2

36 Andrea Seilheimer
Das grammatikographische Werk Jean
Saulniers
Französischsprachige Terminologie und
Sprachbetrachtung in der *Introduction en la langue espagnolle* (1608) und der *Nouvelle Grammaire italienne et espagnole* (1624)
ISBN 978-3-8382-0364-5

37 Angela Wipperfürth
Modeterminologie des 19. Jahrhunderts
in den romanischen Sprachen
Eine Auswertung französischer, italienischer,
spanischer und portugiesischer Zeitschriften
ISBN 978-3-8382-0371-3

38 Raúl Sánchez Prieto und M.ª Mar
Soliño Pazó (edd.)
Contrastivica I
Aktuelle Studien zur Kontrastiven Linguistik
Deutsch-Spanisch-Portugiesisch I
ISBN 978-3-8382-0328-7

39 Nely Iglesias Iglesias (ed.)
Contrastivica II
Aktuelle Studien zur Kontrastiven Linguistik
Deutsch-Spanisch-Portugiesisch II
ISBN 978-3-8382-0398-0

40 Eva Leitzke-Ungerer, Gabriele Blell
und Ursula Vences (edd.)
English-Español: Vernetzung im
kompetenzorientierten
Spanischunterricht
ISBN 978-3-8382-0305-8

41 Marie-Luise Volgger
Das multilinguale Selbst im
Fremdsprachenunterricht
Zur Mehrsprachigkeitsbewusstheit
lebensweltlich mehrsprachiger
Französischlerner(innen)
ISBN 978-3-8382-0449-9

42 Jens Metz
Morphologie und Semantik des
Konjunktivs im Lateinischen und
Spanischen
Eine vergleichende Analyse auf der Grundlage
eines Literaturberichts
ISBN 978-3-8382-0484-0

43 Manuela Franke und Frank Schöpp
(edd.)
Auf dem Weg zu kompetenten
Schülerinnen und Schülern
Theorie und Praxis eines kompetenzorientierten
Fremdsprachenunterrichts im Dialog
ISBN 978-3-8382-0487-1

44 Bianca Hillen, Silke Jansen und Andre
Klump (edd.)
Variatio verborum: Strukturen,
Innovationen und Entwicklungen im
Wortschatz romanischer Sprachen
Festschrift für Bruno Staib zum 65. Geburtstag
ISBN 978-3-8382-0509-0

45 Sandra Herling und Carolin Patzelt
(edd.)
Weltsprache Spanisch
Variation, Soziolinguistik und geographische
Verbreitung des Spanischen
Handbuch für das Studium der Hispanistik
ISBN 978-3-89821-972-3

46 Aline Willems
Französischlehrwerke im Deutschland
des 19. Jahrhunderts
Eine Analyse aus sprachwissenschaftlicher,
fachdidaktischer
und kulturhistorischer Perspektive
ISBN 978-3-8382-0501-4 (Paperback)
ISBN 978-3-8382-0561-8 (Hardcover)

47 Eva Leitzke-Ungerer und Christiane
Neveling (edd.)
Intermedialität im
Französischunterricht
Grundlagen und Anwendungsvielfalt
ISBN 978-3-8382-0445-1

48 Manfred Prinz (ed.)
Rap RoMania: Jugendkulturen und
Fremdsprachenunterricht
Band 1: Spanisch/Französisch
ISBN 978-3-8382-0431-4

49 Karoline Henriette Heyder
Varietale Mehrsprachigkeit
Konzeptionelle Grundlagen, empirische
Ergebnisse aus der Suisse romande und
didaktische Implikationen
ISBN 978-3-8382-0618-9

50 Daniel Reimann
Transkulturelle kommunikative
Kompetenz in den romanischen
Sprachen
Theorie und Praxis eines neokommunikativen
und kulturell bildenden Französisch-, Spanisch-,
Italienisch- und Portugiesischunterrichts
ISBN 978-3-8382-0362-1 (Paperback)
ISBN 978-3-8382-0363-8 (Hardcover)

51 Beate Valadez Vazquez
Ausprägung beruflicher
Identitätsprozesse von
Fremdsprachenlehrenden am Beispiel
der beruflichen Entwicklung von
(angehenden) Spanischlehrerinnen und
Spanischlehrern
Eine qualitative Untersuchung
ISBN 978-3-8382-0635-6

52 Georgia Veldre-Gerner und Sylvia
Thiele (edd.)
Sprachen und Normen im Wandel
ISBN 978-3-8382-0461-1

53 Stefan Barme
Einführung in das Altspanische
ISBN 978-3-8382-0683-7

54 María José García Folgado und
Carsten Sinner (edd.)
Lingüística y cuestiones gramaticales
en la didáctica de las lenguas
iberorrománicas
ISBN 978-3-8382-0761-2

55 Claudia Schlaak
Fremdsprachendidaktik und
Inklusionspädagogik
Herausforderungen im Kontext von Migration
und Mehrsprachigkeit
ISBN 978-3-8382-0896-1

56 Christiane Fäcke (ed.)
Selbstständiges Lernen im
lehrwerkbasierten
Französischunterricht
ISBN 978-3-8382-0918-0

57 Christina Ossenkop und Georgia
Veldre-Gerner (edd.)
Zwischen den Texten
Die Übersetzung an der Schnittstelle von
Sprach- und Kulturwissenschaft
ISBN 978-3-8382-0931-9

58 Stéphane Hardy, Sandra Herling und
Sonja Sälzer (edd.)
Innovatio et traditio – Renaissance(n)
in der Romania
Festschrift für Franz-Josef Klein zum 65.
Geburtstag
ISBN 978-3-8382-0841-1

59 Victoria del Valle und Corinna Koch
(edd.)
Romanistische Grenzgänge: Gender,
Didaktik, Literatur, Sprache
Festschrift zur Emeritierung von Lieselotte
Steinbrügge
ISBN 978-3-8382-1040-7

60 Corinna Koch
Texte und Medien in
Fremdsprachenunterricht und Alltag
Eine empirische Bestandsaufnahme per
Fragebogen mit einem Schwerpunkt auf Comics
ISBN 978-3-8382-0873-2

61 Eva Leitzke-Ungerer und Claudia
Polzin-Haumann (edd.)
Varietäten des Spanischen im
Fremdsprachenunterricht
Ihre Rolle in Schule, Hochschule, Lehrerbildung
und Sprachenzertifikaten
ISBN 978-3-8382-0865-7

62 Claudia Schlaak und Sylvia Thiele
(edd.)
Migration, Mehrsprachigkeit und
Inklusion
Strategien für den schulischen Unterricht und
die Hochschullehre
ISBN 978-3-8382-1119-0

63 Vera Knoll
Elternarbeit und Französischunterricht
- eine quantitative Untersuchung zu
Elternarbeit und
Fremdsprachenunterricht an
Gymnasien
ISBN 978-3-8382-1129-9

64 Dieter Gerstmann
Exercices de nominalisation – Übungen
zur Nominalisierung
ISBN 978-3-8382-1152-7

65 Christine Michler
Lehrwerke für den Unterricht der
romanischen Schulsprachen
Begutachtung ausgewählter
Untersuchungsfelder
ISBN 978-3-8382-1145-9

66 Frank Jodl
Fremdsprachenunterricht und
Linguistik-Studium:
'Wozu brauchen wir das eigentlich?'
Eine Orientierungshilfe für
sprachübergreifendes Lehren auf
kontrastiver Basis
ISBN 978-3-8382-0908-1

67 Aline Willems, Sylvia Thiele und
Johannes Kramer (edd.)
Schulische Mehrsprachigkeit in
traditionell polyglotten Gesellschaften
ISBN 978-3-8382-1292-0

68 Marietta Calderón und Sandra Herling
(edd.)
Namenmoden syn- und diachron
ISBN 978-3-8382-0790-2

69 Regina Schleicher und Giselle Zenga
(edd.)
Autonomie, Bildung und Ökonomie
Theorie und Praxis im Fremdsprachenunterricht
ISBN 978-3-8382-0969-2

70 Christoph Gabriel, Jonas Grünke &
Sylvia Thiele (edd.)
Romanische Sprachen in ihrer Vielfalt
Brückenschläge zwischen linguistischer
Theoriebildung und Fremdsprachenunterricht
ISBN 978-3-8382-1289-0

71 Christophe Losfeld (ed.)
A la croisée des chemins ...
Wege einer fachübergreifenden
Fremdsprachendidaktik
Festschrift für Eva Leitzke-Ungerer zum
65. Geburtstag
ISBN 978-3-8382-1405-4

72 Corinna Koch, Claudia Schlaak und
Sylvia Thiele (edd.)
Zwischen Kreativität und literarischer
Tradition
Zum Potential von literarischen Texten in einem
kompetenzorientierten Spanischunterricht
ISBN 978-3-8382-1283-8

73 Dominique Panzer
Mündliche Sprachmittlung
im Spanischunterricht
Die Anwendung von Design-Based Research
zur Weiterentwicklung des fremdsprachlichen
Unterrichts in der Sekundarstufe I
ISBN 978-3-8382-1394-1

74 Frank Heisel
Politische Bildung im
Fremdsprachenunterricht
Eine Analyse aktueller Lehrbücher für den
Spanischunterricht
ISBN 978-3-8382-1714-7 (Hardcover)
ISBN 978-3-8382-1734-5 (Paperback)

75 Yvonne Hendrich und Benjamin
Meisnitzer (edd.)
Língua e identidade no mundo
lusófono
Sprache und Identität in der lusophonen Welt
ISBN 978-3-8382-0978-4

***ibidem**.eu*